高等学校"十一五"规划教材
材料科学与工程系列二

纳米材料导论

曹茂盛　关长斌　徐甲强　编著
荆天辅　王亭杰　吉泽升　审

哈尔滨工业大学出版社

内 容 简 介

本书主要介绍纳米材料的基本概念和基本性质,着重介绍纳米粒子、纳米薄膜、纳米固体等材料的制备方法和基本性能。结合作者的科研实践,加设纳米材料合成制备专题。

本书可作为高等学校材料科学与工程各专业本科生教材、研究生教学参考书,也可供相关专业工程技术人员参考。

图书在版编目(CIP)数据

纳米材料导论/曹茂盛编著.—哈尔滨:哈尔滨工业大学出版社,2001.8(2024.10 重印)
ISBN 978-7-5603-1645-1

Ⅰ.纳… Ⅱ.曹… Ⅲ.纳米材料-教材
Ⅳ.TB383

中国版本图书馆 CIP 数据核字(2001)第 048656 号

策划编辑　张秀华　杨　桦
责任编辑　杨　桦
封面设计　卞秉利
出版发行　哈尔滨工业大学出版社
社　　址　哈尔滨市南岗区复华四道街 10 号　邮编 150006
传　　真　0451-86414749
网　　址　http://hitpress.hit.edu.cn
印　　刷　哈尔滨久利印刷有限公司
开　　本　787mm×1092mm　1/16　印张 11.25　字数 264 千字
版　　次　2001 年 8 月第 1 版　2024 年 10 月第 13 次印刷
书　　号　ISBN 978-7-5603-1645-1
定　　价　30.00 元

(如因印装质量问题影响阅读,我社负责调换)

序　言

材料科学与工程系列教材是由哈尔滨工业大学出版社组织国内部分高校专家学者共同编写的大型系列教学丛书,其中第一系列、第二系列教材已分别被列为国家新闻出版总署"九五"、"十五"重点图书出版计划。第一系列教材9种已于1999年陆续出版。编写本系列教材丛书的基本指导思想是:总结已有、通向未来、面向21世纪,以优化教材链为宗旨,依照为培养材料科学人才提供一个较为广泛的知识平台的原则,并根据培养目标,确定书目、编写大纲及主干内容。为确保图书品位,体现较高水平,编审委员会全体成员对国内外同类教材进行了细致的调查研究,广泛征求各参编院校第一线任课教师的意见,认真分析国家教育部新的学科专业目录和全国材料工程类专业教学指导委员会第一届全体会议的基本精神,进而制定了具体的编写大纲。在此基础上,聘请了国内一批知名的专家,对本系列教材书目和编写大纲审查认定,最后确定各册的体系结构。经过全体编审人员的共同努力,第二系列教材即将出版发行,我们热切期望这套大型系列教学丛书能够满足国内高等学校材料工程类专业教育改革发展的需要,并且在教学实践中得以不断充实、完善和发展。

在本书的编写过程中,注意突出了以下几方面特色:

1. 根据科学技术发展的最新动态和我国高等学校专业学科归并的现实需求,坚持面向一级学科、加强基础、拓宽专业面、更新教材内容的基本原则。

2. 注重优化课程体系,探索教材新结构,即兼顾材料工程类学科中金属材料、无机非金属材料、高分子材料、复合材料共性与个性的结合,实现多学科知识的交叉与渗透。

3. 反映当代科学技术的新概念、新知识、新理论、新技术、新工艺,突出反映教材内容的现代化。

4. 注重协调材料科学与材料工程的关系,既加强材料科学基础的内容,又强调材料工程基础,以满足培养宽口径材料学人才的需要。

5. 坚持体现教材内容深广度适中、够用的原则,增强教材的适用性和针对性。

6. 在系列教材编写过程中,进行了国内外同类教材对比研究,吸取了国内外同类教材的精华,重点反映新教材体系结构特色,把握教材的科学性、系统性和适用性。

此外,本系列教材还兼顾了内容丰富、叙述深入浅出、简明扼要、重点突出等特色,能充分满足少学时教学的要求。

参加本系列教材编审工作的单位有:清华大学、哈尔滨工业大学、北京科技大学、北京航空航天大学、北京理工大学、哈尔滨工程大学、北京化工大学、燕山大学、哈尔滨理工大学、华东船舶工业学院、北京钢铁研究总院等 22 所院校 100 余名专家学者,他们为本系列教材的编审付出了大量心血。在此,编审委员会对这些同志无私的奉献致以崇高的敬意。此外,编审委员会特别鸣谢中国科学院院士肖纪美教授、中国工程院院士徐滨士少将、中国工程院院士杜善义教授,感谢他们对本系列教材编审工作的指导与大力支持。

限于编审者的水平,疏漏和错误之处在所难免,欢迎同行和读者批评指正。

材料科学与工程系列教材编审委员会

2001 年 7 月

前　言

纳米科学技术是 20 世纪 80 年代末期兴起的,它是物理学、化学、材料学、生物学及电子学等多学科交叉的新的分支学科。目前,各行各业的专业技术人员都迫切需要了解和掌握纳米材料和纳米科技的基本知识和基本理论,国内高等学校材料科学类和材料工程类专业也已陆续开设了纳米材料本、硕课程。为了满足高等教育及广大读者的需要,哈尔滨工业大学出版社材料科学与工程系列教材编审委员会组织编写了《纳米材料导论》、《超微粒子工艺学》、《超微粒子制备科学与技术》、《纳米材料学》、《纳米材料与纳米结构导论》等,本书为其中之一。

本书系统地介绍了纳米材料的基础知识,总结了纳米材料研究的部分最新成果。全书分为六章,第一章介绍了纳米材料的基本概念与性质;第二章介绍了纳米粒子的制备方法,分为物理方法、化学方法及综合方法;第三章介绍了纳米薄膜材料的功能特性、制备技术及应用;第四章介绍了纳米固体材料的结构特点、界面研究方法、性能、制备方法及应用;第五章介绍了纳米复合材料的分类、性能;第六章为纳米材料合成制备专题。

本书绪论和第一、二章由哈尔滨工程大学曹茂盛编写;第三章、第六章第三节由郑州轻工业学院徐甲强编写;第四章、第五章、第六章的第四节、第六节和第七节由燕山大学关长斌编写;第六章第一节由哈尔滨工程大学张义、田秋编写,第二节由哈尔滨工程大学曹茂盛、侯彦芬编写,第五节由哈尔滨工程大学杨会静编写。全书由曹茂盛统稿,由燕山大学荆天辅、清华大学王亭杰、哈尔滨理工大学吉泽升审。

本书在编写过程中,参考和引用了一批国内外重要文献的有关内容,并得到了哈尔滨工业大学出版社"材料科学与工程系列教材编审委员会"的大力指导,和清华大学、哈尔滨工业大学、哈尔滨工程大学、燕山大学、哈尔滨理工大学、黑龙江大学等学校的大力支持,谨此一并致谢。

由于编者水平有限,书中定有不足之处,恳请同行和读者批评指正。

编　者
2001 年 7 月于哈尔滨

目 录

绪 论 ··· 1
  0.1 纳米科技的兴起 ·· 1
  0.2 纳米材料的研究历史 ·· 1
  0.3 纳米材料的主要研究内容 ·· 2
第一章 纳米材料的基本概念与性质 ··· 5
  1.1 纳米材料的基本概念 ·· 5
  1.2 纳米微粒的基本性质 ·· 6
  1.3 纳米微粒的物理特性 ·· 14
  参考文献 ·· 23
第二章 纳米粒子的制备方法 ··· 24
  2.1 纳米粒子制备方法评述 ··· 24
  2.2 制备纳米粒子的物理方法 ·· 25
  2.3 制备纳米粒子的化学方法 ·· 33
  2.4 制备纳米粒子的综合方法 ·· 39
  参考文献 ·· 46
第三章 纳米薄膜材料 ··· 48
  3.1 纳米薄膜材料的功能特性 ·· 48
  3.2 纳米薄膜材料制备技术 ··· 51
  3.3 纳米薄膜材料的应用 ·· 73
  参考文献 ·· 75
第四章 纳米固体材料 ··· 77
  4.1 纳米固体材料结构特点 ··· 77
  4.2 纳米固体材料界面的研究方法 ·· 81
  4.3 纳米固体材料的性能 ·· 89
  4.4 纳米固体材料制备方法 ··· 102
  4.5 纳米固体材料的应用 ·· 107
  参考文献 ·· 111

第五章 纳米复合材料 ……………………………………………… 112
5.1 纳米复合材料分类 ……………………………………… 112
5.2 纳米复合材料性能 ……………………………………… 114
5.3 陶瓷基纳米复合材料 …………………………………… 119
5.4 金属基纳米复合材料 …………………………………… 128
5.5 高分子基纳米复合材料 ………………………………… 136
参考文献 …………………………………………………… 140

第六章 纳米材料合成制备专题 ……………………………… 142
6.1 激光驱动气相合成纳米硅基陶瓷粉末 ………………… 142
6.2 热管炉加热气相合成纳米铁基磁性粉末 ……………… 145
6.3 纳米粒子的化学合成理论与技术 ……………………… 148
6.4 Y-PSZ 纳米粒子团聚性研究 …………………………… 157
6.5 Ni-P-纳米粒子化学复合镀理论与技术 ………………… 161
6.6 TiO_2 纳米薄膜性能研究 ……………………………… 165
6.7 Al_2O_3-ZrO_2 纳米复相陶瓷材料研究 ………………… 168
参考文献 …………………………………………………… 171

绪 论

0.1 纳米科技的兴起

1959年,美国著名物理学家(1965年诺贝尔物理学奖获得者)费因曼教授(R. P. Feynman)曾指出:"如果有一天人类能够按人的意志安排一个原子和分子,那将会产生什么奇迹?"今天,这个美好的愿望已经开始走向现实。目前,人类已经能够制备出包括有几十个到几万个原子的纳米颗粒,并把它们作为基本单元构造一维量子线、二维量子面和三维纳米固体,创造出相同物质传统材料完全不具备的奇特性能。这就是面向21世纪的纳米科学技术。1990年纳米科技正式有了自己的名称——Nano Science and Technology。其标志是美国巴尔的摩首届NST会议和两种专业国际刊物"Nanotechnology"和"Nanobiology"的出版。

0.2 纳米材料的研究历史

人类对物质的认识分为宏观和微观两个层次。宏观是指研究的对象尺寸很大,并且下限有限,上限无限(肉眼可见的是最小宏观,而上限是天体、星系)。到目前为止,人类对宏观物质结构及运动规律已经有相当的了解,一些学科领域都已建立,如力学、地球物理学、天体物理学、空间科学等。微观指原子、分子,以及原子内部的原子核和电子,微观有上限而无法定义下限。

19世纪末到20世纪初,人类对微观世界的认识已延伸到一定层次,时间上达到纳秒、皮秒和飞秒数量级。建立了相应的理论,例如原子核物理、粒子物理、量子力学等。

相对而言,在原子、分子与宏观物质的中间领域,人类的认识还相当肤浅,被誉为有待开拓的"处女地"。近20年以来,人类已经发现,在微观到宏观的中间物质出现了许多既不同于宏观物质,也不同于微观体系的奇异现象。下面对纳米材料的研究历史作简要介绍。

事实上,人工制备纳米材料的历史至少可以追溯到1 000年以前。当时,中国人利用燃烧的蜡烛形成的烟雾制成碳黑,作为墨的原料或着色染料,科学家们将其誉为最早的纳米材料。中国古代的铜镜表面防锈层是由SnO_2颗粒构成的薄膜,遗憾的是当时人们并不知道这些材料是由肉眼根本无法看到的纳米尺度小颗粒构成。1861年,随着胶体化学(colloid chemistry)的建立,科学家们开始对1~100nm的粒子系统(colloids)进行研究。但限于当时的科学技术水平,化学家们并没有意识到在这样一个尺寸范围是人类认识世界的一个崭新层次,而仅仅是从化学角度作为宏观体系的中间环节进行研究。

20世纪初,有人开始用化学方法制备作为催化剂使用的铂超微颗粒。1929年,Kchlshuthe用Al、Cr、Cu、Fe等金属作电极,在空气中产生弧光放电,得到了15种金属氧化物的溶胶。同年,Welesley等人开始对超微颗粒进行X光射线实验研究。1940年,Ardeume首次采用电子显微镜对金属氧化物的烟状物进行观察。1945年,Balk提出在低压惰性气体中获得金属超微粒子的方法。现在看来,20世纪上半叶的研究特点是,人类已经自觉地把纳米微粒作为研究对象来探索纳米体系的奥秘。

20世纪50年代末,Y. Aharonov和D. Bohm预计,在微米、亚微米(纳米材料尺寸上限)的细小体系中,一束电子分成两束,以形成不同的位相,重新相遇后会产生电子波函数相干现象,从而导致电导的波动性。60年代初,R. G. Chambers等人用实验观察到了电子束的波动性,证明了Y. Aharonov的预言。几乎在同一时期,日本理论物理大师R. Kubo在金属超微粒子的理论研究中发现,金属粒子显示出与块状物质不同的热性质,被科学界称做Kubo效应。1963年,Ryozi Uyedo及其合作者发展了气体蒸发法(gas evaporation method)或称为气体冷凝法(gas condensation method),通过在纯净气体中的蒸发和冷凝过程获得了单个金属微粒的形貌和晶体结构。

70年代末,美国MIT的W. R. Cannon等人发明了激光驱动气相合成数十纳米尺寸的硅基陶瓷粉末(Si、SiC、Si_3N_4),从此,人类开始了规模生产纳米材料的历史。1977年,MIT的德雷克斯提出,从模拟活细胞中生物分子的人工类似物出发可以组装和排布原子,并称之为纳米技术——Nano Technology。70年代末到80年代初,人类对纳米微粒的结构、形态和特性进行了比较系统的研究,在描述金属微粒方面可达电子能级状态的Kubo理论日臻完善,在用量子尺寸效应解释超微粒子等特性方面也获得了极大成功。

1984年,原联邦德国萨尔蓝大学Gleitor教授采用惰性气体蒸发原位加压法制备了具有清洁界面的纳米晶体Pd、Cu、Fe等多晶纳米固体。1987年,美国Argon实验室Siegol博士用同样方法制备了人工纳米材料TiO_2等晶体。90年代初,采用各种方法制备的人工纳米材料已多达百种,其中,引起科技界极大重视的纳米粒子应属于团簇粒子。团簇的尺寸一般在1nm以下,它由几个到几百个原子构成。1985年,美国科学家Kroto等人用激光加热石墨蒸发法在甲苯中形成碳的团簇C_{60}和C_{70}。1991年,日本NEC公司电镀专家Iijima在用HRTEM检查C_{60}分子时意外发现了完全由碳原子构成的纳米碳管。

纵观90年代纳米材料研究现状,可以证明人类已在各个学科层面上开展了深入细致的研究并逐渐形成了纳米科学与技术群和高科技生长点。

0.3 纳米材料的主要研究内容

所谓纳米材料,从狭义上说,就是有关原子团簇、纳米颗粒、纳米线、纳米薄膜、纳米碳管和纳米固体材料的总称。从广义上看,纳米材料应该是晶粒或晶界等微观构造能达到纳米尺寸水平的材料。当然,纳米材料的制备原料首先必须是纳米级的。按传统的材料学科体系划分,纳米材料又可进一步分为纳米金属材料、纳米陶瓷材料、纳米高分子材料和纳米复合材料。若按应用目的分类,可将纳米材料分为纳米电子材料、纳米磁性材料、纳米隐身材料、纳米生物材料等等。为了便于叙述纳米材料的主要研究内容,笔者将从狭义的角度加以介绍。

1. 原子团簇

原子团是由多个原子组成的小粒子,它们比无机分子大,但比具有平移对称性的块体材料小,它们的原子结构(键长、键角和对称性等)和电子结构不同于分子,也不同于块体。描述原子团簇特性的学科是近年来才发展起来的,称之为原子团簇物理。原子团簇的尺寸一般小于20nm,约含几个到 10^5 个原子。原子团簇具有很多独特性质:

(1) 具有硕大的表面积比而呈现出表面或界面效应;

(2) 幻数效应;

(3) 原子团尺寸小于临界值时的"库仑爆炸";

(4) 原子团逸出功的振荡行为等。

目前,研究原子团簇的结构与特性主要有两方面的工作,一方面是理论计算原子团簇的原子结构、键长、键角和排列能量最小的可能存在结构;另一方面是实验研究原子团簇的结构与特性,制备原子团,并设法保持其原有特性压制成块,进而开展相关应用研究。

2. 纳米颗粒

纳米颗粒是指颗粒尺寸为纳米量级的超微颗粒,它的尺度大于原子团簇,小于通常的微粉,一般在 1~100nm 之间。这样小的物体只能用高分辨的电子显微镜观察。为此,日本名古屋大学上田良二教授给纳米颗粒下了一个定义:用电子显微镜才能看到的微粒称为纳米颗粒。纳米颗粒与原子团簇不同,它们一般不具有幻数效应,但具有量子效应、表面效应和分形聚集特性等。纳米颗粒的应用前景,除了光、电、磁、敏感和催化特性外,就是由 5~50nm 的纳米颗粒在高真空下原位压制纳米材料,或制作纳米颗粒涂层,或根据纳米颗粒的特性设计紫外反射涂层、红外吸收涂层、微波隐身涂层,以及其他的纳米功能薄膜。

3. 纳米碳球

纳米碳球的主要代表是 C_{60}。由此可见,60 个 C 原子组成封闭的球形,是 32 面体,即由 20 个六边形(类似苯环)和 12 个五边形构成一个完整 C_{60}。这种结构与常规的碳的同素异形体金刚石和石墨层状结构完全不同,物理化学性质非常奇特,如电学性质、光学性质和超导特性。

4. 纳米碳管

纳米碳管是纳米材料的一支新军。它由纯碳元素组成,是由类似石墨六边形网格翻卷而成的管状物,管子两端一般含有五边形的半球面网格封口。纳米碳管直径一般在 1~20nm 之间,长度可以从纳米至微米量级。纳米碳管有许多特性,有强烈的应用背景,预测它们在超细高强纤维、复合材料、大规模集成电路、超导线材和多相催化等方面有着广泛的用途。

5. 纳米薄膜与纳米涂层

这种薄膜具有纳米结构的特殊性质,目前可以分为两类:

(1) 含有纳米颗粒与原子团簇——基质薄膜;

(2) 纳米尺寸厚度的薄膜,其厚度接近电子自由程和 Debye 长度,可以利用其显著的量子特性和统计特性组装成新型功能器件。

例如,镶嵌有原子团的功能薄膜会在基质中呈现出调制掺杂效应,该结构相当于大原子-超原子膜材料,具有三维特征;纳米厚度的信息存贮薄膜具有超高密度功能,这类集成器件具有惊人的信息处理能力;纳米磁性多层膜具有典型的周期性调制结构,导致磁性材料的饱和磁化强度的减小或增强。对这些问题的系统研究具有重要的理论和应用意义。

6.纳米固体材料

具有纳米特征结构的固体材料称为纳米固体材料。例如,由纳米颗粒压制烧结而成的三维固体,结构上表现为颗粒和界面双组元;原子团簇堆压成块体后,保持原结构而不发生结合长大反应的固体。原子团用高速高压气流带动等。其中,由原子团簇堆压成的纳米金属材料具有很大的强度和稳定性,以及很强的导电能力,这类材料存在大量晶界,呈现出特殊的机械、电、磁、光和化学性质。已经发现,由纳米硅晶粒和晶界组成的纳米固体材料,其晶粒和边界几乎各占体积一半,具有比本征晶体硅高的电导率和载流子迁移率,电导率的温度系数很小,这些特殊性正在被进一步研究。

7.纳米复合材料

增强相为纳米颗粒、纳米晶须、纳米晶片、纳米纤维的复合材料称为纳米复合材料。增强相必须是纳米级;基体可以是纳米级,也可以是常规材料。纳米第二相的加入,可提高基体的性能。纳米复合材料包括金属基、陶瓷基和高分子基纳米复合材料。复合方式有:晶内型、晶间型、晶内-晶间混合型、纳米-纳米型等。

第一章 纳米材料的基本概念与性质

1.1 纳米材料的基本概念

从尺寸概念分析,纳米材料就是关于原子团簇、纳米颗粒、纳米薄膜、纳米碳管和纳米固体材料的总称。表现为粒子、晶粒或晶界等显微构造能达到纳米尺寸水平的材料;从特性内涵分析,纳米材料能够体现尺寸效应(小尺寸效应)和量子尺寸效应。

1.1.1 原子团簇

通常把仅包含几个到数百个原子或尺度小于 1nm 的粒子称为"簇",它是介于单个原子与固态之间的原子集合体。原子团簇比无机分子大,比具有平移对称性的块体材料小。它们的原子结构(键长、键角和对称性等)和电子结构不同于分子,也不同于块体。事实上,原子团簇还包括由数百个离子和分子通过化学或物理结合力组合在一起的聚集体,其物理和化学性质也随所包含的原子数而变化,性质上既不同于单个原子和分子,又不同于固体和液体,它不能用两者性质做简单线性外延或内插来得到,而是介于气态和固态之间物质结构的新形态,常被称为"物质第五态"。

1.1.2 纳米微粒

纳米微粒尺寸为纳米数量级,它们的尺寸大于原子团簇,小于通常的微粒,一般尺寸为 1~100nm。也就是说,纳米微粒是肉眼和一般显微镜下看不见的微粒子。我们知道,血液中的红血球大小为 6 000~9 000nm,一般细菌(如大肠杆菌)为 2 000~3 000nm,可见光波长为 400~760nm,引发人体发病的病毒尺寸一般为几十纳米。可以看出,纳米微粒的尺寸小于红血球的千分之一,是细菌的几十分之一,与病毒大小相当。日本名古屋大学上田良二教授曾经给纳米微粒下了一个定义:用电子显微镜(TEM)能看到的微粒称为纳米微粒。

从颗粒所含原子数方面考虑,1~100nm 之间的颗粒,其原子数范围应该是 10^3 ~ 10^5 个。纳米微粒单位体积(或质量)的表面积比块体材料要大很多,这将导致纳米微粒电子状态发生突变,从而出现表面效应、体积效应等。已经发现,当粒子尺寸进入纳米量级(1~100nm)时,粒子将具有量子尺寸效应、小尺寸效应、表面效应和宏观量子隧道效应,因而表现出许多特有的性质,在催化、滤光、光吸收、医药、磁介质及新材料等方面有广阔的应用前景。

从这个意义上说,可以给纳米微粒下一个相对准确的定义:物质颗粒体积效应和表面效应两者之一显著变化者或两者都显著出现的颗粒叫做纳米颗粒或纳米微粒。

1.1.3 纳米粒子薄膜与纳米粒子层系

纳米粒子薄膜与纳米粒子层系主要是指含有纳米粒子和原子团簇的薄膜、纳米尺寸厚度的薄膜、纳米级第二相粒子沉积镀层、纳米粒子复合涂层或多层膜。上述纳米膜系一般都具有准三维结构与特征,性能异常。

一般而言,金属、半导体和陶瓷的细小颗粒在第二相介质中都有可能构成纳米复合薄膜。这类二维复合膜由于颗粒的比表面积大,且存在纳米颗粒尺寸效应和量子尺寸效应,以及与相应母体的界面效应,故具有特殊的物理性质和化学性质。有关性质在后续章节中做详细介绍。

1.1.4 纳米固体

纳米固体是由纳米尺度水平的晶界、相界或位错等缺陷的核中的原子排列来获得具有新原子结构或微结构性质的固体。

1. 纳米晶体材料

通过引入很高密度的缺陷核,密度高至50%的原子(分子)位于这些缺陷核内,可以获得一类新的无序固体(缺陷类型:晶界、相界、位错等),从而得到不同结构的纳米晶体材料。在纳米晶体材料中,各晶体间的边界的原子的取向和晶界倾斜导致特殊结构的形成,即边界区中集中了晶格错配,形成远离平衡的结构。

2. 纳米结构材料

纳米结构材料的基本概念是把许多的缺陷(如晶界)引入原来的完整晶体,使坐落在这些缺陷的核心区里的原子的体积分数变得可与坐落在其余晶体中的原子的体积分数相比拟,从而产生了一种新型的固体(在结构上和性质上不同于晶体和玻璃)。根据所引入的缺陷的类型(位错、晶界、相界)可得到不同种类的纳米结构材料,但所有这些都具有下述共同的微观结构特征:它们由弹性畸变结晶区所分隔的许多缺陷核心区所组成。这种不均匀结构使得纳米结构材料与玻璃那种均匀无序固体有所不同。

1.1.5 纳米复合材料

纳米复合材料大致包括三种类型:一种是0-0复合,即不同成分、不同相或者不同种类的纳米粒子复合而成的纳米固体。第二种是0-3复合,即把纳米粒子分散到常规的三维固体中,用这种方法获得的纳米复合材料由于它的优越性能和广泛的应用前景,成为当今纳米材料科学研究的热点之一。第三种是0-2复合,即把纳米粒子分散到二维的薄膜材料中,这种0-2复合材料又可分为均匀弥散和非均匀弥散两大类:均匀弥散是指纳米粒子在薄膜中均匀分布;非均匀弥散是指纳米粒子随机地、混乱地分散在薄膜基体中。此外,有人把纳米层状结构也归结为纳米材料,由不同材质构成的多层膜也称为纳米复合膜。近年来引人注目的凝胶材料(也称介孔固体),同样可以作为纳米复合材料的母体,通过物理或化学的方法将纳米粒子填充在介孔中(孔洞尺寸为纳米或亚微米级),这种介孔复合体也是纳米复合材料。

1.2 纳米微粒的基本性质

1.2.1 电子能级的不连续性

1. Kubo 理论

Kubo 理论是关于金属粒子电子性质的理论。该理论最初(1962年)由 Kubo 及其合作者提出,后经他们发展。1986年,Halperin对这一理论又进行了比较全面的归纳,并对金属超微颗粒的量子尺寸效应进行了深入的分析。

对于金属超微颗粒,费米面附近电子能级状态分布与块体材料截然不同。由于颗粒尺寸进入到纳米级时,量子效应导致原块体金属的准连续能级产生离散现象,故有人将低温下单个小粒子的费米面附近电子能级看成等间隔的能级,由此计算出单个超微颗粒的比热容为

$$c(T) = k_B \exp(-\delta/k_B T) \tag{1.1}$$

式中,δ 为能级间隔;k_B 为玻尔兹曼常数;T 为绝对温度。

在高温下,$k_B T \gg \delta$,$c \propto T$,此时超微颗粒与块体金属的比热容关系基本一致。然而,在低温下($T \to 0$),$k_B T \ll \delta$,$c(T)$ 呈指数关系。

事实上,根本无法用实验验证(1.1)式,这是因为我们无法对单个超微颗粒进行实验。Kubo对小颗粒的大集合体的电子能态做了两点假设。

(1) 简并费米液体假设

Kubo认为,超微颗粒靠近费米面附近的电子状态是受尺寸限制的简并电子气,他们的能级为准粒子态的不连续能级,准粒子之间交互作用可以忽略不计。当相邻二能级间平均能级间隔 $k_B T \ll \delta$ 时,这种体系费米面附近的电子能级分布服从 Poisson 分布,即

$$P_n(\Delta) = \frac{1}{n!\delta} \left(\frac{\Delta}{\delta}\right)^n \exp\left(-\frac{\Delta}{\delta}\right) \tag{1.2}$$

式中,Δ 为二能态之间间隔;$P_n(\Delta)$ 为对应 Δ 的几率密度;n 为这二能态间的能级数。若 Δ 为相邻能级间隔,则 $n = 0$。

Kubo指出,间隔为 Δ 的二能态几率 $P_n(\Delta)$ 与哈密顿量的变换性质有关。在自旋与轨道交互作用较弱和外加磁场小的情况下,电子哈密顿量具有时空反演的不变性。进一步地,在 Δ 比较小的情况下,$P_n(\Delta)$ 随 Δ 减小而减小。

显然,Kubo的模型优于等能级间隔模型,它可以较好地解释低温下超微颗粒的物理性能。

(2) 超微颗粒电中性假设

Kubo认为,对于一个超微颗粒,取走或移入一个电子都是十分困难的。他提出了一个著名公式

$$k_B T \ll W \approx e^2/d \tag{1.3}$$

式中,W 为从一个超微颗粒取走或移入一个电子克服库仑力所做的功;d 为超微颗粒的直径;e 为电子电荷。

由式(1.3)可以看出,随着 d 值下降,W 增加。所以低温下热涨落很难改变超微颗粒的电中性。有人曾作出估计,在足够低的温度下,当颗粒尺寸为1nm时,W 比 δ 小两个数量级,由式(1.3)可知 $k_B T \ll \delta$,可见 1nm 的小颗粒在低温下量子尺寸效应很明显。

2. 电子能级的统计学和热力学

试样进行热力学实验时,总是处于一定的外界条件下。例如,外界磁场的强弱程度,自旋与轨道交互作用 $<H_{so}>$ 的强弱程度都会对电子能级分布产生影响,使电子能级分布服从不同的规律。

实际上,由小粒子构成的试样中粒子的尺寸有一个分布,因此它们的平均能级间隔 δ 也有一个分布。在处理热力学问题时,首先考虑粒子具有一个 δ 的情况,然后在分布范围(粒径分布范围)内进行平均。设所有粒子的平均能级间隔处于 $\delta \sim \delta + d\delta$ 范围内,则这种小粒子的集合体称为子系统(subensemble),这个子系统的电子能级分布依赖于粒子的表面势和电子哈密顿量的基本对称性。在这个子系统里所有粒子为近球形,只是表面有些粗糙(原子尺度的),这就导致粒子的表面势不同。球形粒子本来具有高度对称性,产生简并态,但粒子表面势的不同使得简并态消失。在这种情况下,电子能级服从什么规律(几率密度)取决于哈密顿量的变换性质。哈密顿量的变换性质主要取决于电子自旋与轨道相互作用 $<H_{so}>$、外场 $\mu_B H$ 与 δ 相比较的强弱程度。根据 $<H_{so}>$ 和 $\mu_B H$ 强弱程度不同,电子能级分布存在四种情况,即几率密度 $P_{n_1}^a$ 可能具有四种分布。这里 n_1 表示能级数,$a = 0,1,2,4$,它代表不同的分布,即泊松分布、正交分布、幺正分布和耦对分布(见表1.1)。设电子的整个能谱用能态间隔表示为 $\cdots, -\Delta'_2, -\Delta'_1, \Delta_0, \Delta_1, \Delta_2, \cdots$,外场 $H = 0$ 时找到 n_1 个电子能级的几率可以写成

$$P_{n_1}^a(\cdots, -\Delta'_2, -\Delta'_1, \Delta_0, \Delta_1, \Delta_2, \cdots) \tag{1.4}$$

实际上,影响材料热力学性能的只有接近费米面的几个能级($n_1 \leq 3$),因此只考虑电子能级的各种分布时,不需考虑整个能谱,一般只考虑费米面附近的两三个能级就足够了。为了解决低温($k_B T \ll \delta$)的问题,Denton等人在1973年对 $n_1 = 2$ 和 $n_1 = 3$ 情况给出了费米面附近电子能级几率密度 $P_2^a(\Delta)$ 和 $P_3^a(\Delta, \Delta')$ 的表示式

$$P_2^a(\Delta) = \Omega_2^a \delta^{-1} \left(\frac{\Delta}{\delta}\right)^a \exp\left[-B^a \left(\frac{\Delta}{\delta}\right)^2\right] \tag{1.5}$$

$$P_3^a(\Delta, \Delta') = \Omega_3^a \delta^{-(3a+2)} [\Delta\Delta'(\Delta + \Delta')]^a \times \exp\left[\frac{-a(\Delta^2 + \Delta\Delta' + \Delta'^2)}{3\delta}\right]^2 \tag{1.6}$$

式中,Δ 和 Δ' 为能级间隔,在 $n_1 = 2$ 时只有一个能级间隔 Δ;$n_1 = 3$ 时有两个能级间隔 Δ、Δ'、$a = 1,2,4$。式(1.5)和(1.6)中的参数 B^a、Ω_2^a、Ω_3^a 如表1.2所示。

表1.1 不同外磁场条件下电子能级分布函数的类型

a	分 布	磁能 $\mu_B H$*	自旋-轨道交互作用能
0	泊松分布	大	小
1	正交分布	小	大(偶数电子的粒子)
2	幺正分布	大	大
4	耦对分布	小	大(奇数电子的粒子)

* μ_B—波尔磁子 $= \frac{e\hbar}{2mc} = 3.708\pi \times 10^{-24} \text{J} \cdot \text{m/A}$。

表1.2 两个和三个能级的近似分布函数的参数

a	分 布	Ω_2^a	Ω_3^a	B^a
1	正交	$\pi/2$	$(3\pi)^{-1/2}$	$\pi/4$
2	幺正	$33/\pi^2$	0.7017	$4/\pi$
4	耦对	$(64/9\pi)^3$	2.190	$64/9\pi$

电子哈密顿量的性质与几率密度类型之间的关系可归纳如下：

(1) 如果哈密顿量具有时间的反演不变性、空间反演不变性，或总角动量为 $\hbar$ 的整数倍时，则适用正交分布（$a = 1$），也就是适用于自旋-轨道耦合 $<H_{so}>$ 和外场作用能与 δ 相比很小的情况。$<H_{so}>$ 很小的元素有 Li、Na、K、Mg、Al 等轻元素。

(2) 如果哈密顿量只具有时间的反演不变性，而且总角动量为 $\hbar$ 的半整数倍时，则适用于耦对分布（$a = 4$），也就是适用于外场很弱并且每个粒子的电子数为奇数的情况；如果哈密顿量具有时间的反演不变性，但总角动量为 $\hbar$ 的整数倍时，则适用于正交分布，也就是 $<H_{so}>$ 很强，外场作用能很低，每个粒子含有电子数为偶数的情况适用此分布。

(3) 当 $<H_{so}>$ 和外场都很强时，哈密顿量的时间反演不变性被强外场破坏，则适用正交分布（$a = 2$）。

(4) 当外场很强，而 $<H_{so}>$ 很弱，不同自旋态不再耦合，适用泊松分布。

Denton 等人利用式（1.5）和（1.6）计算了低温下实际试样的比热容和磁化率有很大的差别。对于每个原子只含有一个导电电子的金属元素，一半金属粒子含有偶数电子，另一半粒子含有奇数电子。含有偶数导电电子的金属元素，如 Mg、Sn、Zn、Cd、Hg 或 Pb，粒子含有偶数电子。这种情况只有在金属粒子与支撑材料之间没有电子传递的条件下成立。由于粒子含有的电子数奇偶性不同，粒子的配分函数 Z 的表达式也会不同。这是因为电子数的奇偶性会影响电子的组态。图 1.1、1.2 给出粒子中含偶数或奇数电子时的电子组态。

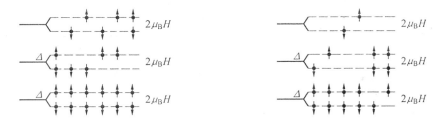

图 1.1　粒子含有偶数电子时的电子能级图　　图 1.2　粒子含有奇数电子时的电子能级图
（在两种情况下，图中从左到右电子由基态逐渐进入较高的激发态）

粒子的配分函数 Z、比热容 c 和磁化率 χ 可表示为

$$Z = 1 + \sum_{j \neq 0} e^{-\beta E_j} \tag{1.7}$$

$$c = k_B \beta^2 \frac{\partial^2}{\partial \beta^2} \ln Z \tag{1.8}$$

$$\chi = \beta^{-1} \frac{\partial^2}{\partial H^2} \ln Z \tag{1.9}$$

式中，$\beta = (k_B T)^{-1}$；E_j 为允许出现的电子组态下的能谱。Denton 等人求实际试样的 c 和 χ 的过程是首先计算一个子系统（所有粒子的粒径，δ 值十分接近，即平均能级间隔分布在 $\delta \sim \delta + d\delta$ 范围内）的 χ 和 c，然后计算在粒径尺寸分布范围内各个子系统的 χ 和 c 的平均值。下面是他们计算低温下 χ 和 c 的具体过程。

在低温下仅仅邻近基态的电子状态对 χ 和 c 起重要作用，因此考虑费米面附近三个能级（两个能级间隔 Δ 和 Δ'）就足够了。在这种情况下电子组态如图 1.1 所示。图中从左至右电子由基态逐渐进入激发态。根据此图分别求出各种组态下的 E_j，代入式（1.7）可以

得到

$$Z_{偶} = 1 + 2(1 + \cosh 2\beta\mu_B H)(e^{-\beta\Delta} + e^{-\beta(\Delta+\Delta')} + e^{-\beta(2\Delta+\Delta')}) + e^{-2\beta\Delta} + e^{-2\beta(\Delta+\Delta')} \tag{1.10}$$

$$Z_{奇} = 2(\cosh\beta\mu_B H)(1 + e^{-\beta\Delta} + e^{-\beta\Delta'} + 3e^{-\beta(\Delta+\Delta')}) + e^{-\beta(2\Delta+\Delta')} + e^{-\beta(\Delta+2\Delta')} + e^{-2\beta(\Delta+\Delta')} + 2(\cosh 3\beta\mu_B H)e^{-\beta(\Delta+\Delta')} \tag{1.11}$$

在低温下只需考虑上述两式中的第一级行为,对 $Z_{偶}$ 的情况,只有两个能级(单间隔 Δ)是重要的;对 $Z_{奇}$ 的情况,二能级和三能级(两个能级间隔 Δ 和 Δ')均重要。根据这些原则将上述两式化简成

$$Z_{偶} \approx 1 + 2(1 + \cosh 2\beta\mu_B H)e^{-\beta\Delta} + e^{-2\beta\Delta} \tag{1.12}$$

$$Z_{奇} \approx 2(\cosh\beta\mu_B H)(1 + e^{-\beta\Delta} + e^{-\beta\Delta'}) \tag{1.13}$$

按式(1.7)和(1.8)分别求出一个子系统的 c 和 χ,并对所有的子系统的 c 和 χ 求平均得出 $H = 0$ 时的实际试样的比热容和磁化率表达式

$$c_{偶}^a/k_B = \int P^a(\Delta) 4\beta^2\Delta^2 \frac{e^{-\beta\Delta} + e^{-2\beta\Delta} + e^{-3\beta\Delta}}{(1 + 4e^{-\beta\Delta} + e^{-2\beta\Delta})^2} d\Delta \tag{1.14}$$

$$c_{奇}^a/k_B = \int P^a(\Delta,\Delta')\beta^2 \frac{e^{-\beta\Delta} + e^{-2\beta\Delta} + e^{-3\beta\Delta}}{(1 + 4e^{-\beta\Delta} + e^{-2\beta\Delta})^2} \times$$

$$\frac{[\Delta^2 e^{-\beta\Delta} + \Delta'^2 e^{-\beta\Delta} + (\Delta-\Delta')^2 e^{-2\beta(\Delta-\Delta')} + e^{-3\beta\Delta}]}{(1 + e^{-\beta\Delta} + e^{-\beta\Delta'})^2} d\Delta d\Delta' \tag{1.15}$$

$$\chi_{偶}^a = 8\mu_B^2\beta \int P^a(\Delta)(e^{-\beta\Delta})(1 + 4e^{-\beta\Delta} + e^{-2\beta\Delta}) d\Delta \tag{1.16}$$

$$\chi_{奇} = \beta\mu_B^2 (与 a 无关)$$

将式(1.5)和(1.6)代入上式进行积分,取 $a = 0, 1, 4$ 得到

$$\begin{aligned}
c_{偶}^0/k_B &= 5.02(k_B T/\delta) \\
c_{奇}^0/k_B &= 3.29(k_B T/\delta)(泊松分布) \\
c_{偶}^1/k_B &= 30.2(k_B T/\delta)^2 \\
c_{奇}^1/k_B &= 17.8(k_B T/\delta)^2(正交分布) \\
c_{偶}^4/k_B &= 3.18 \times 10^4 (k_B T/\delta)^5 \\
c_{奇}^4/k_B &= 1.64 \times 10^4 (k_B T/\delta)^5(耦对分布)
\end{aligned} \tag{1.17}$$

$$\begin{aligned}
\chi_{偶}^0 &= 3.04\mu_B^2/\delta(泊松分布) \\
\chi_{偶}^1 &= 7.63\mu_B^2 k_B T/\delta^2(正交分布) \\
\chi_{偶}^4 &= 2.02 \times 10^3 \mu_B^2 \delta^{-1}(k_B T/\delta)^4(耦对分布) \\
\chi_{奇} &= \mu_B^2/k_B T(所有分布)
\end{aligned} \tag{1.18}$$

上述 c 和 χ 的表达式是对于 $H \approx 0$ 情况,在外场强的情况下才有可能采用幺正分布 ($a = 2$),因此没有给出 c 和 χ 的计算值。泊松分布也是对应强外场的情况,因此与泊松分布相关的 c 和 χ 表达式也不恰当。Halperin 等人认为对轻金属元素($<H_{so}>$ 小)可用正交分布($a = 1$)表达式,对重金属元素($<H_{so}>$ 很强),当金属粒子含有奇数电子时可用耦对分布表达式。总之,对 $<H_{so}>$ 很强的情况可用耦对或正交分布。这样就会发现 Denton

等人计算的结果并不是很理想,例如在低温下 $\chi_{偶} \to 0$,这个结果是不正确的,事实上由理论估计随 $<H_{so}>$ 增加,在 $T \approx 0$ 时磁化率趋近泡里顺磁值。

尽管如此,Denton 等人计算出的结果表明,粒子所包含的电子数的奇偶性不同,低温下的比热容、磁化率有极大区别。大块材料的比热容和磁化率(泡里磁化率)与电子奇偶性无关,如下式所示

$$c/k_B = \frac{2\pi^2}{3}(k_B T/\delta)^{-\frac{1}{2}} \tag{1.19}$$

$$\chi = 2\mu_B^2/\delta \tag{1.20}$$

因此可以看出,小微粒的 c 和 χ 与大块试样有很大区别。纳米微粒的顺磁磁化率与电子奇偶性有关的事实也表明 Denton 等人计算的结果在定性上是成立的。由于他们是根据费米面附近金属小粒子的电子能级为分裂的原则计算出 c 和 χ 的,因此,纳米微粒的 χ 与粒子所含电子的奇偶有关就表明其费米面附近电子能级是不连续的。纳米微粒的比热容 $c_p \propto T^{n+1}$,而块材的比热容 $c_p \propto T$,两者有很大的差别,也证实了纳米粒子费米面附近的能级是分裂的。

1.2.2 量子尺寸效应

当粒子尺寸下降到某一值时,金属费米能级附近的电子能级由准连续变为离散能级的现象,以及纳米半导体微粒存在不连续的最高被占据分子轨道和最低未被占据的分子轨道能级,这些能隙变宽现象均称为量子尺寸效应。能带理论表明,金属费米能级附近电子能级一般是连续的,这一点只有在高温或宏观尺寸情况下才成立。对于只有有限个导电电子的超微粒子来说,低温下能级是离散的;对于宏观物体包含无限个原子(即导电电子数 $N \to \infty$),由式(1.4)可得能级间距 $\delta \to 0$,即对大粒子或宏观物体能级间距几乎为零;而对纳米微粒,所包含原子数有限,N 值很小,这就导致 δ 有一定的值,即能级间距发生分裂。当能级间距大于热能、磁能、静磁能、静电能、光子能量或超导态的凝聚能时,这时必须要考虑量子尺寸效应,这会导致纳米微粒磁、光、热、电以及超导电性与宏观特性有着显著的不同。例如上节中提到的纳米微粒的比热容、磁化率与所含的电子奇偶性有关,导体变绝缘体等。有人利用 Kubo 关于能级间距的公式估计了 Ag 微粒在 1K 时出现量子尺寸效应(由导体→绝缘体)的临界粒径 d_0:Ag 的电子数 $n_1 = 6 \times 10^{22} \text{cm}^{-3}$,由公式

$$E_F = \frac{\hbar}{2m}(3\pi^2 n_1)^{\frac{2}{3}} \text{ 和 } \delta = \frac{4}{3}\frac{E_F}{N}$$

得到

$$\frac{\delta}{k_B} = (2.83 \times 10^{-18})/d^3 \quad \text{K} \cdot \text{cm}^3 \tag{1.21}$$

当 $T = 1\text{K}$ 时,能级最小间距 $\frac{\delta}{k_B} = 1$,代入上式求得 $d = 14\text{nm}$。

根据 Kubo 理论,只有 $\delta > k_B T$ 时才会产生能级分裂,从而出现量子尺寸效应,即

$$\frac{\delta}{k_B} = (2.83 \times 10^{-18})/d^3 > 1 \tag{1.22}$$

由此得出,当粒径 $d_0 < 14\text{nm}$,Ag 纳米微粒变为非金属绝缘体,如果温度高于 1K,则要求 $d_0 \ll 14\text{nm}$ 才有可能变为绝缘体。这里应当指出,实际情况下金属变为绝缘体除了满足 $\delta > k_B T$ 外,还需满足电子寿命 $\tau > \hbar/\delta$ 的条件。实验表明,纳米 Ag 的确为绝缘体,这就

是说,纳米 Ag 满足上述两个条件。

1.2.3 小尺寸效应

当超细微粒的尺寸与光波波长、德布罗意波长以及超导态的相干长度或透射深度等物理特征尺寸相当或更小时,晶体周期性的边界条件将被破坏;非晶态纳米微粒的颗粒表面层附近原子密度减小,导致声、光、电、磁、热、力学等特性呈现新的小尺寸效应。例如,光吸收显著增加并产生吸收峰的等离子共振频移;磁有序态向磁无序态转变;超导相向正常相的转变;声子谱发生改变。人们曾用高倍率电子显微镜对超细金颗粒(2nm)的结构非稳定性进行观察,实时地记录颗粒形态在观察中的变化,发现颗粒形态可以在单晶与多晶、孪晶之间进行连续转变,这与通常的熔化相变不同,从而提出了准熔化相的概念。纳米粒子的这些小尺寸效应为实用技术开拓了新领域。例如,纳米尺度的强磁性颗粒(Fe-Co 合金,氧化铁等),当颗粒尺寸为单磁畴临界尺寸时,具有甚高的矫顽力,可制成磁性信用卡、磁性钥匙、磁性车票,还可以制成磁性液体,广泛地用于电声器件、阻尼器件和旋转密封、润滑、选矿等领域。纳米微粒的熔点可远低于块状金属,例如 2nm 的金颗粒熔点为 600K,随粒径增加,熔点迅速上升,块状金为 1 337K;纳米银粉熔点可降低到 373K,此特性为粉末冶金工业提供了新工艺。利用等离子共振频率随颗粒尺寸变化的性质,可以改变颗粒尺寸,控制吸收边的位移,制造具有一定频宽的微波吸收纳米材料,用于电磁波屏蔽、隐形飞机等。

1.2.4 表面效应

纳米微粒尺寸小,表面能高,位于表面的原子占相当大的比例。表 1.3 给出纳米微粒尺寸与表面原子数关系。

表 1.3 纳米微粒尺寸与表面原子数的关系

纳米微粒尺寸 /nm	包含总原子数	表面原子所占比例 /%
10	3×10^4	20
4	4×10^3	40
2	2.5×10^2	80
1	30	99

表面原子数占全部原子数的比例和粒径之间关系见图 1.3。

表 1.3 和图 1.3 说明,随着粒径减小,表面原子数迅速增加。这是由于粒径小,表面积急剧变大所致。例如,粒径为 10nm 时,比表面积为 90m²/g;粒径为 5nm 时,比表面积为 180m²/g;粒径下降到 2nm 时,比表面积猛增到 450m²/g。这样高的比表面,使处于表面的原子数越来越多,同时表面能迅速增加,如表 1.4 所示。由表看出 Cu 纳米微粒粒径从 100nm→10nm→1nm,Cu 微粒的比表面积和表面能增加了 2 个数量级。

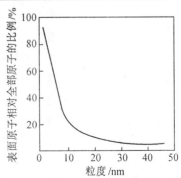

图 1.3 表面原子数占全部原子数的比例和粒径之间的关系

表 1.4　纳米 Cu 微粒的粒径与比表面积、
表面原子数比例、表面能和一个粒子中的原子数的关系

粒径/nm	Cu 的比表面积/(m²·g⁻¹)	表面原子:全部原子	一个粒子中的原子数	比表面能/(J·mol⁻¹)
100	6.6		8.46×10^7	5.9×10^2
20		10		
10	66	20	8.46×10^4	5.9×10^3
5		40	1.06×10^4	
2		80		
1	660	99		5.9×10^4

表面原子数增多、原子配位不足及高的表面能，使这些表面原子具有高的活性，极不稳定，很容易与其他原子结合，例如金属的纳米粒子在空气中会燃烧，无机的纳米粒子暴露在空气中会吸附气体，并与气体进行反应。下面举一例可以说明纳米粒子表面活性高的原因。图 1.4 为单一立方结构的晶粒的二维平面图，假定颗粒为圆形，实心圆代表位于表面的原子，空心圆代表内部原子，颗粒尺寸为 3nm，原子间距约为 0.3nm，很明显，实心圆的原子近邻配位不完全，缺少一个近邻的"E"原子，缺少两个近邻的"D"原子和缺少三个近邻配位的"A"原子。像"A"这样的表面原子极不稳定，很快跑到"B"位置上，这些表面原子一遇见其他原子，很快与其结合，使其稳定化，这就是活性的原因。这种表面原子的活性不但引起纳米粒子表面原子的变化，同时也引起表面电子自旋构象和电子能谱的变化。

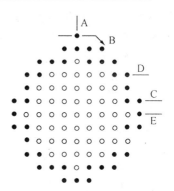

图 1.4　单一立方晶格结构的原子尽可能以接近圆（或球）形形式进行配置的超微粒模式图

1.2.5　宏观量子隧道效应

微观粒子具有贯穿势垒的能力称为隧道效应。近年来，人们发现一些宏观量，例如微颗粒的磁化强度，量子相干器件中的磁通量等，亦具有隧道效应，称为宏观的量子隧道效应，早期曾用来解释超细镍微粒在低温继续保持超顺磁性。近年来人们发现 Fe-Ni 薄膜中畴壁运动速度在低于某一临界温度时基本上与温度无关。于是，有人提出量子力学的零点振动可在低温起着类似热起伏的效应，从而使零温度附近微颗粒磁化矢量的重取向，保持有限的弛豫时间，即在绝对零度仍然存在非零的磁化反转率。相似的观点解释高磁晶各向异性单晶体在低温产生阶梯式的反转磁化模式，以及量子干涉器件中一些效应。

宏观量子隧道效应的研究对基础研究及实用都有着重要意义。它限定了磁带、磁盘进行信息贮存的时间极限。量子尺寸效应、隧道效应将会是未来微电子器件的基础，或者它确立了现存微电子器件进一步微型化的极限。当微电子器件进一步细微化时，必须要考虑上述的量子效应。

上述的小尺寸效应、表面界面效应、量子尺寸效应及量子隧道效应是纳米微粒与纳米

固体的基本特性。它使纳米微粒和纳米固体呈现许多奇异的物理、化学性质,出现一些"反常现象"。例如,金属为导体,但纳米金属微粒在低温由于量子尺寸效应会呈现电绝缘性;一般 $PbTiO_3$、$BaTiO_3$ 和 $SrTiO_3$ 等是典型铁电体,但当其尺寸进入纳米数量级就会变成顺电体;铁磁性的物质进入纳米级(约 5nm);由于由多畴变成单畴显示极强顺磁效应;当粒径为十几纳米的氮化硅微粒组成了纳米陶瓷时,已不具有典型共价键特征,界面键结构出现部分极性,在交流电下电阻很小;化学惰性的金属铂制成纳米微粒(铂黑)后却成为活性极好的催化剂;金属由于光反射显现各种美丽的特征颜色,金属的超微粒光反射能力显著下降,通常可低于1%,因为小尺寸和表面效应使纳米微粒对光吸收表现极强能力;由纳米微粒组成的纳米固体在较宽谱范围显示出对光的均匀吸收性,纳米复合多层膜在 7~17GHz 频率的吸收峰高达 14dB,在 10dB 水平的吸收频宽为 2GHz;颗粒为 6nm 的纳米 Fe 晶体的断裂强度较之多晶 Fe 提高 12 倍;纳米 Cu 晶体自扩散是传统晶体的 10^{16}~10^{19} 倍,是晶界扩散的 10^3 倍;纳米 Ag 晶体作为稀释制冷机的热交换器效率较传统材料高 30%;纳米磁性金属的磁化率是普通金属的 20 倍,而饱和磁矩是普通金属的 1/2。

1.3　纳米微粒的物理特性

1.3.1　纳米微粒的结构与形貌

在通常的电子显微镜下观察,纳米微粒一般呈球形。然而,随着制备条件不同特别是当粒子的尺寸变化时(1~100nm 之间),粒子的形貌并非都呈球形或类球形。有人曾用高倍超高真空的电子显微镜观察纳米球形粒子,结果在粒子的表面上观察到了原子台阶。采用气相蒸发法合成的铬微粒子,当尺寸小于 20nm 时,铬粒子的二维形态呈正方形或矩形,经分析,实际铬粒子的形态是由 6 个{100}晶面围成的立方体或正方体,其晶体惯态系数为 24 面体,即由 24 个{211}晶面围成,当入射电子束平行于{111}方向时,粒子的截面投影为六边形。K. Kimoto 和 I. Nishida 观察了银的纳米微粒形貌,发现了银具有五边形十面体形状。

M. Nonoyama 和 R. Uyeda 于 20 世纪 60 年代初就开展了金属粒子结晶学研究,1987 年,R. Uyeda(上田良二教授)系统总结了他们的研究工作,出版了 "Crystal of Metal Smoke Particles",书中论述了 30 多种金属和半导体超微粒子的各种形态,展示了 200 多张电子显微镜照片。

纳米微粒的结构一般与大颗粒的相同,但有时会出现很大差别,例如,用气相蒸发法制备 Cr 的纳米微粒时,占主要部分的 α-Cr 微粒与普通 bcc 结构的铬是一致的,晶格参数 $a_0 = 0.288$nm。但同时还存在 δ-Cr,它的结构是一种完全不同于 α-Cr 的新结构,晶体结构为 A-15 型,空间群 P_{m3n}。即使纳米微粒的结构与大颗粒相同,但还可能存在某种差别。由于粒子的表面能和表面张力随粒径的减小而增加,纳米微粒的比表面积大以及由于表面原子的最近邻数低于体内而导致非键电子对的排斥力降低等,这必然引起颗粒内部特别是表面层晶格的畸变。有人用 EXAFS 技术研究 Cu、Ni 原子团发现,随粒径减小,原子间距减小。Staduik 等人用 X 射线分析表明,5nm 的 Ni 微粒点阵收缩约为 2.4%。

1.3.2 纳米微粒的热学性质

纳米微粒的熔点、开始烧结温度和晶化温度均比常规粉体低得多。由于颗粒小,纳米微粒的表面能高、比表面原子数多,这些表面原子近邻配位不全,活性大以及体积远小于大块材料,因此纳米粒子熔化时所需增加的内能小得多,这就使得纳米微粒熔点急剧下降。例如,大块 Pb 的熔点为600K,而20nm 球形 Pb 微粒熔点降低288K;纳米 Ag 微粒在低于373K 开始熔化,常规 Ag 的熔点远高于1 173K。Wronski 计算出 Au 微粒的粒径与熔点的关系,结果如图1.5。由图看出,当粒径小于10nm 时,熔点急剧下降。

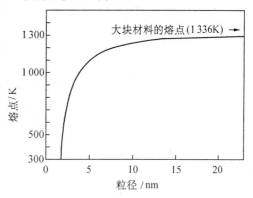

所谓烧结温度是指把粉末先用高压压制成形,然后在低于熔点的温度下使这些粉末互相结合成块,密度接近常规材料的最低加热温度。纳米微粒尺寸小,表面能高,压制成块材后的界面具有高能量,在烧结中高的界面能成为原子运动的驱动力,有利于界面中的孔洞收缩,空位团的湮没,因此,在较低的温度下烧结就能达到致密化的目的,即烧结温度降低。例如,常规 Al_2O_3 在 2 073 ~ 2 173K 烧结,而纳米可在 1 423 ~ 1 773K 烧结,致密度可达99.7%。常规 Si_3N_4 烧结温度高于 2 273K,纳米 Si_3N_4 烧结温度降低 673 ~ 773K。纳米 TiO_2 在773K 加热呈现出明显的致密化,而晶粒仅有微小的增加,致使纳米微粒 TiO_2 在比大晶粒样品低873K 的温度下烧结就能达到类似的硬度(见图1.6)。

图 1.5 Au 纳米微粒的粒径与熔点的关系

非晶纳米微粒的晶化温度低于常规粉体。传统非晶 Si_3N_4 在1 793K 晶化成 α-相,纳米非晶 Si_3N_4 微粒在1 673K 加热4 h 全部转变成 α 相,纳米微粒开始长大,温度随粒径的减小而降低。图1.7 表明 8nm、15nm 和 35nm 粒径的 Al_2O_3 粒子快速长大的开始温度分别约为1 073K、1 273K 和 1 423K。

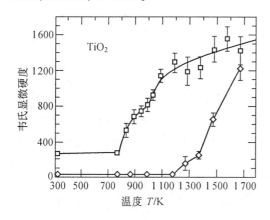

图 1.6 TiO_2 的韦氏硬度随烧结温度的变化
□—初始平均晶粒尺寸为12nm 的纳米微粒;
◇—初始平均晶粒尺寸为1.3μm 的大晶粒

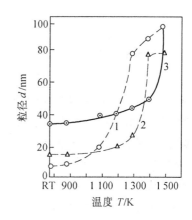

图 1.7 不同原始粒径(d_0)的纳米 Al_2O_3 微粒的粒径随退火温度的变化
○—d_0 = 8nm;△—d_0 = 15nm;⊙—d_0 = 35nm

1.3.3 纳米粒子的磁学性质

纳米微粒的小尺寸效应、量子尺寸效应、表面效应等使得它具有常规粗晶材料不具备的磁特性。纳米微粒的主要磁特性可以归纳如下。

1. 超顺磁性

纳米微粒尺寸小到一定临界值时进入超顺磁状态,例如 α-Fe、Fe_3O_4 和 α-Fe_2O_3 粒径分别为 5nm、16nm 和 20nm 时变成顺磁体。这时磁化率 χ 不再服从居里-外斯定律

$$\chi = \frac{C}{T - T_c} \tag{1.24}$$

式中,C 为常数;T_c 为居里温度。磁化强度 M_p 可以用朗之万公式来描述。$\frac{\mu H}{k_B T} \ll 1$ 时,$M_p \approx \mu^2 H/(3k_B T)$,μ 为粒子磁矩。在居里点附近没有明显的 χ 值突变,例如,粒径为 85nm 的纳米 Ni 微粒,矫顽力很高,χ 服从居里-外斯定律,而粒径小于 15nm 的 Ni 微粒,矫顽力 $H_c \to 0$,这说明它们进入了超顺磁状态(见图 1.8)。图 1.9 给出了粒径为 85nm、13nm 和 9nm 的纳米 Ni 微粒的 V(χ)-T 升温曲线。V(χ) 是与交流磁化率有关的检测电讯号。由图看出,85nm 的 Ni 微粒在居里点附近 V(χ) 发生突变,这意味着 χ 的突变,而 9nm 和 13nm 粒径的情况,V(χ) 随温度呈缓慢的变化,未见 V(χ) 的突变现象。

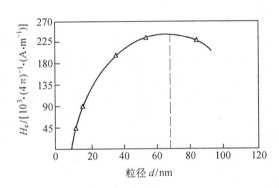

图 1.8　Ni 微颗粒的矫顽力 H_c 与颗粒直径 d 的关系曲线

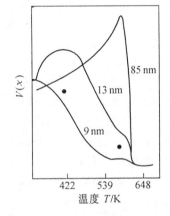

图 1.9　纳米 Ni 微粒升温过程 V(χ) 随温度变化曲线

超顺磁状态的起源可归为以下原因:在小尺寸下,当各向异性能减小到与热运动能可相比拟时,磁化方向就不再固定在一个易磁化方向,易磁化方向作无规律的变化,结果导致超顺磁性的出现。不同种类的纳米磁性微粒显现超顺磁的临界尺寸是不相同的。

2. 矫顽力

纳米微粒尺寸高于超顺磁临界尺寸时通常呈现高的矫顽力 H_c。例如,用惰性气体蒸发冷凝的方法制备的纳米 Fe 微粒,随着颗粒变小,饱和磁化强度 M_s 有所下降,但矫顽力却显著地增加(见图 1.10)。由图看出,粒径为 16nm 的 Fe 微粒,矫顽力在 5.5K 时达 $16 \times 10^5/(4\pi)$ A/m。室温下 Fe 微粒矫顽力仍保持 $1 \times 10^6/(4\pi)$ A/m,而常规的 Fe 块体矫顽力通常低于 $1\,000/(4\pi)$ A/m。Fe-Co 合金的矫顽力高达 $2\,060 \times 10^3/(4\pi)$ A/m。对于纳米微粒高矫顽力的起源两种解释:一致转动模式和球链反转磁化模式。一致转动磁化模式基本内容是:当粒子尺寸小到某一尺寸时,每个粒子就是一个单磁畴,例如,Fe 和 Fe_3O_4 单磁畴的临

界尺寸分别为 12nm 和 40nm。每个单磁畴纳米微粒实际上成为一个永久磁铁,要使这个磁铁去掉磁性,必须使每个粒子整体的磁矩反转,这需要很大的反向磁场,即超顺磁状态的纳米微粒具有较高的矫顽力。许多实验表明,纳米微粒的 H_c 测量值与一致转动的理论值不相符合。例如,粒径为 65nm 的 Ni 微粒具有大于其他粒径微粒的矫顽力,$H_{c\,max} \approx [25 \times 10^4/(4\pi)]$ A/m。这远低于一致转动的理论值,$H_c = 4K_1/3M_s \approx [16 \times 10^5/(4\pi)]$ A/m。都有为等人认为对纳米微粒 Fe、Fe_3O_4 和 Ni 等的高矫顽力的来源应当用球链模型来解释。他们采用球链反转磁化模式来计算纳米 Ni 微粒的矫顽力。

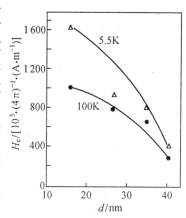

图 1.10 Fe 纳米微粒矫顽力与颗粒粒径和温度的关系

由于静磁作用,球形纳米 Ni 微粒形成链状,对于由 n 个球形粒子构成的链的情况,矫顽力

$$H_c n = \mu(6K_n - 4L_n)/d^3 \tag{1.24}$$

其中

$$K_n = \sum_{j=1}^{n} \frac{(n-j)}{nj^3} \tag{1.25}$$

$$L_n = \sum_{j=1}^{\frac{1}{2}(n-1)<j\leq\frac{1}{2}(n+1)} \frac{[n-(2j-1)]}{[n(2j-1)^3]} \tag{1.25}$$

式中,n 为球链中的颗粒数;μ 为颗粒磁矩;d 为颗粒间距。设 $n = 5$,则 $H_c n \approx [55 \times 10^4/(4\pi)]$ A/m,大于实验值。Ohshiner 引入缺陷对球链模型进行修正后,矫顽力比上述理论计算结果低。他认为颗粒表面氧化层可能起着类似缺陷的作用,从而定性地解释了上述实验事实。

3. 居里温度

居里温度 T_c 为物质磁性的重要参数,通常与交换积分 J_e 成正比,并与原子构型和间距有关。对于薄膜,理论与实验研究表明,随着铁磁薄膜厚度的减小,居里温度下降。对于纳米微粒,由于小尺寸效应和表面效应而导致纳米粒子的本征和内禀的磁性变化,因此具有较低的居里温度。例如,85nm 粒径的 Ni 微粒,由于磁化率在居里温度呈现明显的峰值,因此通过测量低磁场下磁化率与温度关系可得到居里温度约 623K(见图 1.9),略低于常规块体 Ni 的居里温度(631K)。具有超顺磁性的 9nm Ni 微粒,在高磁场下 $[12 \times 10^6/(4\pi)]$ A/m 使部分超顺磁性颗粒脱离超顺磁性状态,按照公式 $V(K_1 + M_sH) = 25k_BT$ [其中 V 为粒子体积,K_1 为室温有效磁各向异性常数($\approx 5.8 \times 10^{-2}$ J/cm³)] 估算,超顺磁性临界尺寸下降为 6.7nm,因此对平均粒径为 9nm 样品,仍可根据 σ_s-T 曲线确定居里温度,如图 1.10 所示。9nm 样品在 260℃ 温度附近 σ_s-T 存在一突变,这是由于晶粒长大所致。根据突变前 σ_s-T 曲线外插可求得 9nm 样品的 T_c 值近似为 300℃,低于 85nm 的 T_c 值(350℃),因此可以定性地证明随粒径的下降,纳米 Ni 微粒的居里温度有所下降。

许多实验证明,纳米微粒内原子间距随粒径下降而减小。Apai 等人用 EXAFS 方法直接证明了 Ni、Cu 的原子间距随着颗粒尺寸而减小。Stand Wik 等人用 X 射线衍射法表明 5nm 的 Ni 内原子间距减小将会导致 J_e 的减小,从而 T_c 随粒径减小而下降。

4. 磁化率

纳米微粒的磁性与它所含的总电子数的奇偶性密切相关。每个微粒的电子可以看成一个体系,电子数的宇称可为奇或偶。一价金属的微粉,一半粒子的宇称为奇,另一半为偶;两价金属的粒子的宇称为偶。电子数为奇或偶数的粒子磁性有不同温度特点。电子数为奇数的粒子集合体的磁化率服从居里-外斯定律 $\chi = \dfrac{C}{T-T_c}$,量子尺寸效应使磁化率遵从 d^{-3} 规律。电子数为偶数的系统,$\chi \propto k_B T$,并遵从 d^2 规律。它们在高场下为泡利顺磁性。纳米磁性金属 χ 值是常规金属的 20 倍。

此外,纳米磁性微粒还具备许多其他的磁特性。纳米金属 Fe(8nm) 饱和磁化强度比常规 α-Fe 低 40%,纳米 Fe 的比饱和磁化强度随粒径的减小而下降(见图 1.11)。纳米 FeF$_2$(10nm) 在 78~88K 由顺磁转变为反铁磁,即有一个宽达 12K 的奈耳温度范围;而单晶 FeF$_2$ 由顺磁转变为反铁磁的奈耳温度范围很窄,只有 2K。1988 年日本发现纳米合金 Fe-Si-Bi-Cu(20~50nm) 具有好的软磁性能,可用作高频转换器,其芯耗至 200mW/cm^3,有效磁导率

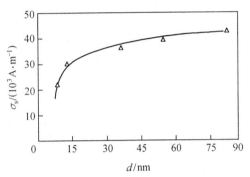

图 1.11 室温比饱和磁化强度 σ_s 与平均颗粒直径 d 的关系曲线

高于 10^8。当晶粒度大于 100nm 时,上述软磁性能消失。Sb 通常为抗磁性,其 $\chi < 0$,但纳米微晶的 $\chi > 0$,表现出顺磁性。

孙继荣等从自旋波理论出发,通过直接求解 Heisenberg 模型预计,纳米微粒,尤其是约 1nm 粒径的微粒体系的低温自发磁化强度 $M(T)$ 的变化不遵循 Bloch 规律($T^{3/2}$ 规律),在一定温度区间内,有

$$\frac{M(0)-M(T)}{M(0)} = \alpha + \beta(T/J_e) + \gamma(T/J_e)^{3/2} \tag{1.27}$$

式中,J_e 为自旋交换积分;γ 值比大粒子体系的大。

1.3.4 纳米微粒的光学性质

纳米粒子的一个最重要的标志是尺寸与物理的特征量相差不多,例如,当纳米粒子的粒径与超导相干波长、玻尔半径以及电子的德布罗意波长相当时,小颗粒的量子尺寸效应十分显著。与此同时,大的比表面使处于表面态的原子、电子与处于小颗粒内部的原子、电子的行为有很大的差别,这种表面效应和量子尺寸效应对纳米微粒的光学特性有很大的影响,甚至使纳米微粒具有同样材质的宏观大块物体不具备的新的光学特性。主要表现为以下几方面。

1. 宽频带强吸收

大块金属具有不同颜色的光泽,这表明它们对可见光范围各种颜色(波长)的反射和

吸收能力不同。当尺寸减小到纳米级时各种金属纳米微粒几乎都呈黑色,它们对可见光的反射率极低。例如,Pt纳米粒子的反射率为1%,Au纳米粒子的反射率小于10%。对可见光低反射率、强吸收率导致粒子变黑。

纳米氮化硅、SiC及Al_2O_3粉末对红外有一个宽带吸收谱。这是因为纳米粒子大的比表面导致了平均配位数下降,不饱和键和悬键增多,与常规大块材料不同,没有一个单一的、择优的键振动模式,而存在一个较宽的键振动模的分布,在红外光场作用下它们对红外吸收的频率也就存在一个较宽的分布,这就导致了纳米粒子红外吸收带的宽化。

2. 蓝移现象

与大块材料相比,纳米微粒的吸收带普遍存在"蓝移"现象,即吸收带移向短波方向。例如,纳米SiC颗粒和大块SiC固体的峰值红外吸收频率分别是$814cm^{-1}$和$794cm^{-1}$。纳米颗粒的红外吸收频率较大块固体蓝移了$20cm^{-1}$。纳米氮化硅颗粒和大块Si_3N_4固体的峰值红外吸收频率分别为$949cm^{-1}$和$935cm^{-1}$,纳米氮化硅颗粒的红外吸收频率比大块固体蓝移了$14cm^{-1}$。由不同粒径的CdS纳米微粒的吸收光谱看出,随着微粒尺寸的变小而有明显的蓝移,见图1.12。体相PbS的禁带宽度较窄,吸收带在近红外。但是PbS体相中的激子玻尔半径较大(>10nm)[激子玻尔半径 $a_B = \frac{h^2\varepsilon}{e^2}(\frac{1}{m_e} + \frac{1}{m_h})$,$m_e$和$m_h$分别

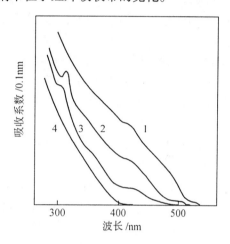

图1.12 CdS溶胶微粒在不同尺寸下的吸收谱
1—6nm;2—4nm;3—2.5nm;4—1nm

为电子和空穴有效质量,ε为介电常数],更容易达到量子限域。当其尺寸小于3nm时,吸收光谱已移至可见区。对纳米微粒吸收带"蓝移"的解释有几种说法,归纳起来有两个方面,一是量子尺寸效应,由于颗粒尺寸下降能隙变宽,这就导致光吸收带移向短波方向,Ball等对这种蓝移现象给出了普适性的解释:已被电子占据分子轨道能级与未被电子占据分子轨道能级之间的宽度(能隙)随颗粒直径减小而增大,这是产生蓝移的根本原因,这种解释对半导体和绝缘体都适用。另一种是表面效应,由于纳米微粒颗粒小,大的表面张力使晶格畸变,晶格常数变小,对纳米氧化物和氮化物小粒子研究表明第一近邻和第二近邻的距离变短,键长的缩短导致纳米微粒的键本征振动频率增大,结果使光吸收带移向了高波数。

3. 量子限域效应

半导体纳米微粒的半径$r < a_B$(激子玻尔半径)时,电子的平均自由程受小粒径的限制,被局限在很小的范围,空穴很容易与它形成激子,引起电子和空穴波函数的重叠,这就很容易产生激子吸收带。随着粒径的减小,重叠因子(在某处同时发现电子和空穴的几率$|U(0)|^2$)增加,对半径为r的球形微晶,忽略表面效应,则激子的振子强度

$$f = \frac{2m}{h^2}\Delta E |\mu|^2 |U(0)|^2 \quad (1.28)$$

式中，m 为电子质量；ΔE 为跃迁能量；μ 为跃迁偶极矩。当 $R < a_B$ 时，电子和空穴波函数的重叠 $|U(0)|^2$ 将随粒径减小而增加，近似于 $(a_B/r)^3$。因为单位体积微晶的振子强度 $f_{微晶}/V$(V 为微晶体积) 决定了材料的吸收系数，粒径越小，$|U(0)|^2$ 越大，$f_{微晶}/V$ 也越大，则激子带的吸收系数随粒径下降而增加，即出现激子增强吸收并蓝移，这就称做量子限域效应。纳米半导体微粒增强的量子限域效应使它的光学性能不同于常规半导体。图 1.13 为颗粒尺寸分别为掺了 10nm 和 5nm 的粒径的 $CdSe_xS_{1-x}$ 玻璃的光吸收谱。由图可以看出，当微粒尺寸变小后出现明显的激子峰。

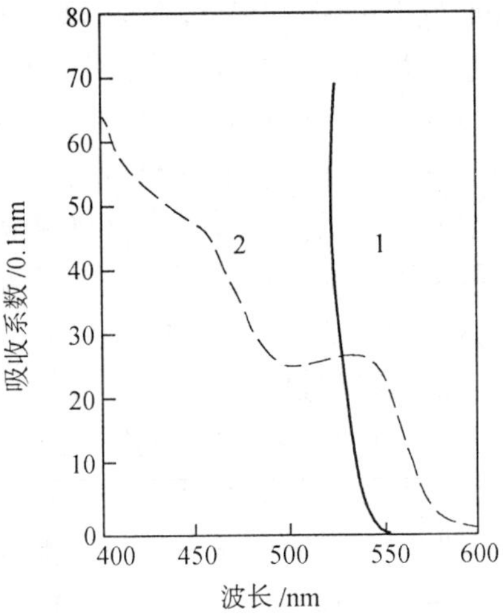

4. 纳米微粒的发光

图 1.13 $CdSe_xS_{1-x}$ 玻璃的吸收光谱

当纳米微粒的尺寸小到一定值时可在一定波长的光激发下发光。1990年，日本佳能研究中心的 H.Tabagi 发现，粒径小于 6nm 的 Si 在室温下可以发射可见光，随粒径减小，发射带强度增强并移向短波方向。当粒径大于 6nm 时，这种光发光现象消失。Tabagi 认为硅纳微粒的发光是载流子的量子限域效应引起的。Brus 认为，大块 Si 不发光是它的结构存在平移对称性，由平移对称性产生的选择定则使得大尺寸 Si 不可能发光，当 Si 粒径小到某一程度时(6nm)，平移对称性消失，因此出现发光现象。

掺 $CdSe_xS_{1-x}$ 纳米微粒的玻璃在 530nm 波长光的激发下会发射荧光，见图 1.15，这是因为半导体具有窄的直接跃迁的带隙，因此在光激发下电子容易跃迁引起发光。当颗粒尺寸较小时(5nm)出现了激子发射峰(见曲线 2)。

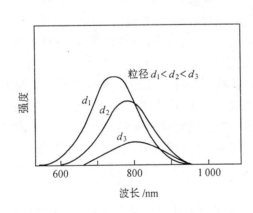

图 1.14 不同颗粒度纳米 Si 在室温下的发光

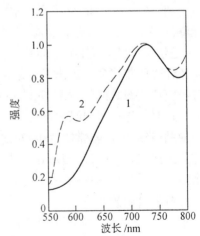

图 1.15 $CdSe_xS_{1-x}$ 玻璃的荧光光谱
激发波长 530nm；1— 微粒尺寸大于 10nm；2—5nm

常规块体 TiO_2 是一种直接跃迁禁阻的过渡金属氧化物，带隙宽度为 3.0eV，为间接允许跃迁带隙，在低温下可由杂质或束缚态发光。但是用硬脂酸包敷 TiO_2 超微粒可均匀分

散到甲苯相中,而且直到2 400nm仍有很强的光吸收,其吸收谱满足直接跃迁半导体小粒子的Urbach关系

$$(\alpha h\nu)^2 = B(h\nu - E_g) \tag{1.29}$$

式中,$h\nu$为光子能量;α为吸收系数;E_g为表观光学带隙;B为材料特征常数。根据吸收光谱(α-波长曲线)由上式可求出$E_g = 2.25eV$,大大小于块体TiO_2的带隙宽度($E_g = 3.0eV$)。而且与块体TiO_2不同的是TiO_2微粒在室温下,由380~510nm波长的光激发可产生540nm附近的宽带发射峰。

初步的研究表明,随粒子尺寸减小而出现吸收的红移。室温可见荧光和吸收红移现象可能由下面两个原因引起:

(1) 包敷硬脂酸在粒子表面形成一偶极层,偶极层的库仑作用引起的红移可以大于粒子尺寸的量子限域效应引起的蓝移,结果吸收谱呈现红移。

(2) 表面形成束缚激子导致发光。

5. 纳米微粒分散物系的光学性质

纳米微粒分散于分散介质中形成分散物系(溶胶),纳米微粒在这里又称做胶体粒子或分散相。在溶胶中胶体的高分散性和不均匀性使得分散物系具有特殊的光学特征。例如,如果让一束聚集的光线通过这种分散物系,在入射的垂直方向可看到一个发光的圆锥体,如图1.16所示。这种现象是在1869年由英国物理学家丁达尔(Tyndal)所发现,故称丁达尔效应。这个圆锥为丁达尔圆锥。丁达尔效应与分散粒子的大小及投射光线波长有关。当分散粒子的直径大于投射光波波长时,光投射到粒子上就被反射。如果粒子直径小于入射光波的波长,光波可以绕过粒子而向各方向传播,发生散射,散射出来的光,即所谓乳光。由于纳米微粒直径比可见光的波长要小得多,所以纳米微粒分散系就应以散射的作用为主。

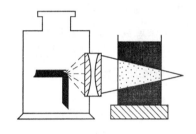

图1.16 丁达尔效应

根据雷利公式,散射强度为

$$I = \frac{24\pi^3 NV^2}{\lambda^4}\left(\frac{n_1^2 - n_2^2}{n_1^2 + n_2^2}\right)I_0 \tag{1.30}$$

式中,λ为波长;N为单位体积中的粒子数;V为单个粒子的体积;n_1和n_2分别为分散相(这里为纳米粒子)和分散介质的折射率;I_0为入射光的强度。由式(1.30)可作如下的讨论:

(1) 散射光强度(即乳光强度)与粒子的体积平方成正比。对低分子真溶液分子体积很小,虽有乳光,但很微弱。悬浮体的粒子大于可见光波长,故没有乳光,只有反射光,只有纳米胶体粒子形成的溶胶才能产生丁达尔效应。

(2) 乳光强度与入射光的波长的四次方成反比,故入射光的波长愈短,散射愈强。例如,照射溶胶上的是白光,则其中蓝光与紫光的散射较强,故白光照射溶胶时,侧面的散射光呈现淡蓝色,而透射光呈现橙红色。

(3) 分散相与分散介质的折射率相差愈大,粒子的散射光愈强,所以对分散相和介质间没有亲和力或只有很弱亲和力的溶胶(憎液溶胶),由于分散相与分散介质间有明显界

限,两者折射率相差很大,乳光很强,丁达尔效应很明显。

(4) 乳光强度与单位体积内的粒子数 N 成正比。

1.3.5 纳米微粒分散物系的动力学性质

1. 布朗运动

1882 年,布朗(Broown)在显微镜下观察到悬浮在水中的花粉颗粒作永不停息的无规则运动。其他的微粒在水中也有同样现象,这种现象叫做布朗运动。

布朗运动是由于介质分子热运动造成的。胶体粒子(纳米粒子)形成溶胶时会产生无规则的布朗运动。在 1905 年和 1906 年,爱因斯坦和斯莫鲁霍夫分别创立布朗运动理论,假定胶体粒子运动与分子运动相类似,并将粒子的平均位移表示成

$$\bar{X} = \sqrt{\frac{RT}{N_0} \cdot \frac{Z}{3\pi \eta r}} \tag{1.31}$$

式中,$\bar{X}$ 为粒子的平均位移;Z 为观察的时间间隔;η 为介质的粘滞系数;r 为粒子半径;N_0 为阿伏伽德罗常数。

布朗运动是影响胶体粒子的分散物系(溶胶)动力稳定性的一个原因。由于布朗运动存在,胶粒不会稳定地停留在某一固定位置上,这样胶粒不会因重力而发生沉积,但另一方面,可能使胶粒因相互碰撞而团聚,颗粒由小变大而沉淀。

2. 扩散

扩散现象是在有浓度差时,由于微粒热运动(布朗运动)而引起的物质迁移现象。微粒愈大,热运动速度愈小。一般以扩散系数来量度扩散速度,扩散系数(D)是表示物质扩散能力的物理量。表 1.5 表示不同半径金纳米微粒形成的溶胶的扩散系数。由表可知,粒径愈大,扩散系数愈小。

表 1.5 291K 时金溶胶的扩散系数

粒径 /nm	扩散系数 $D/(10^9 m^2 \cdot s^{-1})$
1	0.213
10	0.0213
100	0.00213

按照爱因斯坦关系式,胶体物系中扩散系数 D 可表示成

$$D = \frac{RT}{N_0} \cdot \frac{1}{6\pi \eta r} \tag{1.32}$$

式中,η 为分散介质的粘度系数;r 为粒子半径;其他是常用符号。

由式(1.31)和(1.32)可得

$$D = \frac{\bar{X}^2}{2Z} \tag{1.33}$$

利用这个公式,在给定时间间隔 Z 内,用电镜测出平均位移的大小,可得出 D。

3. 沉降和沉降平衡

对于质量较大的胶粒来说,重力作用是不可忽视的。如果粒子相对密度大于液体,因

重力作用悬浮在流体中的微粒下降。但对于分散度高的物系,因布朗运动引起扩散作用与沉降方向相反,故扩散成为阻碍沉降因素。粒子愈小,这种作用愈显著,当沉降速度与扩散速度相等时,物系达到平衡状态,即沉降平衡。

Perrin 以沉降平衡为基础,导出了胶体粒子的高斯分布定律的公式

$$n_2 = n_1 \mathrm{e}^{-\frac{N_0}{RT}\frac{4}{3}r^3(\rho_p-\rho_0)(\chi_2-\chi_1)g} \quad (1.34)$$

式中,n_1 为 χ_1 高度截面处的粒子浓度;n_2 为 χ_2 高度截面处的粒子浓度;ρ_p 表示胶粒的密度;ρ_0 为分散介质的密度;r 为粒子半径;g 为重力加速度。

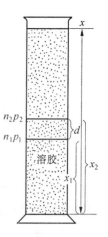

图 1.17 胶粒高度分布示意图

由式(1.34)和图 1.17 可见,粒子的质量愈大,其浓度随高度而引起的变化亦愈大。一般来说,溶胶中含有各种大小不同的粒子时,当这类物系达到平衡时,溶胶上部的平均粒子大小要比底部所有的小。

参考文献

1 张立德,牟季美.纳米材料学.沈阳:辽宁科学技术出版社,1994
2 张立德,牟季美.纳米材料和纳米结构.北京:科学出版社,2001
3 (日)濑升,尾崎义治著.超微颗粒导论.赵修建,张联盟译.武汉:武汉工业大学出版社,1991
4 曹茂盛.超微颗粒制备科学与技术.哈尔滨:哈尔滨工业大学出版社,1995

第二章 纳米粒子的制备方法

2.1 纳米粒子制备方法评述

在自然界中存在着大量纳米粒子,如烟尘、各种微粒子粉尘、大气中的各类尘埃物等。然而,自然界中存在的纳米粒子都是以有害的污染物面目出现的,无法直接加以利用。目前,对人类生活和社会进步直接有益的各类纳米粒子都是人工制造的。事实上,人工制造人们所需要的各类纳米粒子都是十分困难的。

从 20 世纪初开始,物理学家就开始考虑制作金属纳米粒子,其中最早制备金属及其氧化物纳米粒子采用的是蒸发法。它是在惰性或不活泼气体中使物质加热蒸发,蒸发的金属或其他物质的蒸气在气体中冷却凝结,形成极细小的纳米粒子,并沉积在基底上。利用这一方法,人们制得了各种金属及合金化合物等几乎所有物质的纳米粒子。由于人们发现了纳米粒子具有优良的理化性质和特殊的电、磁、光等特性,吸引了一批有识的科学家开始对纳米粒子进行研究,包括对纳米粒子基本制备方法的探索。其中最先被考虑粒子细化技术方案而加以实施的是机械粉碎法。通过改进传统的机械粉碎技术,使各类无机非金属矿物质粒子得到了不断细化,并在此基础上形成了大规模的工业化生产。然而,最早的机械粉碎技术还不能使物质粒子足够细,其粉碎极限一般都为数微米。直到近十几年来,采用高能球磨、振动与搅拌磨及高速气流磨,使得机械粉碎造粒极限值有所改进。目前,机械粉碎能够达到的极限值一般在 $0.5\mu m$ 左右。随着科学与技术的不断进步,人们开发了多种化学方法和物理方法来制备纳米粒子,如溶液化学反应、气相化学反应、固体氧化还原反应、真空蒸发及气体蒸发等。采用这些方法人们可方便地制备金属、金属氧化物、氮化物、碳化物、超导材料、磁性材料等几乎所有物质的纳米粒子。这些方法有些已经在工业上开始实用。但这类制备方法中尚存在一些技术问题,如粒子的纯度、产率、粒径分布、均匀性及粒子的可控制性等。这些问题无论是在过去还是现在,都是工业化生产中应予以考虑的问题。

近十年来,为了制备接近理想的纳米粒子,人们采用各种高技术开发了制备纳米粒子的方法。利用激光技术、等离子体技术、电子束技术和离子束技术制备了一系列高质量的纳米粒子。采用高科技手段制备纳米粒子具有很大的优越性,可以制备出粒度均匀、高纯、超细、球状、分散性好、粒径分布窄、比表面积大的优良粉末。然而,高技术制备也同样面临一个严重的问题,就是如何提高产品产率,实现工业化。

到目前为止,人们已经发展了多种方法制备各类纳米粒子。根据不同的要求或不同的粒子范围,可以选择各种适当的物理方法、化学方法以及其他综合性的方法。物理方法制备纳米粒子主要涉及到蒸发、熔融、凝固、形变、粒径变化等物理变化过程。物理方法制备纳米粒子通常分为粉碎法和构筑法两大类。前者是以大块固体为原料,将块状物质粉碎、细化,从而得到不同粒径范围的纳米粒子;构筑法是由小极限原子或分子的集合体人工合成超微粒子。化学方法制备纳米粒子通常包含着基本的化学反应,在化学反应中物质之间的原子必然进行组排,这种过程决定物质的存在形态。即这种化学反应有如下特征:

(1) 固体之间的最小反应单元取决于固体物质粒子的大小;
(2) 反应在接触部位所限定的区间内进行;
(3) 生成相对反应的继续进行有重要影响。

综合方法制备纳米粒子通常在制备过程中要伴随一些化学反应,同时又涉及到粒子的物态变化过程,甚至在制备过程中要施加一定的物理手段来保证化学反应的顺利进行。显然,制备纳米粒子的综合方法涉及物理理论、方法与手段,也涉及化学基本反应过程。

对于纳米粒子的制备方法,目前尚无确切的科学分类标准。按照物质的原始状态分类,相应的制备方法可分为固相法、液相法和气相法;按研究纳米粒子的学科分类,可将其分为物理方法、化学方法和物理化学方法;按制备技术分类,又可分为机械粉碎法、气体蒸发法、溶液法、激光合成法、等离子体合成法、射线辐照合成法、溶胶-凝胶法,等等。分类方法不同,研究问题侧重点也不同。例如,在广义上说,进行化学反应的时候,也把纯粹的物质熔融、凝固看作化学反应,而这种物态变化主要呈现出物理变化;喷雾法制备纳米粒子的基本操作显然是物理方法,但为了最终获得所需要的粒子,还必须进行化学反应。在这种情形下,重要的问题是应尽可能地了解化学反应和物理变化与操作的相互联系,揭示过程本身所包含的各种机制。同样道理,在气相反应中,制备过程中的核心技术是反应气体如何生成,在很多情况下,这种生成过程是物理过程,而反应气体的制备中有很大部分又依赖于化学反应。在此,笔者无意评价纳米粒子的制备方法应该如何科学地分类和定义,而着重针对纳米粒子生成机理与制备过程非常粗略地将制备方法分成物理方法、化学方法和物理化学方法。这样分类的好处是能够抓住问题的主要方面,根据纳米粒子制备的主要原理与主要过程,更明了地阐述其物理机理、化学机理。本书正是在这样的主导思想下对纳米粒子的各类制备方法进行阐述和总结的。

2.2 制备纳米粒子的物理方法

2.2.1 机械粉碎法

纳米机械粉碎是在传统的机械粉碎技术中发展起来的。这里"粉碎"一词是指固体物料粒子尺寸由大变小过程的总称,它包括"破碎"和"粉磨"。前者是由大料块变成小料块的过程,后者是由小料块变成粉体的过程。固体物料粒子的粉碎过程,实际上就是在粉碎力的作用下固体料块或粒子发生变形进而破裂的过程。当粉碎力足够大时,力的作用又很迅猛,物料块或粒子之间瞬间产生的应力,大大超过了物料的机械强度,因而物料发生了破碎。粉碎作用力的类型主要有图2.1所示几种。可以看出物料的基本粉碎方式是压碎、剪碎、冲击粉碎和磨碎。工业上采用的粉碎设备,虽然技术设备不同,但粉碎机制大同小异。一般的粉碎作用力都是这几种力的组合,如球磨机和振动磨是磨碎与冲击粉碎的组合;雷蒙磨是压碎、剪碎与磨碎的组合;气流磨是冲击、磨碎与剪碎的组合,等等。

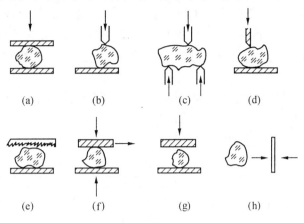

图 2.1 粉碎作用力的作用形式

物料粒子受机械力作用而被粉碎时,还会发生物质结构及表面物理化学性质的变化,这种因机械载荷作用导致粒子晶体结构和物理化学性质的变化称为机械化学。在纳米粉碎加工中,由于粒子微细,而且又承受反复强烈的机械应力作用,表面积首先要发生变化。同时,温度升高、表面积变化还会导致表面能变化。因此,粒子中相邻原子键断裂之前牢固约束的键力在粉碎后形成的新表面上很自然地被激活,表面能的增大和机械激活作用将导致以下几种变化:

(1) 粒子结构变化,如表面结构自发地重组,形成非晶态结构或重结晶;

(2) 粒子表面物理化学性质变化,如表面电性、物理与化学吸附、溶解性、分散与团聚性质;

(3) 在局部受反复应力作用区域产生化学反应,如由一种物质转变为另一种物质释放出气体、外来离子进入晶体结构中引起原物料中化学组成变化。

此外,对于易燃、易爆物料,其粉碎生产过程中还会伴随有燃烧、爆炸的可能性,这是纳米机械粉碎技术应予以考虑的安全性问题。纳米机械粉碎极限是纳米粉碎面临的一个重要问题。在纳米粉碎中,随着粒子粒径的减小,被粉碎物料的结晶均匀性增加,粒子强度增大,断裂能提高,粉碎所需的机械应力也大大增加。因而粒子度越细,粉碎的难度就越大。粉碎到一定程度后,尽管继续施加机械应力,粉体物料的粒度不再继续减小或减小的速率相当缓慢,这就是物料的粉碎极限。

理论上,固体粉碎的最小粒径可达 $0.01 \sim 0.05 \mu m$。然而,用目前的机械粉碎设备与工艺很难达到这一理想值。Huiting 认为固体物料的粉碎极限为 $1 \mu m$。日本学者神保在研究球磨机粉碎时,认为若减小粉磨介质球径,如采用 1mm 直径的介质球可以产生 $1 \sim 2 \mu m$ 之间的纳米粒子。奥田的实验研究结果表明,采用表面粉碎方式,通过往复摩擦粉碎石灰石,可制得最大粒径小于 $0.6 \mu m$ 的纳米粒子。而采用回转磨擦粉碎,可制备粒度为 $0.2 \sim 1 \mu m$ 的 Al_2O_3 纳米粒子。

此外,粉碎极限还取决于物料种类、机械应力施加方式、粉碎方法、粉碎工艺条件、粉碎环境等因素。随着纳米粉碎技术的发展,物料的粉碎极限将逐渐得到改善。下面介绍几种典型的纳米粉碎技术。

1. 球磨

球磨机是目前广泛采用的纳米磨碎设备。它是利用介质和物料之间的相互研磨和冲击使物料粒子粉碎,经几百小时的球磨,可使小于 $1\mu m$ 的粒子达到 20%。采用涡轮式粉碎的高速旋转磨机,也可以比较方便地进行连续生产,其临界粒径为 $3\mu m$。

2. 振动球磨

这是以球或棒为介质,介质在粉碎室内振动,冲击物料使其粉碎,可获得小于 $2\mu m$ 的粒子达 90%,甚至可获得 $0.5\mu m$ 的纳米粒子。行星磨是 20 世纪 70 年代兴起和应用的纳米粉碎方法,物料和介质之间在公转和自转两种方式中相互摩擦、冲击,使物料被粉碎,粒径可达几微米。

3. 振动磨

利用研磨介质可以在一定振幅振动的筒体内对物料进行冲击、摩擦、剪切等作用而使物料粉碎。与球磨机不同,振动磨是通过介质与物料一起振动将物料进行粉碎的。按振动方式不同,振动磨可以分为惯性式和偏旋式;按筒体数目又可分为单筒式和多筒式;按操作方式又可分为间歇式和连续式。选择适当研磨介质,振动磨可用于各种硬度物料的纳米粉碎,相应产品的平均粒径可达 $1\mu m$ 以下。

4. 搅拌磨

由一个静止的研磨筒和一个旋转搅拌器构成。根据其结构和研磨方式可分为间歇式、循环式和连续式三种类型。在搅拌磨中,一般使用球形研磨介质,其平均直径小于 6mm。用于纳米粉碎时,一般小于 3mm。

5. 胶体磨

是利用一对固体磨子和高速旋转磨体的相对运动所产生的强大剪切、摩擦、冲击等作用力来粉碎或分散物料粒子的。被处理的浆料通过两磨体之间的微小间隙,被有效地粉碎、分散、乳化、微粒化。在短时间内,经处理的产品粒径可达 $1\mu m$。

6. 纳米气流粉碎气流磨

是一种较成熟的纳米粉碎技术。它是利用高速气流($300\sim500m/s$)或热蒸气($300\sim450°C$)的能量使粒子相互产生冲击、碰撞、摩擦而被较快粉碎。在粉碎室中,粒子之间碰撞频率远高于粒子与器壁之间的碰撞。气流磨技术发展较快,20 世纪 80 年代德国 Alpine 公司开发的流化床逆向气流磨可粉碎较高硬度的物料粒子,产品粒度达到了 $1\sim5\mu m$。降低入磨物料粒度后,可得到平均粒度 $1\mu m$ 的产品,也就是说,产品的粒径下限可达到 $0.1\mu m$ 以下。除了产品粒度微细以外,气流粉碎的产品还具有粒度分布窄、粒子表面光滑、形状规则、纯度高、活性大、分散性好等优点。因此,气流磨引起了人们的普遍重视,其在陶瓷、磁性材料、医药、化工颜料等领域有广阔的应用前景。

2.2.2 蒸发凝聚法

蒸发凝聚法是制备纳米粒子的一种早期的物理方法,蒸发法所得产品粒子一般在 $5nm\sim100nm$ 之间。也就是说,按其下限估算,一个纳米粒子凝聚的原子数约为 4×10^3 个;而按其上限估算,一个纳米粒子凝聚的原子数 3×10^7 个。蒸发法是将纳米粒子的原料加热、蒸发,使之成为原子或分子;再使许多原子或分子凝聚,生成极微细的纳米粒子。由于制备过程一般不伴有燃烧之类的化学反应,全过程都是物理变化过程,因此蒸发法制备纳米粒子属于纯粹的物理制备方法。

最早研究蒸发法制备金属纳米粒子的是东京大学名誉教授上田良二先生。大约在20世纪40年代初,上田良二教授采用真空蒸发法制备了Zn烟灰。随后许多研究者开始对气体蒸发法制备纳米粒子技术进行研究,并在此基础上改进制备方法,开发了多种技术手段制备各类纳米粒子。蒸发法制备纳米粒子大体上可分为:金属烟粒子结晶法、真空蒸发法、气体蒸发法等几类。而按原料加热蒸发技术手段不同,又可将蒸发法分为电极蒸发、高频感应蒸发、电子束蒸发、等离子体蒸发、激光束蒸发等几类。下面对蒸发法制备超微粒子的基本工艺作简要总结。

1. 金属烟粒子结晶法

金属烟粒子结晶法制备纳米粒子是早期研究的一种实验室方法。将金属原料置于真空室电极处,真空室抽空(真空度1 Pa)导入$10^2\sim10^3$ Pa压力的氩气或不活泼性气体,然后像通常的真空蒸发那样,用钨丝篮蒸发金属。在气体中,通过蒸发、凝聚产生的金属蒸气形成金属烟粒子,像煤烟粒子一样沉积于真空室内壁上。在钨丝篮上方或下方位置可以预先放置格网收集金属烟粒子样品,以备各类测试所用。金属烟粒子的实验原理如图2.2所示。利用这种方法,早期制备的金属纳米粒子有Mg、Al、Cr、Mn、Fe、Co、Ni、Cu、Zn、Ag、Cd、Sn、Au、Pb和Bi等15种。

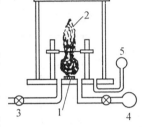

图2.2 金属烟粒子蒸发装置

1—加热电极; 2—金属烟柱;
3—排气; 4—惰性气体;
5—真空表

早期实验研究发现,纳米粒子的粒径随氩气的压力降低而变小。后来证实,随着蒸发室压力下降,所有生成纳米粒子的粒径都变小。然而在非常低的压力下,和真空镀膜一样,纳米粒子在真空室器壁上形成了薄膜。当蒸发室压力高于6.7 kPa时,将产生不理想的金属烟。

采用金属烟粒子结晶法同样可以制备各类合金、氧化物、碳化物等多种纳米粒子,就是说金属烟粒子法不限于只单纯地制备纯金属的纳米粒子。由于制备原理都是在惰性气体中使物质加热蒸发,蒸发的物质蒸气在气体中冷却凝结,最后形成烟状物的各类纳米粒子,因此,金属烟粒子结晶法通常又称为气体蒸发法,这个名称似乎更通俗、更准确。

近年来,由于科研需要,笔者曾对金属烟粒子结晶法制备纳米粒子技术进行深入研究,并改进了相应粒子捕集技术。即利用载气抽运技术实现对生成纳米粒子的收集,相应的收集室和抽真空端子设在金属烟烟场的正上方,其制备原理如图2.3所示。在这种改进后的蒸发装置上,笔者成功地制备了Fe、Al、Cu、Fe-Ni-Co等一系列纳米粒子,其典型的形貌如图2.4所示。

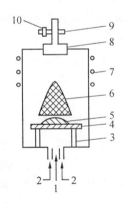

图2.3 改进的金属烟粒子蒸发装置

1—载气; 2—边载气;
3—电极; 4—电阻丝;
5—原料; 6—烟柱;
7—水冷管; 8—收集器;
9—排气管; 10—制动阀

2. 流动油面上的真空蒸发沉积法(VEROS)

VEROS法是将物质在真空中连续地蒸发到流动着的油面上,然后把含有纳米粒子的

 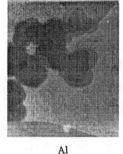 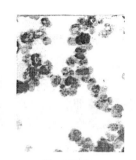

Fe　　　　　　　　Al　　　　　　　Fe-Ni-Co

图2.4　几种典型金属与合金纳米粒子的形貌

油回收到贮存器内,再经过真空蒸馏、浓缩,从而实现在短时间制备大量纳米粒子,其制备原理如图2.5所示。

在高真空下的蒸发使用电子束加热,将原料加热、蒸发,然后将上部的挡板打开,让蒸发物沉积在旋转圆盘的下表面,由该盘的中心向下表面供给的油,在圆盘旋转的离心力作用下,沿下表面形成一层很薄的流动油膜,然后被甩在容器侧壁上。

我们知道,在高真空下的蒸发沉积中,首先在基板上形成一种粒度与纳米粒子差不多的均匀附着物。随着沉积继续,这些附着物将联成一片,形成薄膜,最后生长成厚膜。这是高真空下蒸发物质的普遍现象。VEROS法正是抓住了真空蒸发形成薄膜初期的关键,在成膜前利用流动油面在非常短的时间内将极细微粒子加以收集,因此,解决了极细纳米粒子的制备问题。这是普通气体蒸发法制备纳米粒子所实

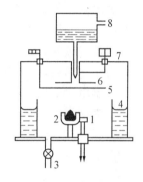

图2.5　VEROS蒸发法实验装置
1—电子枪；2—水冷坩埚；
3—排气口；4—载粒油；
5—挡板；6—转盘；
7—电机；8—储油器

现不了的。因为普通的气体蒸发要长期蒸发物质方能生成大量的纳米粒子,因而粒子粒径分布范围必然较宽。

采用VEROS法制备纳米粒子的特点,是可以得到平均粒子粒径小于10nm的各类金属纳米粒子,粒子分布窄,而且彼此相互独立地分散于油介质中,为大量制备纳米粒子创造了条件。但是VEROS法制备的纳米粒子太细,所以从油中分离这些粒子比较困难。其他蒸发法制备纳米粒子通常需要将原料加热到相当高的温度,使物质蒸发,并在低温下凝结。为了保证物质加热所需要的足够能量,又要使原料蒸发后快速凝结,就要求热源温度场分布空间范围尽量小、热源附近的温度梯度大,这样才能制得粒径小、粒径分布窄的纳米粒子。从这一前提出发,人们改进了电阻蒸发技术,研究了多种新技术手段来实现原料蒸发。主要有:等离子体蒸发、激光束加热蒸发、电子束加热蒸发、电弧放电加热蒸发、高频感应电流加热蒸发、太阳炉加热蒸发等。然而,这些方式都侧重于加热蒸发的技术手段,这将在第三章中进行详细阐述。在此,只对各类蒸发方法作原理性的介绍。

1.等离子体加热法

等离子体加热蒸发是利用等离子体的高温而实现对原料加热蒸发的。一般离子体焰流温度高达2 000K以上,存在着大量的高活性原子、离子。当它们以约100～500m/s的高

速到达金属或化合物原料表面时,可使其熔融并大量迅速地溶解于金属熔体中,在金属熔体内形成溶解的超饱和区、过饱和区和饱和区。这些原子、离子或分子与金属熔体对流与扩散使金属蒸发。同时,原子或离子又重新结合成分子从金属熔体表面溢出。蒸发出的金属原子经急速冷却后收集,即得到各类物质的纳米粒子。

采用等离子体加热蒸发法可以制备出金属、合金或金属化合物纳米粒子。其中金属或合金可以直接蒸发、急冷而形成原物质的纳米粒子,制备过程为纯粹的物理过程;而金属化合物,如氧化物、碳化物、氮化物的制备,一般需经过金属蒸发→化学反应→急冷,最后形成金属化合物纳米粒子。

采用等离子体加热蒸发法制备纳米粒子的优点在于产品收率大,特别适合制备高熔点的各类超微粒子。但是,等离子体喷射的射流容易将金属熔融物质本身吹飞,这是工业生产中应解决的技术难点。

2. 激光加热蒸发法

作为光学加热方法,激光法制备纳米粒子是一种非常有特色的方法之一。激光法是采用大功率激光束直接照射于各种靶材,通过原料对激光能量的有效吸收使物料蒸发,从而制备各类纳米粒子。一般 CO_2 和 YAG 大功率激光器的发射光束均为能量密度很高的平行光束,经过透镜聚焦后,功率密度通常提高到 $10^4 W/cm^2$ 以上,激光光斑作用在物料表面区域温度可达几千度。对于各类高熔点物质,可以使其溶化蒸发,制得相应的纳米粒子。采用 CO_2 和 YAG 等大功率激光器,在惰性气体中照射各类金属靶材,可以方便地制得 Fe、Ni、Cr、Ti、Zr、Mo、Ta、W、Al、Cu 以及 Si 等纳米粒子。在各种活泼性气体中进行同样的激光照射,也可以制备各种氧化物、碳化物和氮化物等陶瓷纳米粒子。同样,调节蒸发区的气氛压力,可以控制纳米粒子的粒径。

激光加热蒸发法制备纳米粒子具有很多优点,如激光光源可以独立地设置在蒸发系统外部,可使激光器不受蒸发室的影响;物料通过对入射激光能量的吸收,可以迅速被加热;激光束能量高度集中,周围环境温度梯度大,有利于纳米粒子的快速凝聚,从而制得粒径小、粒径分布窄的高品质纳米粒子。此外,激光加热法还适合于制备各类高熔点的金属和化合物的纳米粒子。

3. 电子束加热蒸发法

电子束加热通常用于熔融、焊接、溅射以及微细加工等方面。利用电子束加热各类物质,使其蒸发、凝聚,同样可以制备出各类纳米粒子。电子束加热蒸发法的主要原理是:在加有高速电压的电子枪与蒸发室之间产生差压,使用电子透镜聚焦电子束于待蒸发物质表面,从而使物质被加热、蒸发、凝聚为细小的纳米粒子。用电子束作为加热源可以获得很高的投入能量密度,特别适合于用来蒸发 W、Ta、Pt 等高熔点金属,制备出相应的金属、氧化物、碳化物、氮化物等纳米粒子。

4. 电弧放电加热蒸发法

电弧放电加热蒸发法是蒸发法制备纳米粒子的一种新尝试。以两块块状金属作为电极,使之产生电弧,从而使两块金属的表面熔融、蒸发,产生相应的纳米粒子。这种方法特别适合于制备 Al_2O_3 一类的金属氧化物纳米粒子,因为将一定比例的氧气混于惰性气体中更有利于电极之间形成电弧。采用电弧放电法制得的 Al_2O_3 纳米粒子的实验表明,粒子的结晶非常好。即使在 1 300℃的高温下长时间加热 γ-Al_2O_3，其粒子形状也基本不发生变化。

5. 高频感应加热蒸发法

高频感应加热蒸发法制备纳米粒子是 20 世纪 70 年代初开发的一种新方法。这种方法的原理是利用高频感应的强电流产生的热量使金属物料被加热、熔融，再蒸发而得到相应的纳米粒子。利用这种方法，同样可以制备各种合金纳米粒子。在高频感应加热过程中，由于电磁波的作用，熔体会发生由坩埚的中心部分向上、向下以及向边缘部分的流动，使熔体表面得到连续地搅拌作用，这使熔体温度保持相对均匀。采用高频感应加热蒸发法制备纳米粒子具有很多优点，如生成粒子粒径比较均匀、产量大、便于工业化生产等。

6. 太阳炉加热蒸发法

太阳炉加热蒸发法是利用太阳光，通过大口径窗口将阳光聚焦于待蒸发的物料表面上而实现对物料加热、蒸发制备各类纳米粒子。采用太阳炉加热蒸发法最大的优势就是节能。因此，太阳炉加热蒸发法有研究推广价值。然而，这种方法面临一个严峻的问题，就是如何避免窗口污染问题，这个问题有待于研究解决。

2.2.3 离子溅射法

离子溅射一般用于物理制膜。近年有人将这种方法用来尝试制备纳米粒子及纳米粒子膜，这项工作目前已经卓有成效。溅射法制备纳米粒子的基本原理如图 2.6 所示。其主要思想是：将两块金属极板平行放置在 Ar 气中（低压环境、压力约 40～250Pa），一块为阳极，另一块为阴极靶材料。在两极之间加上数百伏的直流电压，使其产生辉光放电，两极板间辉光放电中的离子撞击在阴极上，靶材中的原子就会由其表面蒸发出来。调节放电电流、电压以及气体的压力，都可以实现对纳米粒子生成各因素的控制。有人曾使用 Ag 作为靶材，得到了 5～20nm 的 Ag 纳米粒子。这项研究还证实，蒸发速率基本上与靶的面积成正比。

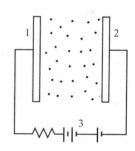

图 2.6 溅射法原理图
1—Al 阳极；2—靶阴极（物料）；
3—直流电源

大矢弘男等人在此基础上，在更高的压力下研究溅射法制备纳米粒子技术。在他们的研究中，靶的温度很高，其表面出现了熔融现象。在氢与氩的混合气体和 13kPa 压力下，加上直流，产生了放电，熔化了的靶材表面开始蒸发，形成了纳米粒子。

溅射法制备纳米粒子具有很多优点，如靶材料蒸发面积大，粒子收率高，制备的粒子均匀、粒度分布窄，适合于制备高熔点金属型纳米粒子。此外，利用反应性气体的反应性溅射，还可以制备出各类复合材料和化合物的纳米粒子。总之，溅射法制备纳米粒子是研究与开发阶段的可行方法。

2.2.4 冷冻干燥法

冷冻干燥法是由 Landsberg 和 Schnettler 等人开发出来的，它是近年来发展起来用于制备各类新型无机材料的一种很有前途的方法。冷冻干燥法的基本原理是：先使干燥的溶液喷雾在冷冻剂中冷冻，然后在低温低压下真空干燥，将溶剂升华除去，就可以得到相应物质的纳米粒子。如果从水溶液出发制备纳米粒子，冻结后将冰升华除去，直接可获得纳米粒子。如果从熔融盐出发,冻结后需要进行热分解,最后得到相应纳米粒子。

冷冻干燥法首先要考虑的是制备含有金属离子的溶液,在将制备好的溶液雾化成微小液滴的同时迅速将其冻结固化。这样得到的冻结液滴经升华后,冰水全部汽化,制成无水盐。将这类盐在较低的温度下煅烧后,就可以合成相应的各种纳米粒子。下面介绍以水为溶剂进行冷冻干燥的情况,从而给出冷冻干燥法制备纳米粒子的物理机制。图2.7给出了盐水溶液的 T-p 关系。

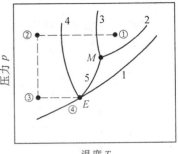

图2.7 盐水溶液的 T-p 图
1—盐液气; 2—水的蒸气压曲线;
3—水溶解曲线; 4—冰-液-气;
5—冰-盐-气

图中 E 点处为冰、盐、溶液、蒸气四相共存点,由相律分析知道,E 点的自由能为零。由 E 出发引出冰+溶液+气相、冰+盐+溶液、冰+盐+气相、盐+溶液+气相四条曲线。可以看出,在这些曲线上相数为3,自由度为1。从 E 点出来的四条线所包围的各区域自由度为2,相数为2。由于水溶液一般能在大气压、室温下制备,所以在 T-p 图上可用点来表示被冰的熔化曲线和蒸气压曲线所围的水的液相区域。设该点为①,那么在该状态下溶液的蒸气压与同一温度下纯水的蒸气压相等。若将①点状态的溶液急剧冷冻,溶液就向②点变化,溶液物系就变为冰与盐的固体混合物。将该混合物减压至物系的四相平衡点 E 以下的压力之后再缓慢升温,使物系向盐+蒸气的区域移动,即物系在相图上发生②→③→④的变化。在状态④将蒸气相排出物系,只剩盐存在。20世纪80年代末,笔者曾采用冻结干燥法合成了 Y-Ba-Cu-O 体系的高温超导纳米粒子,该体系的组分接近于 $Yba_2Cu_3O_{9-\delta}$。在笔者的实验中,首先是按 Y:Ba:Cu:O 的名义组分为 0.45:0.55:1:3 的比例将 $Y(NO_3)_3$、$Ba(NO_3)_2$、$Cu(NO_3)_2$ 配制成总金属离子浓度为 0.6mol/L 的水溶液,然后利用喷雾器将该混合水溶液直接喷入液氮中,待冷冻物料与液氮分离后,将其放入升华干燥装置中进行干燥处理,待空气干燥后,将硝酸盐混合物加热分解,抽去氮氧化物,最后制得了 $Yba_2Cu_3O_{9-\delta}$ 超导纳米粒子,其形貌如图2.8所示。

图2.8 $Yba_2Cu_3O_{9-\delta}$ 粒子形貌
(10万倍)

笔者研究发现,液滴的冻结过程对粒子的最终形成有重要影响。事实上溶解于溶液中的盐很容易发生解离,因此,应对溶液喷雾过程加以控制,最好能将溶液雾化为细小的液滴粒子,以加快其冻结速度。此外选择适当的冷冻剂也是一个非常重要的制约因素。冻结干燥法用途比较广泛,特别是以大规模成套设备来生产微细粉末时其相应成本较低,具有实用性。从上述介绍也可以发现,通过控制可溶性盐的均匀性、控制冻结速率以及金属离子在溶液中的均匀性都可以明显地改善生成纳米粒子的组分、均匀性及纯度。此外,经冻结干燥可生成多孔性透气性良好的干燥体,在煅烧时生成的气体易于排放,因此粒子粉碎性好。

2.2.5 其他方法

1. 火花放电法

金属电极插入气体或液体等绝缘体中,不断提高电压,会产生电晕放电与电弧放电现象。从电晕放电到电弧放电的中间过渡放电称为电火花放电。火花放电的持续时间很短,一般只有 $10^{-7} \sim 10^{-5}$s,而这期间电压梯度则很高,通常为 $10^5 \sim 10^6$V/cm。相应的电流密度可达 $10^6 \sim 10^9$A/cm^2。因此,在极短时间内火花放电所释放的能量极高,在放电瞬间可以产生高温。基于这一原理,利用在电极与被加工物之间的火花放电来进行放电加工已经广泛应用。在放电加工中,被加工物会产生加工屑。20世纪70年代有人通过控制加工屑的生成过程,提出了电火花放电法制备微粉。其主要思想是将电极插入金属粒子的堆积层,利用电极放电在金属粒子之间发生电火花,从而制备出相应的微粉。合成过程中,反复进行稳定的火花放电,就可以连续不断地生成金属纳米粒子。

2. 爆炸烧结法

爆炸烧结又称激波烧结,它是利用炸药爆炸产生的巨大的能量,以极强的载荷作用于金属套,使得套内的粉末得到压实烧结。其技术特点是压力高、温度高、加载烧结、烧结时间短、高温区冷却速率快。显然,爆炸烧结是一种独具特色的烧结技术,利用纳米级非晶态的各类陶瓷粉末在爆炸烧结后可以得到 $1\mu m$ 以下的纳米粒子。利用爆炸法制得的纳米粒子具有较高的密度和硬度,没有宏观裂纹和马赫孔,并基本保持原始粉末的非晶状态,相应粒子粒径尺寸生长不显著。由于爆炸法具有这种优点,所以该法为纳米粒子的应用开发提供了新的途径。

3. 活化氢熔融金属反应法

活化氢熔融金属反应法的主要特征是将氢气混入等离子体中,这种混合等离子体再加热,待加热物料蒸发,制得相应的纳米粒子。氢气的浓度增加会使纳米粒子的生成量增多。例如,在制备纯铁的纳米粒子中,在用 $50\varphi\%$ 的 H_2 制成的 Ar 等离子体混合气体中,电弧电压为 $30 \sim 40$V、电弧电流为 $15 \sim 170$A 时,产率可达 20mg/s。

2.3 制备纳米粒子的化学方法

2.3.1 气相化学反应法

气相化学反应法制备纳米粒子是利用挥发性的金属化合物的蒸气,通过化学反应生成所需要的化合物,在保护气体环境下快速冷凝,从而制备各类物质的纳米粒子。气相反应法制备超微粒子具有很多优点,如粒子均匀、纯度高、粒度小、分散性好、化学反应性与活性高等。气相化学反应法适合于制备各类金属、金属化合物以及非金属化合物纳米粒子,如各种金属、氮化物、碳化物、硼化物等。按体系反应类型可将气相化学反应法分为气相分解和气相合成两类方法;如按反应前原料物态划分,又可分为气-气反应法、气-固反应法和气-液反应法。要使化学反应发生,还必须活化反应物系分子,一般利用加热和射线辐照方式来活化反应物系的分子。通常气相化学反应物系活化方式有电阻炉加热、化学火焰加热、等离子体加热、激光诱导、γ 射线辐射等多种方式。由于这些活化方式更多地涉及到纳米粒子的制备技术,在第四章中将给出详细的阐述。本节只着重介绍各类气相化学反应法制备超微颗粒的基本原理。此外,生成纳米粒子的性质除了与反应体系的物理化学性质、反应物系的活化方式有关外,还与反应器的结构、反应物与气体导入到反应室部位有关。这是反应器设计技术要解决的问题。

1. 气相分解法

气相分解法又称单一化合物热分解法。一般是对待分解的化合物或经前期预处理的中间化合物进行加热、蒸发、分解,得到目标物质的纳米粒子。气相分解法制备纳米粒子要求原料中必须具有制备目标纳米粒子物质的全部所需元素的化合物。热分解一般具有反应形式

$$A(气) \longrightarrow B(固) + C(气) \uparrow$$

气相热分解的原料通常是容易挥发、蒸气压高、反应性好的有机硅、金属氯化物或其他化合物,如 $Fe(CO)_5$、SiH_4、$Si(NH)_2$、$(CH_3)_4Si$、$Si(OH)_4$ 等,其相应的化学反应式为

$$Fe(CO)_5(g) \xrightarrow{\Delta} Fe(s) + 5CO(g) \uparrow$$

$$SiH_4(g) \xrightarrow{\Delta} Si(s) + 2H_2(g) \uparrow$$

$$3[Si(NH)_2] \xrightarrow{\Delta} Si_3N_4(s) + 2NH_3(g) \uparrow$$

$$(CH_3)_4Si \xrightarrow{\Delta} SiC(s) + 6H_2(g) \uparrow$$

$$2Si(OH)_4 \xrightarrow{\Delta} 2SiO_2 + 4H_2O(g) \uparrow$$

在此,要强调如采用激光热解法制备纳米粒子,还要考虑到原料要对相应的激光束具有较强的吸收,如 SiH_4 对 CO_2 的 $10.6\mu m$ 波段具有很强的吸收能力。有人曾对 CH_3SiCl_3 一类的大多数有机硅化合物进行实验,发现这些化合物不能直接吸收激光光子。当选择这类物质作为激光热解原料制备 SiC 时,需要在体系中加入光敏剂 SF_6,才有可能得到相应的分解产物,即 SiC 超微粒子。对某些氧化物纳米粒子,如 Al_2O_3、ZrO_2、ZrO_2、SiO_2 等,可通过相应溶液喷入等离子体中,经高温等离子体使溶液干燥,并使盐类分解挥发而制得这些物质的纳米粒子。

当采用金属卤化物气相热解制备相应金属纳米粒子时,通常还需要在反应体系中加入 H_2 与 NH_3 一类的还原性气体。然而,这类反应通常不仅仅是单元的气相分解反应问题,而是多元反应。

2. 气相合成法

气相合成法通常是利用两种以上物质之间的气相化学反应,在高温下合成出相应的化合物,再经过快速冷凝,从而制备各类物质的纳米粒子。利用气相合成法可以进行多种纳米粒子的合成,具有灵活性和互换性,其反应形式可以表示为

$$A(气) + B(气) \longrightarrow C(固) + D(气) \uparrow$$

如前所述,在激光诱导气相合成纳米粒子中,同样存在选择对激光束具有吸收能力的反应原料问题。如 SiH_4、NH_3、C_2H_4、BCl_3 等,对 CO_2 激光光子均有强吸收性。对于某些反应,还应考虑是否存在光化学反应,这类问题将在综合方法中介绍。下面是典型的气相合成反应方程

$$3SiH_4(g) + 4NH_3(g) \xrightarrow[10.6(\mu m)]{h\nu} Si_3H_4(s) + 12H_2(g) \uparrow$$

$$3SiCl_4(g) + 4NH_3(g) \xrightarrow[10.6(\mu m)]{h\nu} Si_3N_4(s) + 12HCl(g) \uparrow$$

$$2SiH_4(g) + C_2H_4(g) \xrightarrow[10.6(\mu m)]{h\nu} 2SiC(s) + 6H_2(g) \uparrow$$

$$BCl_3(g) + \frac{3}{2}H_2(g) \xrightarrow[10.6(\mu m)]{h\nu} B(s) + 3HCl(g)$$

依靠气相化学反应合成纳米粒子,是由于气相下均匀核生成及核生长而产生的,反应气需要形成较高的过饱和度,反应体系要有较大的平衡常数。表2.1 中列出了几类典型的反应体系及相应的平衡常数。此外,还要考虑反应体系在高温条件下各种副反应发生的可能性,并在制备过程中尽可能加以抑制。

表 2.1 几类典型反应体系的平衡常数

化学反应方程	平衡常数($\lg K_p$)		产物粒径 /nm
	1 000 ℃	1 500 ℃	
$SiCl_4 + 4/3NH_3 \Longleftrightarrow 1/3Si_3N_4 + 4HCl$	6.3	7.5	10 ~ 1 000
$SiH_4 + 4/3NH_3 \Longleftrightarrow 1/3Si_3N_4 + 4H_2$	15.7	13.5	< 200
$SiCl_4 + CH_4 \Longleftrightarrow SiC + 4HCl$	1.3	4.7	5 ~ 50
$CH_3SiCl_3 \Longleftrightarrow SiC + 3HCl$	4.5	6.3	< 30
$SiH_4 + CH_4 \Longleftrightarrow SiC + 4H_2$	10.7	10.7	10 ~ 100
$(CH_3)_4Si \Longleftrightarrow SiC + 3CH_4$	11.1	10.8	10 ~ 200
$TiCl_4 + NH_3 + 1/2H_2 \Longleftrightarrow TiN_4HCl$	4.5	5.8	10 ~ 400
$TiCl_4 + CH_4 \Longleftrightarrow TiC + 4HCl$	0.7	4.1	10 ~ 200
$TiI + CH_4 \Longleftrightarrow TiC + 4HI$	0.8	4.2	10 ~ 150
$TiI_4 + 1/2C_2H_4 + H_2 \Longleftrightarrow TiC + 4HI$	1.6	3.8	10 ~ 200
$ZrCl_4 + NH_3 + 1/2H_2 \Longleftrightarrow ZrN + 4HCl$	1.2	3.3	10 ~ 200
$MoCl_3 + 1/2CH_4 + 3/2H_2 \Longleftrightarrow 1/2MoC + 5HCl$	1.2	3.3	< 100
$MoO_3 + 1/2CH_4 + 2H_2 \Longleftrightarrow 1/2Mo_2C + 3H_2O$	11.0	8.0	10 ~ 30
$WCl_6 + CH_4 + H_2 \Longleftrightarrow WC + 6HCl$	22.5	22.0	20 ~ 300

采用气相反应法合成纳米粒子具有多方面的优点,如产物纯度高、粒子分散性好、粒子均匀、粒径小、粒径分布窄、粒子比表面积大、反应性好。此外,采用激光气相反应法可以合成用其他方法难以制备的各类金属、氮化物、碳化物、硼化物等纳米粒子。特别是通过控制气体介质和相应的合成工艺参数,可以合成高质量的各类物质的纳米粒子,图2.9 给出了利用气相化学反应法制得的 Si_3N_4、SiC、Fe/N 纳米粒子的形貌。

Si_3N_4　　　　　　　SiC　　　　　　　Fe/N

图 2.9　化学气相反应法制备的几种纳米粒子的形貌

3. 气-固反应法

气固反应法也常被用来制备 SiC、Si_3N_4、AlN 和 Sialon 等纳米粒子。已有文献报道将碳热还原制备硅系纳米粒子归入气-固反应法;还有人将固体燃烧与碳热还原法称为固相合成法。这两种方法均可合成非氧化物纳米粒子和非氧化物-氧化物复合纳米粒子,并且制备成本也相对较低。采用气-固反应法制备纳米粒子时,通常要求相应的起始固相原料为纳米颗粒。笔者近年来曾经对气相还原反应法制备的纳米级纯 Fe 纳米粒子进行气-固反应实验,在 NH_3 气氛下进行低温氮化,得到了 $\gamma'\text{-}Fe_4N$ 纳米粒子。由于反应是在低温下进行的,根据 Tamman 模型,反应温度远低于生长速率的最大值温度,因此 Fe 纳米粒子短时间氮化没有导致粒子的过分生长。研究证实,气-固反应法可以用来制备纳米粒子。

图 2.10 是采用气-固反应法制得的 $\gamma'\text{-}Fe_4N$ 纳米粒子的形貌。可以看出,气-固反应生成的 $\gamma'\text{-}Fe_4N$ 粒子之间没有产生烧结效应。从理论方面分析,在 NH_3 气氛下也不会产生烧结。

图 2.10　$\gamma'\text{-}Fe_4N$ 粒子形貌(15 万倍)

2.3.2 沉淀法

沉淀法通常是在溶液状态下将不同化学成分的物质混合,在混合溶液中加入适当的沉淀剂制备纳米粒子的前驱体沉淀物,再将此沉淀物进行干燥或煅烧,从而制得相应的纳米粒子。例如,利用金属盐或氢氧化物的溶解度,调节溶液酸度、温度、溶剂,使其沉淀,然后对沉淀物洗涤、干燥、加热处理制成纳米粒子。溶液中的沉淀物可以通过过滤与溶液分离获得。一般粒子在 $1\mu m$ 左右时就可以发生沉淀,从而产生沉淀物,生成粒子的粒径通常取决于沉淀物的溶解度,沉淀物的溶解度越小,相应粒径也越小。而粒子的粒径随溶液的过饱和度减小呈增大趋势。沉淀法制备纳米粒子主要分为直接沉淀法、共沉淀法、均相沉淀法、化合物沉淀法、水解沉淀法等多种。这里,给出几种有代表性的方法来说明沉淀法的基本原理。

1. 共沉淀法

这种方法能将各种阴离子在溶液中实现原子级的混合。其主要思想是使溶液由某些特定的离子分别沉淀时,共存于溶液中的其他离子也和特定阳离子一起沉淀。从化学平衡理论来看,溶液的 pH 值是一个主要的操作参数。通常使用氢氧化物、碳酸盐、硫酸盐、草酸盐等,这些物质配成共沉淀溶液时,其 pH 值具有很灵活的调解范围。

从一般意义上说,让组成材料的多种离子同时沉淀是很困难的。事实上,溶液中金属离子随 pH 值的上升,按满足沉淀条件的顺序依次沉淀,形成单一的或几种金属离子构成的混合沉淀物。从这个意义上讲,沉淀是分别发生的。为了避免共沉淀方法本质上存在分别沉淀倾向,可以提高作为沉淀剂的氢氧化钠或氨水溶液的浓度,再导入金属盐溶液,从而使溶液中所有的金属离子同时满足沉淀条件,为保证均匀沉淀还可以对溶液进行激烈的搅拌。这些操作可以在某种程度上防止分别沉淀发生。但是,在使沉淀物向产物化合物转变而进行加热反应时,就很难控制其组成的均匀性。

通过介绍可以看出,共沉淀法在本质上还是分别沉淀,其沉淀物是一种混合物。弥补共沉淀法的缺点并在原子尺寸上实现成分的均匀混合还要进行深入探索。所谓化合物沉淀法,就是使溶液中金属离子按化学计量比来配制溶液,得到化学计量化合物形式的沉淀物。这样,当沉淀粒子的金属元素之比等于产物化合物金属元素之比时,沉淀物可以达到在原子尺度上的组成均匀性。对于二元以上金属元素组成的化合物,当金属元素之比呈现简单的整数化时,可以保证生成化合物的均匀性组合。然而,当定量地加入其他微量成分时,沉淀物组成的均匀性一般难以保证。

采用化合物沉淀法可以对多种草酸盐化合物进行操作,如 $BaTiO(C_2O_4)_2 \cdot 4H_2O$、$BaSm(C_2O_4)_2 \cdot 12H_2O$、$CaZrO(C_2O_4)_2 \cdot 2H_2O$ 等,从而制得 $BaTiO_3$、$BaSnO_3$ 和 $CaZrO_3$ 等纳米粒子。显然,化合物沉淀法是一种制备组成均匀的纳米粒子的一种理想方法。

2.水解沉淀法

对许多化合物可采用水解生成相应的沉淀物,用来制备超微粒子。一般是利用氢氧化物、水合物,原料的水解反应对象是金属盐和水。配制水溶液的原料是各类无机盐,如氯化物、硫酸盐、硝酸盐、氨盐等。此外,还经常采用金属醇盐。这里,主要介绍无机盐水解沉淀和醇盐水解沉淀两种方法。

无机盐水解沉淀的原理是:通过配制无机盐的水合物,控制其水解条件,合成单分散性的球、立方体等形状的纳米粒子。这种方法目前正广泛地应用于各类新材料的合成,具有广泛的应用前景。例如,通过对钛盐溶液的水解可使其沉淀,合成球状的单分散形态的 TiO_2 纳米粒子;通过水解三价铁盐溶液,可以得 $\alpha\text{-}Fe_2O_3$ 纳米粒子。

金属醇盐是有机金属化合物的一种,可用通式 $M(OR)_x$ 表示。金属醇盐是由醇 ROH 中羟基的 H 被金属 M 置换而形成的一种诱导体,所以它通常表现出与羟基化合物相同的化学性质,如强碱性、酸性等。金属醇盐与水反应可以生成氧化物、氢氧化物、水合物的沉淀。利用这一原理可以由多种醇盐出发,通过水解、沉淀、干燥等操作制得各类氧化物陶瓷纳米粒子。当醇盐水解沉淀物是氧化物时,可对其直接干燥制得相应的陶瓷纳米粒子;当沉淀物为氢氧化物或水合物时,需要经过煅烧处理,得到各类陶瓷氧化物纳米粒子。迄今为止,人们采用醇盐水解沉淀法制备了许多氧化物陶瓷纳米粒子。

2.3.3 水热合成法

水热合成法是液相中制备纳米粒子的一种新方法。一般是在 100~350℃温度下和高气压环境下使无机或有机化合物与水化合,通过对加速渗析反应和物理过程的控制,得到改进的无机物,再过滤、洗涤、干燥,从而得到高纯、超细的各类微粒子。

水热合成法可以采用两种不同的实验环境进行反应:其一为密闭静态,即将金属盐溶液或其沉淀物置入高压反应釜内,密闭后加以恒温,在静止状态下长时间保温;其二为密闭动态,即在高压釜内加磁性转子,密闭后将高压釜置于电磁搅拌器上,在动态的环境下保温。一般动态反应条件下可以大大加快合成速率。

目前,水热合成法作为一种新技术已经引起人们的重视。其中日本开发的水热合成法独具特色,将锆盐或其他金属盐溶解于高温高压的水中,得到了粒径、形状和成分均匀的高质量氧化锆、氧化铝和磁性氧化铁纳米粒子。

2.3.4 喷雾热解法

喷雾热解法的原理是将含所需正离子的某种金属盐的溶液喷成雾状,送入加热设定的反应室内,通过化学反应生成微细的粉末粒子。一般情况下,金属盐的溶剂中需加可燃性溶剂,利用其燃烧热分解金属盐。喷雾热解法制备纳米粒子的主要过程有:溶液配制、喷雾、反应、收集等四个基本环节。从这个意义讲,常有人将喷雾热解法归为物理方法。

根据对喷雾液滴热处理的方式不同,可以把喷雾热解法分为喷雾干燥、喷雾焙烧、喷雾燃烧和喷雾水解等四类。这里喷雾干燥是将制成的溶液或微乳液靠喷嘴喷成雾状物来进行微粒化的一种方法。将液滴进行干燥并随即捕集,捕集后直接或经过热处理后,就会得到各种化合物的纳米粒子。利用这种方法可以制得 Ni、Zn、Fe 的铁氧体纳米粒子。喷雾燃烧是将金属盐溶液用氧气雾化后,在高温下燃烧分解而制得相应的纳米粒子。喷雾水解法是利用醇盐喷雾,制成相应的气溶胶,再让这些气溶胶与水蒸气反应进行水解,从而制成单分散性的粒子,最后将这些粒子再焙烧,即可得到相应物质的纳米粒子。

喷雾热解法属于气-液反应一类的方法,因为其原料制备过程是液相法,而其部分化学反应又是气相法,因此,该方法集中了气、液法两者的优点。这些优点表现为:可以方便地制备多种组元的复合物质粉末粒子;粒子分布均匀;粒子形状好,一般呈理想的球状;制备过程简单,从配制溶液到粒子形成,几乎是一步到位。

近年来,笔者曾对喷雾热解法制备纳米粒子进行初步实验,采用普通的管式电阻炉对雾化液滴进行热处理,得到了多种金属氧化物的纳米粒子。图 2.11 是 ZnO_2 和 $\gamma\text{-}Fe_2O_3$ 的典型 TEM 测试结果。可以看出,喷雾热解法得到的纳米粒子粒度均匀,呈现出理想的球状。

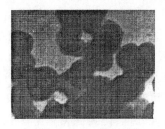 

图 2.11 喷雾热解法制得的 ZnO_2 与 $\gamma\text{-}Fe_2O_3$ 粒子的形貌

2.3.5 溶胶-凝胶法

溶胶-凝胶法是制备纳米粒子的一种湿化学法。它的基本原理是以液体的化学试剂配制成金属无机盐或金属醇盐前驱物,前驱物溶于溶剂中形成均匀的溶液,溶质与溶剂产生水解或醇解反应,反应生成物经聚集后,一般生成 1nm 左右的粒子并形成溶胶。通常要求反应物在液相下均匀混合,均匀反应,反应生成物是稳定的溶胶体系。在这段反应过程中不应该有沉淀发生。经过长时间放置或干燥处理溶胶会转化为凝胶。这里,溶胶、凝胶与沉淀物具有本质上的区别,如图 2.12 所示。

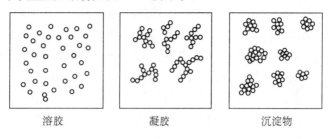

图 2.12　溶胶、凝胶与沉淀物的区别

在凝胶中通常还含有大量的液相,需要借助萃取或蒸发除去液体介质,并在远低于传统的烧结温度下热处理,最后形成相应物质化合物微粒。用溶胶-凝胶法制备纳米粒子过程中,最重要的就是溶胶和凝胶的生成。过程中依次要发生水解反应和缩聚反应,其典型的反应式为

$$M(OR)_n + xH_2O \longrightarrow M(OH)_x(OR)_{n-x} + xROH$$

$$-M-OH + HO-M- \longrightarrow -M-O-M- + H_2O$$
（失水缩聚）

$$-M-OR + HO-M- \longrightarrow -M-O-M- + ROH$$
（失醇缩聚）

控制溶胶-凝胶化的参数很多,也比较复杂。目前多数人认为有四个主要参数对溶胶-凝胶化过程有重要影响,即溶液的 pH 值、溶液的浓度、反应温度和反应时间。溶胶-凝胶过程中的前驱体既有无机化合物,又有有机化合物,它们的水解反应有所不同。对于金属无机盐在水溶液中的水解,相应的水解行为常受到金属离子半径大小、电负性、配位数等因素的影响。对于金属醇盐一类的水解反应,影响因素较多,如有无催化剂和催化剂的种类、水与醇盐的摩尔比、醇盐的种类、溶剂的种类及用量、水解温度等。此外,金属醇盐的水解反应还与溶剂的极性、偶极矩有关。缩聚反应通常与水解反应相伴随发生,一般也要受到溶液中 pH 值的影响,还要受到盐类性质的影响。总之,溶胶-凝胶法制备纳米粒子的过程与机理相当复杂,在此不做赘述。

2.4　制备纳米粒子的综合方法

2.4.1　激光诱导气相化学反应法

自 20 世纪 60 年代初激光问世以来,激光技术作为近代高科技迅速发展起来,并越来越广泛地被应用于科学技术与工业生产的各个领域。其中,激光技术应用的一个重要领域就是新材料合成。70 年代以来,人们开始研究依靠激光激发引起气体、液体、固体表面的化学反应,如研究光激发所引发的原子、分子的寿命、电子结构以及化学性质变化,特别是以合成纳米粒子为目的的化学反应机制。利用激光来引发、活化反应物系,从而合成高品位的物质纳米粒子的工作最初源于美国。1978 年,美国 MIT 材料与能源研究所的

W.R.Cannon和J.S.Haggerty等人提出了激光诱导气相化学反应合成硅系纳米粒子的实验方法。在他们的研究工作中,利用150W CO_2 激光束直接照射 SiH_4 和 NH_3 混合反应气体,引起反应火焰,从而在瞬间诱发原子、分子级的化学反应,制得 Si、Si_3N_4 和 SiC 等纳米粒子。继 Cannon 等人的研究之后,美、日、中等国的一批科学家也先后开展了激光诱导气相反应法合成各类纳米粒子的研究工作。目前,采用激光法已经制备出各种金属氧化物、碳化物、氮化物等纳米粒子,其中有相当一部分研究成果已经开始走向工业化。

激光法与普通电阻炉加热法制备纳米粒子具有本质区别,这些差别主要表现为:

(1)由于反应器壁是冷的,因此无潜在的污染;
(2)原料气体分子直接或间接吸收激光光子能量后迅速进行反应;
(3)反应具有选择性;
(4)反应区条件可以精确地被控制;
(5)激光能量高度集中,反应区与周围环境之间温度梯度大,有利于成核粒子快速凝结。

由于激光法具有上述技术优势,因此,采用激光法可以制备均匀、高纯、超细、粒度窄分布的各类纳米粒子。下面将激光法制备纳米粒子的基本原理、实验过程以及反应机制作简要的描述。

1.激光诱导气相化学反应法合成纳米粒子的原理

激光诱导气相化学反应法合成纳米粒子的基本原理是:利用大功率激光器的激光束照射于反应气体,反应气体通过对入射激光光子的强吸收,气体分子或原子在瞬间得到加热、活化,在极短的时间内反应气体分子或原子获得化学反应所需要的温度后,迅速完成反应、成核、凝聚、生长等过程,从而制得相应物质的纳米粒子。因此,简单地说,激光法就是利用激光光子能量加热反应体系,从而制备纳米粒子的一种方法。通常,入射激光束垂直于反应气流照射,反应气分子或原子吸收激光光子后被迅速加热。根据 John.S.Haggerty 的估算,激光加热速率为 $10^6 \sim 10^8 ℃/s$,加热到反应最高温度的时间小于 $10^{-4}s$。被加热的反应气流将在反应区域内形成稳定分布的火焰,火焰中心处的温度一般远高于相应化学反应所需要的温度,因此反应在 $10^{-3}s$ 内即可完成。生成的核粒子在载气流的吹送下迅速脱离反应区,经短暂的生长过程到达收集室,如图2.13所示。

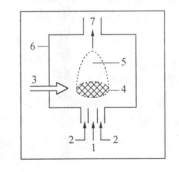

图2.13 激光法合成纳米粒子原理
1—反应气; 2—保护气; 3—激光束;
4—反应区; 5—反应焰; 6—冷壁;
7—收集室入口

这里,入射激光能否引发化学反应是激光法合成纳米粒子的一个关键性问题。事实上,气体分子对光能的吸收系数一般与入射光的频率有关。众所周知,普通光源的频率很宽,与特定气体分子的吸收频率重叠的部分仅占光源频谱中极窄的一段范围,因而普通光源的大部分能量无法被反应气体分子吸收。另一方面,由于普通光源的光强度太低,无法使反应气体分子在极短的时间内获得所需要的反应能量。激光光源具有单色性和高功率强度,如果能使入射激光光子频率与反应气体分子的吸收频率相一致,则反应气体分子可以在极短的时间内吸收足够的能量,从而迅速达到相应化学反应所需要的阈值温度,引发反应体系化学反应发生。

因此,为了保证化学反应所需要的能量,需要选择对入射激光具有强吸收的反应气体。如 SiH_4、C_2H_4、NH_3 对 CO_2 激光光子都具有较强的吸收,相应吸收系数是气氛压力的函数。对某些有机硅化合物和羰基铁一类的物质,它们对 CO_2 激光无明显的吸收。当采用这类原料蒸发气体时,需要在反应体系中加入相应的光敏剂。在这种情形下,当入射激光照射在体系中时,首先是光敏剂中的分子或原子吸收激光光子能量,再通过碰撞将激光光子能量转移给反应气体分子使反应气体分子被活化、加热,从而实现相应的化学反应。此外,还需要选择大功率激光器作为激光热源,如百瓦级 CO_2 连续激光器或各种脉冲激光器等。这类激光器的光束经透镜聚焦后,功率密度可以达到 $10^3 \sim 10^4 W/cm^2$,完全能够满足激光诱导气相化学反应合成各类纳米粒子的要求。

在激光法合成纳米粒子的过程中,为了保证反应生成的核粒子快速冷凝,获得超细的粒子,需要采用冷壁反应室。通常采用的是水冷式反应器壁和透明辐射式反应器壁。这样,有利于在反应室中构成大的温度梯度分布,加速生成核粒子的冷凝,抑制其过分生长。此外,为了防止粒子碰撞,粘连团聚,甚至烧结,还需要在反应器内配备惰性保护气体,使生成的纳米粒子的粒径得到保护。显然,上述问题主要是反应器设计与制备技术问题,将在第三、四章中给出较详细的阐述。

2. 激光诱导气相化学反应法合成纳米粒子的过程

激光法合成纳米粒子,首先要根据反应需要调节激光器的输出功率、调整激光束半径以及经过聚焦后的光斑尺寸,并预先调整好激光束光斑在反应区域中的最佳位置。其次,要作好反应室净化处理,即进行抽真空准备,同时充入高纯惰性保护气体。这样可以保证反应能在清洁的环境中进行。激光法合成纳米粒子的主要过程包括原料处理、原料蒸发、反应气配制、成核与生长、捕集等过程。原料纯化处理激光法合成纳米粒子的主要原料是各类反应气,此外还包括惰性保护气体和载气,这些气体中通常都含有微量的杂质氧和吸附水,这些杂质在合成反应进行前应予以除去,否则会混杂于产品中,或影响合成反应进行。通常在反应前,采用变色硅胶或各类分子筛来清除各类气体中的水分,利用高效气体脱氧剂除去各路气体中的微量氧。对于各类惰性气体(如酸性或碱性气体),要选择相应的惰性脱水剂。如 NH_3 属于碱性气体,应考虑使用碱性脱水剂除去其中的水分,否则纯化过程中会引发某些化学反应,大大降低 NH_3 原料的利用率。经过纯化处理的气体进行化学反应时,可以避免高温下的某些副反应发生,从而有效地提高产品的纯度。

为了提高反应气体的利用率,从而提高反应收率,合成反应前要对反应气进行预热处理。从气体分子动理论方面分析,在混气前对各路反应气进行预热,可以有效地提高反应气体分子的平均平动动能,为反应气均匀混合创造条件。通过对反应气预热,还可以提高原料的利用率以及相应纳米粒子的产率。对于固态原料,要进行气相化学反应,还必须预制相应的反应气体,即在气相合成反应前对固态原料进行蒸发处理。

反应气预混合是提高纳米粒子生成率的一个重要步骤。在远低于成核反应的温度下对各路反应气体进行预混合,可以使各路反应气体分子在分子水平上达到均匀化混合,为高温气相化学反应创造条件。这里需要强调一点,反应气配比是一个关键性因素。通常要根据合成目标物质的要求,设定各路反应气的化学计量比例,在设定的比例下进行混气。对于特殊的化学反应,如还原性反应,要根据具体情况确定出还原气体相对于原料气体的过量比例。显然,这是合成工艺方面的具体问题,将在第六章中给出详细的讨论。反应、成核与生长经预热预混合的混合反应气流在载气吹送下到达反应成核区,在入射激光光子的诱发下,反应气体迅速被加热到自发化学反应的阈值温度。通常反应区的温度可达 1 500℃,在反应区域形成稳定的火焰,如图 2.14 所示。从反应区最底部开始,依次是中心高温区、反应火焰区和羽状物区域。其中羽状物就是生成纳米粒子的热粒子辐射。这里,化学反应显然是在中心高温区域内引发的;在反应火焰区完成核化反应,并生成大量的核粒子;在羽状物区域完成凝聚与生长。随着载气被抽运,凝聚的纳米粒子脱离火焰区域,到达收集室。至此,纳米粒子合成过程终止。

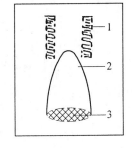

图 2.14 反应火焰剖面图
1—羽状物; 2—反应焰;
3—中心高温区

纳米粒子的捕集与捕集器设计纯属于技术问题,将在第四章中给出。这里只是说明,生成纳米粒子的物理化学性质主要取决于合成工艺参数,如反应区温度、压力、反应气分压与配比、保护气分压、激光器输出功率、预处理工艺以及反应器的技术参数等。这些问题在第四章和第六章中详细介绍。

3. 激光诱导气相化学反应合成纳米粒子机制描述

激光诱导气相化学反应合成纳米粒子的机制就在于反应气体对照射激光光子具有选择吸收性。反应气体分子吸收激光光子后将通过两种物理图像得到加热:①气体分子吸收单光子或多光子而得到加热;②气体分子吸收光子能量后平均平动动能提高,与其他气体分子碰撞发生能量交换或转移,即通过碰撞加热反应体系。根据气相反应的物理化学过程,可以将反应成核过程分为能量吸收、能量转移、反应、失活等过程。下面以激光诱导气相合成 Fe/C/Si 超微粒子为例,对激光气相合成纳米粒子的反应机理进行唯像描述。

在 Fe/C/Si 纳米粒子的合成反应中,反应原料一般为 SiH_4、C_2H_4、$Fe(CO)_5$,其中 SiH_4 对 CO_2 激光的 $10.6\mu m$ 激光光子具有强吸收,C_2H_4 气体分子对该光子也呈现出一定的吸收性,而 $Fe(CO)_5$ 蒸气分子则不能直接吸收 CO_2 激光光子能量。因此当入射激光束照射于反应体系时,首先发生的是能量吸收过程,即

$$SiH_4 \xrightarrow{h\nu} SiH_4^* (活化态)$$

$$C_2H_4 \xrightarrow{h\nu} C_2H_4^* (活化态)$$

由于 SiH_4 和 C_2H_4 气体分子吸收了入射激光光子,使得反应体系温度瞬间被提高,体系的气体分子平均平动动能增加,热运动加剧,因而反应物系气体分子之间的碰撞频率增大,通过碰撞,SiH_4、C_2H_4 气体分子的能量将发生转移和均化,即

$$SiH_4^* + Fe(CO)_5 \xrightarrow{碰撞} Fe(CO)_5^* (活化态) + SiH_4$$

$$C_2H_4^* + Fe(CO)_5 \xrightarrow{碰撞} Fe(CO)_5^* (活化态) + C_2H_4$$

$$SiH_4^* + C_2H_4 \xrightarrow{碰撞} C_2H_4^*(活化态) + SiH_4$$

通过能量均化与转移,反应体系中的各反应气体分子都得到了统计意义上的活化,同时反应体系的温度还在继续提高。因此,在极短暂的时间内(10^{-4}s)反应体系的温度即可达到化学反应所需的阈值温度,相应的化学反应开始发生。反应过程首先起始于反应气体分子的解离,即

$$Fe(CO)_5^* \longrightarrow Fe^* + 5CO\uparrow$$
$$SiH_4^* \longrightarrow Si^* + 2H_2\uparrow$$
$$C_2H_4^* \longrightarrow 2C^* + 2H_2\uparrow$$

通过气体分子的解离,将在有限的反应区域内形成过饱和的活化原子,即 Fe、Si、C 在高温下,瞬间可以引发化学反应

$$Fe^* + C^* \longrightarrow Fe/C$$
$$Fe^* + Si^* \longrightarrow Fe/Si$$
$$Si^* + C^* \longrightarrow SiC$$
$$Fe^* + Si^* + C^* \longrightarrow Fe/CSi$$

随着反应物的生成和混合粒子体的移动(核粒子+载气+保护气+副产物气体),生成粒子将经过短暂的凝聚与生长,使剩的入射激光能量消耗殆尽,部分活性原子与粒子发生凝聚,即开始出现失活,反应方程式为

$$Fe^* + X \longrightarrow Fe + X$$
$$Si^* + X \longrightarrow Si + X$$
$$C^* + X \longrightarrow C + X$$

事实上,纳米粒子的生成机理比较复杂,并且就反应→成核→凝并→生长本身来说也不一定存在明确的过程界限。

2.4.2 等离子体加强气相化学反应法

等离子体是物质存在的第四种状态。它由电离的导电气体组成,其中包括六种典型的粒子,即电子、正离子、负离子、激发态的原子或分子、基态的原子或分子以及光子。事实上,等离子体就是由上述大量正负带电粒子和中性粒子组成的,并表现出集体行为的一种准中性气体。目前,产生等离子体的技术很多,如直流电弧等离子体、射频等离子体、混合等离子体、微波等离子体,等等。按等离子体火焰温度分类,可将等离子体分为热等离子体和冷等离子体。这里的区分标准一般是按照电场强度与气体压强之比 E/p,即将该比值较低的等离子体称为热等离子体,该比值高的称为冷等离子体。无论是热等离子体,还是冷等离子体,相应火焰温度都可以达到 3 000K 以上,这样高的温度都可以应用于材料切割、焊接、表面改性,甚至材料合成。

处于等离子体状态下的物质微粒通过相互作用可以很快地获得高温、高焓、高活性。这些微粒将具有很高的化学活性和反应性,在一定的条件下获得比较完全的反应产物。因此,利用等离子体空间作为加热、蒸发和反应空间,可以制备出各类物质的纳米粒子,如各种金属氧化物、氮化物、碳化合物等纳米粒子。采用等离子体气相化学反应法制备物质的纳米粒子具有多方面的优势,如等离子体中具有较高的电离度和离解度,可以得到多种

活性组分,有利于各类化学反应进行;等离子体反应空间大,可以使相应的物质化学反应完全;与激光法比较,等离子体技术更容易实现工业化生产,这是等离子体法制备纳米粒子的一个明显优势。下面就等离子体法制备纳米粒子的基本原理、主要过程和机制做简要介绍。

等离子体法制备纳米粒子的基本原理:等离子体是一种高温、高活性、离子化的导电气体,等离子体高温焰流中的活性原子、分子、离子或电子以高速射到各种金属或化合物原料表面时,就会大量溶入原料中,使原料瞬间熔融,并伴随有原料蒸发。蒸发的原料与等离子体或反应性气体发生相应的化学反应,生成各类化合物的核粒子,核粒子脱离等离子体反应区后,就会形成相应化合物的纳米粒子,如图2.15所示。采用直流与射频混合式的等离子体技术,或采用微波等离子体技术,可以实现无极放电。这样可以在一定程度上避免因电极材料污染而造成的杂质引入,制备出高纯度的纳米粒子。

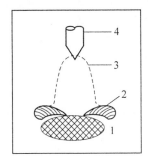

图 2.15　等离子体法制备纳米粒子的原理
1—熔融原料;　2—原料蒸气;
3—等离子体或反应气体;　4—电极

采用等离子体气相化学反应法可以制备各类金属、金属氧化物以及各类化合物的纳米粒子。如采用等离子体火焰直接蒸发各种金属,在惰性气体保护下可以获得相应的金属纳米粒子。也可以利用等离子体直接蒸发金属化合物,在很高的温度下使金属化合物热分解,从而得到相应的金属纳米粒子。采用反应性等离子体蒸发法,在输入金属和保护性气体的同时,再输入相应的各种反应性气体,可以合成出各种化合物的纳米粒子。同样道理,采用等离子体化学气相沉积法,输入各种化合物气体和保护性的惰性气体,并输入相应的反应性气体,可以合成出各类化合物的纳米粒子。

等离子体法制备纳米粒子的主要过程:等离子体法制备纳米粒子的实验装置主要包括等离子体发生装置、反应装置、冷却装置、收集装置和尾气处理装置等几个部分。相应的制备过程主要有:等离子体产生、原料蒸发、化学反应、冷却凝聚、粒子捕集和尾气处理等过程,如图 2.16 所示。

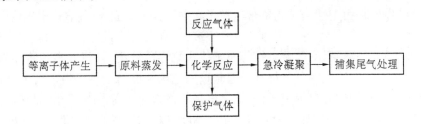

图 2.16　等离子体法制备纳米粒子实验流程框图

这里,对于不同的合成目标物质方法有所不同。如制备金属纳米粒子,可以利用高温等离子体焰流直接加热金属或金属化合物,并使其发生热分解反应。即

$$\text{化学气相分解反应} \xrightarrow[\text{凝聚}]{\text{急冷}} \text{金属超微颗粒}$$

而要制备各类化合物纳米粒子,一般有两种方法。其一是以金属为原料蒸发,在等离

子体高温下导入反应性气体,在等离子体焰流高温下引发相应的化学反应,从而获得金属化合物的纳米粒子;其二是以金属化合物为原料直接蒸发,急冷得到相应化合物纳米粒子。即

$$\text{金属蒸发} \xrightarrow[\text{反应气}]{\text{充入}} \text{化学反应} \xrightarrow[\text{凝聚}]{\text{急冷}} \text{金属化合物超微颗粒}$$

$$\text{金属化合物蒸发} \xrightarrow[\text{非化学反应}]{\text{急冷凝聚}} \text{金属化合物超微颗粒}$$

实验中,在等离子体发生装置中引入工作气体,使工作气体电离,并在反应室中形成稳定的高温等离子体焰流。等离子体焰流使原料加热、熔融、蒸发,蒸发出的气相原料与工作气体或反应气体发生气相化学反应,成核、凝并、生长,并迅速脱离反应区域,经过短暂的快速冷凝过程后,得到相应物质的纳米粒子。纳米粒子经载气携带进入收集装置中,尾气经处理后排出或经分离纯化后循环使用。制备过程中,反应室的温度场分布,反应物浓度、压力以及产物的凝聚温度与速率对生成纳米粒子的物理化学性质都有重要影响。

等离子体法制备纳米粒子的机理描述:等离子体中存在着大量的高活性物质微粒,这些微粒与反应物原料迅速交换电荷和能量,有助于相应化学反应的进行。事实上,当等离子体高温焰流中心的高活性原子、离子或分子达到原料表面时,就会使原料熔融,并迅速溶解于原料溶体中,使原料体内形成溶解的超饱和区、过饱和区和饱和区,引起原料的蒸发和相应的化学反应发生。等离子体尾焰区的温度也较高,离开尾焰区的反应物迅速离解并成核结晶。脱离尾焰区后,温度骤然下降而使反应产物微粒处于过饱和态,成核结晶同时猝灭而形成超微粒子。

2.4.3 其他综合方法

近年来,为了满足科学技术与高科技研究领域中的特殊需要,人们开辟了多种技术手段来制备近于理想的各类纳米粒子。新研究的制备方法中,多数都属于物理、化学等多学科交叉性质的综合方法,如γ射线辐射法、电子辐照法、相转移法等等。这些方法本身都各具特色,然而它们中多数仍停留在基础研究阶段。这里,仅就其基本原理做简要介绍。

1. γ射线辐照法

γ射线辐照制备各类金属纳米粒子是近年来发展起来的一种新型方法,其基本原理是金属盐溶液在γ射线辐照下逐级还原成金属粒子。显然,这是一种物理手段与化学反应相结合的方法。与其他制备金属纳米粒子方法(特别是真空蒸发法)相比较,γ射线辐照法工艺简单易行,可以在常温常压下操作,易于扩大生产规模。特别是采用该方法制备纳米粒子时,粒子的生成和粒子粒径保护可以同步进行,从而有效地防止了粒子的团聚。采用γ射线辐照法还可以制备载有金属微粒的金属氧化物纳米粒子。然而,γ射线辐射法的产物处于离散胶体状态,因此纳米粒子的收集相当困难。为此,人们又将γ射线辐照与水热结晶技术结合起来,制备各类纳米粒子。

γ射线-水热结晶联合法制备纳米粒子的基本过程是:首先配制金属盐溶液,然后采用γ射线辐照金属盐溶液,使水溶液产生辐照化学反应,在水溶液中形成水合电子,从而导致一系列的后续还原反应成核。最后将成核聚集的金属纳米粒子溶液置于高压容器内进行水热结晶,即得到各种粉状的金属纳米粒子。γ射线辐照-水热结晶联合法制备纳米

粒子的反应机制主要包括

$$H_2O \xrightarrow{\gamma\text{-ray}} e^-u, H_3O^+, H\cdot H_2, OH\cdot, H_2O_2$$

$$e^- + M^{m+} \xrightarrow{\gamma\text{-ray}} M^{(m-1)+}$$

$$e^- + M^{(m-1)+} \xrightarrow{\gamma\text{-ray}} M^{(m-2)+}$$

$$\vdots$$

$$e^- + M^+ \xrightarrow{\gamma\text{-ray}} M^0$$

$$nM^0 \longrightarrow M_2, M_3, \cdots, M_{a99}（金属超微颗粒聚集体）$$

$$\underset{\text{(液相)}}{M_2, M_3, \cdots, M_{a99}} \xrightarrow[\text{高压}]{\text{水热结晶}} \underset{\text{结晶粉状}}{M_2, M_3, \cdots, M_{a99}}$$

2. 电子辐照法

同γ射线辐照法相似，电子辐照也是一种在射线辐照下进行化学反应的方法。采用电子束辐照于各类反应体系，可以加速相应体系的正向化学反应进行。其反应机理就在于反应体系分子或原子对入射电子束能量具有吸收性，从而提高了反应物系分子或原子的活性和化学反应性。针对各类非晶纳米粒子，采用电子辐照，同样可以加速非晶粒子的结晶速率。因此，电子辐照法也可以看作是非晶体粒子结晶化处理的一种方法。已经发现，TiO_2 非晶纳米颗粒在电子束辐照下会导致粒子迅速结晶，使相应晶粒的稳定性大大增加。相转移法制备纳米粒子的基本原理是：将原料预先制备成胶体，然后加入适当的表面活性剂和有机溶剂，从而制得含有合成目标物质组分的混合沉淀物，然后再经过适当的物理操作，如搅拌、层析等，除去水相，再除去有机相，最后制得相应物质的纳米粒子。由于该方法在制备纳米粒子的过程中涉及多次的相转变，因此这种方法被命名为相转移法。相转移法制备纳米粒子的主要过程如图2.17所示。

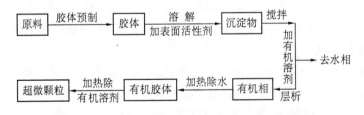

图 2.17 相转移法制备纳米粒子过程框图

参考文献

1 曹茂盛.超微颗粒制备科学与技术.哈尔滨:哈尔滨工业大学出版社,1995
2 何正明,施耀铭等.机械合金化 $Fe_{100-x}Ni_s$ 系超细粉末的 X 射线衍射谱研究.功能材料,1999,30(2):219~220
3 田中隆夫.铁基氮化物超微粒子的合成及其特性.日本化学会社,1984(6):930~934
4 Chikara Hayashi. ULTRAFINE PARTICLES. Physics Today, 1987(12):44~51

5 W R Camon, S C Danforth, et al. Sinterable Ceramic Powders from Laser-Driven Reaction. J. American Ceramic Society, 1982,65(7):324~336
6 John N Armor, et al. Nonaqueous Spray-Drying as a Route to Ultrafine Ceramic Powders. J. Am. Ceram. Soc., 1988,71(11):938~942
7 Hyung Jik Lee, et al. Preparation of Ultrafine Silicon Nitride and Silicon Nitride and Silicon Carbine Mixed Powders in a Hybrid Plasma. J. Am. Ceram. Soc., 1990,73(11):3356~3362
8 J A O' Neill, et.al. Production of Fineceramic Powders from Chloromethylsilanes Using Excinent Radiation. J. Am. Ceram. Soc., 1989,72(7):1130~1135
9 高橋順一.最近の微粒子制造技術.粉體工學會社,1992,29(4):42~48
10 山本英夫.最近の微粒子制造技術.粉體工學會社,1992,29(6):54~63
11 橫山豐和.最近の微粒子制造技術.粉體工學會社,1992,29(7):45~54
12 内田邦夫.超微粉碎.粉體工學會社,1992,29(3):168~172
13 田中善之助.微細粒子の濕式確率分解.粉體工學會社,1992,29(8):598~602

第三章 纳米薄膜材料

薄膜是一种物质形态,其膜材十分广泛,单质元素、化合物或复合物,无机材料或有机材料均可制作薄膜。薄膜与块状物质一样,可以是非晶态的、多晶态的或单晶态的。

近 20 年来,薄膜科学发展迅速,在制备技术、分析方法、结构观察和形成机理等方面的研究都取得了很大进展。其中无机薄膜的开发和应用更是日新月异,十分引人注目。无机薄膜从类型分为玻璃膜、陶瓷膜、金属膜、沸石膜等。从薄膜的厚度看,已有厚度仅有 $10^{-3} \sim 10^{-1} \mu m$ 的超薄膜制品。从应用范围看,有用于气体分离的;有既用于分离,又具有催化反应功能的;还有用于既防腐蚀,又具有装饰效果的;特别是很多薄膜可用于电子信息技术,功能各种各样。不仅为电子制品的小型化、轻量化、高密度化和高可靠性发挥了决定性的作用,而且通过薄膜组合产生了许多新的特殊功能。

薄膜技术目前还是一门发展中的边缘学科,其中不少问题还正在探讨之中。薄膜的性能多种多样,有电性能、力学性能、光学性能、磁学性能、催化性能、超导性能等。因此,薄膜在工业上有着广泛的应用,而且在现代电子工业领域中占有极其重要的地位,是世界各国在这一领域竞争的主要内容,也从一个侧面代表了一个国家的科技水平。

目前发现,以纳米薄膜材料为代表的新型薄膜材料除了具有一些普通膜材料的基本特性外,还具有许多与普通膜材料不同的新性能。下面分别介绍。

3.1 纳米薄膜材料的功能特性

3.1.1 薄膜的光学特性

1. 蓝移和宽化

纳米颗粒膜,特别是Ⅱ-Ⅵ族半导体 CdS_xSe_{1-x} 以及Ⅲ-Ⅴ族半导体 CaAs 的颗粒膜,都观察到光吸收带边的蓝移和带的宽化现象。有人在 CdS_xSe_{1-x}/玻璃的颗粒膜上观察到光的"退色现象",即在一定波长光的照射下,吸收带强度发生变化的现象(photoinduced bleaching)。由于量子尺寸效应,纳米颗粒膜能隙加宽,导致吸收带边蓝移。颗粒尺寸有一个分布,能隙宽度有一个分布,这是引起吸收带和发射带以及透射带宽化的主要原因。

2. 光的线性与非线性

光学线性效应是指介质在光波场(红外、可见、紫外以及 X 射线)作用下,当光强较弱时,介质的电极化强度与光波电场的一次方成正比的现象。例如光的反射、折射、双折射等都属于线性光学范畴。纳米薄膜最重要的性质是激子跃迁引起的光学线性与非线性。一般来说,多层膜的每层膜的厚度与激子玻尔半径 a_B 相比拟或小于激子玻尔半径时,在光的照射下吸收谱上会出现激子吸收峰。这种现象也属于光学线性效应。半导体 InGaAs 和 InAlAs 构成多层膜,通过控制 InGaAs 膜的厚度,可以很容易观察到激子吸收峰。这种膜的特点是每两层 InGaAs 之间,夹了一层能隙很宽的 InAlAs。对于总厚度 600nm 的 InGaAs 膜,在吸收谱上观察到一个台阶,无激子吸收峰出现(见图 3.1 曲线 1)。如果制成 30 层的多层膜,InGaAs 膜厚约 10nm,相当于 $a_B/3$,80 层时,InGaAs 膜厚为 7.5nm,相当于 $a_B/4$,这时电子的运动基本上被限制在二维平面上运动,由于量子限域效应,激子很容易形成,在光的照射下出现一系列激子共振吸收峰。共振峰的位置与激子能级有关。图 3.1 给出了准三维到准二维转变中,InGaAs-InAlAs 的线性吸收谱。

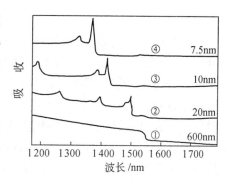

图 3.1 InGaAs-InAlAs 多层膜由准三维向准二维(曲线 1→4)转变中线性吸收谱图 600→7.5nm 表示 InGaAl 膜的厚度

所谓光学非线性,是在强光场的作用下介质的极化强度中就会出现与外加电磁场的二次、三次以至高次方成比例的项,这就导致了光学非线性的出现。光学非线性的现象很多,这里简单介绍一下纳米材料中由于激子引起的光学非线性。一般来说,光学非线性可以用非线性系数来表征。对于三阶非线性系数可以通过

$$X_s^{(3)} = |X_r^{(3)}| (C_s^{(3)}/C_r^{(3)})^{1/2} (n_s/n_r)^2 [La/(1-e^{aL})e^{-aL/2}] \tag{3.1}$$

计算。式中,s 表示样品;r 表示参比物质;$C^{(3)}$ 为四波混频信号强度与泵浦光强 I 之比;n 为折射指数;a 为吸收系数;L 为有效样品长度。

对于光学晶体来说,对称性的破坏,介电的各向异性都会引起光学非线性。对于纳米材料,由于小尺寸效应、宏观量子尺寸效应,量子限域和激子是引起光学非线性的主要原因。如果当激发光的能量低于激子共振吸收能量,不会有光学非线性效应发生;只有当激发光能量大于激子共振吸收能量时,能隙中靠近导带的激子能级很可能被激子所占据,处于高激发态。这些激子十分不稳定,在落入低能态的过程中,由于声子与激子的交互作用,损失一部分能量,这是引起纳米材料光学非线性的一个原因。前面我们讨论过纳米微粒材料,纳米微粒中的激子浓度一般比常规材料大,尺寸限域和量子限域显著,因而纳米材料很容易产生光学非线性效应。

岳兰平等用离子溅射技术制备了颗粒镶嵌膜,介质为 SiO_2、Ge,颗粒平均尺寸为 3nm,膜厚 500nm。它的 Z 扫描曲线表明:透过率曲线以焦点位置为对称轴,并在焦点处有一极小值,样品的吸收是与强度相关的非线性吸收。在焦点附近,由于单位面积上的光强增大,吸收系数也增大,在焦点处吸收系数达最大值。非线性吸收系数 β 为 0.82cm/W,为三阶光学非线性响应。

3.1.2 电学特性

纳米薄膜的电学性质是当前纳米材料科学研究中的热点,这是因为,研究纳米薄膜的电学性质可以搞清导体向绝缘体的转变,以及绝缘体转变的尺寸限域效应。我们知道,常规的导体,例如金属,当尺寸减小到纳米数量级时,其电学行为发生很大的变化。有人在 Au/Al_2O_3 的颗粒膜上观察到电阻反常现象,随着 Au 含量的增加(增加纳米 Au 颗粒的数量),电阻不但不减小,反而急剧增加,如图 3.2 所示。这一实验结果告诉我们,尺寸的

因素在导体和绝缘体的转变中起着重要的作用。这里有一个临界尺寸的问题,当金属颗粒的尺寸大于临界尺寸时,将遵守常规电阻与温度的关系;当金属的粒径小于临界尺寸时,它就可能失掉金属的特性。图 3.2 就说明了这个问题。因此对纳米体系(金属)电阻的尺寸效应的研究,以及电阻率与温度关系的数学表达式的尺寸修正是急待研究的重要科学问题,而纳米金属薄膜或者是颗粒膜可能对上述问题的解决起着重要的作用。

最近,Fauchet 等人用 PECVD 法制备了纳米晶 Si 膜,并对其电学性质进行了研究,结果观察到纳米晶 Si 膜的电导大大增加,比常规非晶 Si 膜提高了 9 个数量级,纳米晶 Si 膜的电导率为 $10^{-2}\text{S} \cdot \text{cm}^{-1}$,而常规非晶膜的电导率为 $10^{-11}\text{S} \cdot \text{cm}^{-1}$。

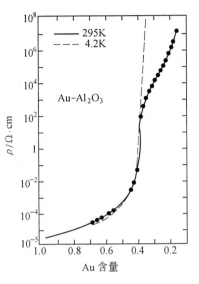

图 3.2 Au/Al$_2$O$_3$ 颗粒膜的电阻率随 Au 含量的变化

3.1.3 磁阻效应

材料的电阻值随磁化状态变化的现象称为磁(电)阻效应,对非磁性金属,其值甚小,在铁磁金属与合金中发现有较大的数值。铁镍合金磁阻效应可达 2% ~ 3%,且为各向异性。磁阻效应习惯上以 $\Delta\rho/\rho_0$ 表示,$\Delta\rho = \rho_H - \rho_0$,$\rho_0$ 和 ρ_H 分别代表磁中性状态和磁化状态下的电阻率。比 FeNi 合金的 $\Delta\rho/\rho_0$ 大得多的磁阻效应称为巨磁阻效应。具有巨磁阻效应的材料正是纳米多层膜。1988 年首先发现 (Fe/Cr)n 多层膜的巨磁阻效应高达 20%;1993 年在钙钛矿型氧化物中发现在金属⇌绝缘体相变温度附近呈现 $\triangle\rho/\rho_0 \approx 100\%$ 的巨磁阻效应;1995 年报道在 Fe-Al$_2$O$_3$-Fe 夹层膜中亦存在由隧道效应所引起的巨磁阻效应。

对颗粒膜的巨磁阻效应的理论解释,通常认为与自旋相关的散射有关,并以界面散射效应为主。电子在金属中运动时,将受到金属中的杂质、缺陷以及声子的散射。设相邻两次散射的平均自由时间为 τ,τ 为散射几率的倒数,则电导率可表示为 $\sigma = \dfrac{ne^2}{m}\tau$。当存在铁磁组元时,散射几率与磁化状态有关,因此会出现对一种自旋取向的传导电子的散射比对另一种自旋取向的传导电子的散射更强的现象。理论表明,当传导电子自旋与局域磁化矢量平行时,散射小,反平行时散射大。理论与实验都已表明,颗粒膜的巨磁阻效应与磁性颗粒的直径呈反比关系,要在颗粒膜体系中显示出巨磁阻效应,必须使颗粒尺寸及其间距小于电子平均自由程。

中国电子科技大学的刘颖力等采用双靶、直流磁控溅射系统制备了 (Ni$_{80}$Fe$_{20}$/Cu) 纳米多层膜,NiFe 膜厚 3nm,Cu 膜厚 0.4 ~ 4nm,发现了多层膜的巨磁阻效应,Cu 的厚度对巨磁阻效应是正态分布,1nm 时最大。在这个位置 NiFe 通过 Cu 层间接耦合为反铁磁排列,而在其他位置呈铁磁排列。作者认为铁磁性/非磁性/铁磁性多层薄膜体系的巨磁阻效应是由层间交换耦合作用决定的,而层间交换耦合作用是通过空间间隔层(非磁性层)间接产生的。

利用巨磁阻效应制成的读出磁头可显著提高磁盘的存储密度,利用巨磁阻效应制作磁阻式传感器可大大提高灵敏度。因此,巨磁阻材料有良好的应用前景。

3.2 纳米薄膜材料制备技术

纳米薄膜分为两类:一类是由纳米粒子组成(或堆砌而成)的薄膜,另一类是在纳米粒子间有较多的孔隙或无序原子或另一种材料。纳米粒子镶嵌在另一基体材料中的颗粒膜就属于第二类纳米薄膜。纳米薄膜的制备方法按原理可分为物理方法和化学方法两大类,按物质形态主要有气相法和液相法两种。具体的制备方法如图3.3所示。

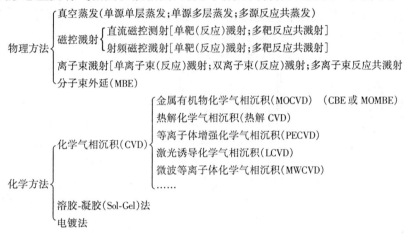

图 3.3 纳米薄膜的制备方法

3.2.1 物理气相沉积法

物理气相沉积(PVD)方法作为一类常规的薄膜制备手段被广泛地应用于纳米薄膜的制备与研究工作中,PVD 包括蒸镀、电子束蒸镀、溅射等。纳米薄膜的获得主要通过两种途径:(1)在非晶薄膜晶化的过程中控制纳米结构的形成,如采用共溅射方法制备 Si/SiO_2 薄膜,在 700~900℃的 N_2 气氛下快速退火获得纳米 Si 颗粒;(2)在薄膜的成核生长过程中控制纳米结构的形成,其中薄膜沉积条件的控制显得特别重要,在溅射工艺中,高的溅射气压、低的溅射功率下易于得到纳米结构的薄膜。在 CeO_{2-x}、Cu/CeO_{2-x} 的研究中,在160W、20~30Pa 的条件下能制备粒径为 7nm 的纳米微粒薄膜。

1. 气相沉积的基本过程

(1)气相物质的产生

一种方法是使沉积物加热蒸发,这种方法称为蒸发镀膜;另一种方法是用具有一定能量的粒子轰击靶材料,从靶材上击出沉积物原子,称为溅射镀膜。

(2)气相物质的输运

气相物质的输运要求在真空中进行,这主要是为了避免气体碰撞妨碍沉积物到达基片。在高真空度的情况下(真空度 $\leq 10^{-2}$Pa),沉积物与残余气体分子很少碰撞,基本上是从源物质直线到达基片,沉积速率较快;若真空度过低,沉积物原子频繁碰撞会相互凝聚为微粒,使薄膜沉积过程无法进行,或薄膜质量太差。

(3)气相物质的沉积

气相物质在基片上的沉积是一个凝聚过程。根据凝聚条件的不同,可以形成非晶态膜、多晶膜或单晶膜。若在沉积过程中,沉积物原子之间发生化学反应形成化合物膜,称为反应镀。若用具有一定能量的离子轰击靶材,以求改变膜层结构与性能的沉积过程称为离子镀。

蒸镀和溅射是物理气相沉积的两类基本制膜技术。以此为基础,又生出反应镀和离子镀。其中反应镀在工艺和设备上变化不大,可以认为是蒸镀和溅射的一种;而离子镀在技术上变化较大,所以通常将其与蒸镀和溅射并列为另一类制膜技术。

2.真空蒸发制膜

在高真空中用加热蒸发的方法使源物质转化为气相,然后凝聚在基体表面的方法称为蒸发制膜,简称蒸镀。真空蒸发制膜原理图如图3.4所示。

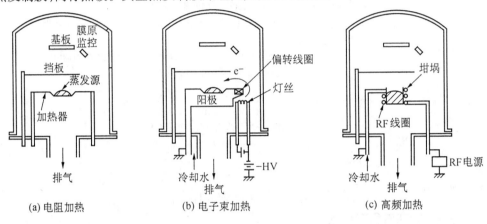

图3.4 真空蒸发装置原理示意图

(1)蒸镀原理

和液体一样,固体在任何温度下也或多或少地气化(升华),形成物质的蒸气。在高真空中,将源物质加热到高温,相应温度下的饱和蒸气向上散发,蒸发原子在各个方向的通量并不相等。基片设在蒸气源的上方阻挡蒸气流,蒸气则在基片上形成凝固膜。为了补充凝固蒸气,蒸发源要以一定的速度连续供给蒸气。

(2)蒸镀方法

①电阻加热蒸镀。加热器材料常使用钨、钼、钽等高熔点金属,蒸发材料可以是丝状、带状或板状。

②电子束加热蒸镀。利用电子束加热可以使钨(熔点3 380℃)等高熔点金属熔化。图3.5是一种电子束加热蒸发源的示意图。电子是由隐蔽在下面的热阴极发射的,这样可以避免阴极灯丝被坩埚中喷出的源液滴沾污而形成低熔点合金,这种合金会使灯丝容

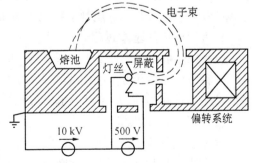

图3.5 电子加热蒸发源

易烧断。

由灯丝发射的电子经6~10kV的高压加速后,进入偏转磁铁,被偏转270°之后轰击蒸发源。蒸发源装在水冷铜坩埚内,只有被电子轰击的部位局部熔化,不存在坩埚污染问题。

在制备批量薄膜时,为了使每个样品的膜厚一致,通常采用行星支架,使每个样品在同一球面上围绕蒸发源自转或公转。制取大面积的膜层时,要采用多个蒸发源。

③合金膜的制备。沉积合金膜,应在整个基片表面和膜层厚度范围内得到均匀的组分。可采用两种方式:单电子束蒸发源沉积和多电子束蒸发源沉积(图3.6)。

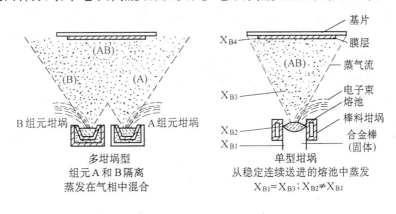

图3.6 单蒸发源和多蒸发源制取合金膜示意图

多电子束蒸发源是由隔开的几个坩埚组成,坩埚数量按合金元素的多少来确定,蒸发后几种组元同时凝聚成膜。单电子束蒸发源沉积合金时会遇到分馏问题,以Ni/Gr二元合金为例,它经常用于制造电阻薄膜和抗蚀层。蒸镀的合金膜,其组成为80:20。蒸发温度约2 000K,而铬在2 000K时的蒸气压比镍要高100倍。如果对蒸发源是一次性加热,则因铬原子消耗较快而使膜层逐渐贫铬。解决分馏问题的办法是连续加料,并保持熔池的温度和体积恒定。如果合金组元蒸气压差别过大,沉积合金的工艺便受到限制。

④化合物膜的制取。大多数的化合物在加热蒸发时会全部或部分分解。所以用简单的蒸镀技术无法由化合物直接制成符合化学计量比的膜层。但有一些化合物,如氯化物、硫化物、硒化物和碲化物,甚至少数氧化物如 B_2O_3、SnO_2,可以采用蒸镀。因为它们很少分解或者当其凝聚时各种组元又重新化合。然而除了有热分解问题外,也有与坩埚材料反应从而改变膜层成分的问题,这些都是蒸镀法制取化合物膜的限制因素。

制取化合物膜的另一途径是采用反应镀。例如镀制 TiC 是在蒸镀 Ti 的同时,向真空室通入乙炔气,在基片上发生以下反应,而得到 TiC 膜层:

$$2Ti + C_2H_2 \longrightarrow 2TiC + H_2$$

⑤分子束外延。以蒸镀为基础发展起来的分子束外延技术和设备,经过十余年的开发,近年来已制备出各种Ⅲ-Ⅴ族化合物的半导体器件。

外延是指在单晶基体上生长出位向相同的同类单晶体(同质外延),或者生长出具有共格或半共格联系的异类单晶体(异质外延)。

目前分子束外延的膜厚控制水平已经达到单原子层,甚至知道某一单原子层是否已经排满,而另一层是否已经开始生长。

(3)蒸镀用途

蒸镀只用于镀制对结合强度要求不高的某些功能膜,例如用作电极的导电膜、光学镜头用的增透膜等。

蒸镀用于镀制合金膜时,在保证合金成分这点上,要比溅射困难得多,但在镀制纯金属时,蒸镀可以表现出镀膜速率快的优势。

蒸镀纯金属膜中,90%是铝膜。铝膜有广泛的用途。目前在制镜工业中已经广泛采用蒸镀,以铝代银,节约贵重金属。集成电路通过镀铝进行金属化,然后再刻出导线。在聚酯薄膜上镀铝具有多种用途:制造小体积的电容器;制作防止紫外线照射的食品软包装袋;经阳极氧化和着色后即得色彩鲜艳的装饰膜。双面蒸镀铝的薄钢板可代替镀锡的马口铁制造罐头盒。

(4)金属铝膜的制备

在金属薄膜中,主要有 Au、Ag、Cu 和 Al 薄膜,其中,对 Al 薄膜的研究和应用较多,通常,采用真空蒸发制作铝膜,所用原材料纯度为 99.99% 以上,真空度小于 5×10^{-3}Pa。由于 Al 与 W、Mo、Ta 等易生成低共熔合金,故一般不使用 W、Mo、Ta 等蒸发铝,宜用多股钨螺旋蒸发器,蒸发时,Al 会与 W 生成金属间化合物 WAl_4,污染 Al 膜,影响膜的超声焊接性和导电性。因此,应注意控制蒸发源温度和蒸发时间,以减少 WAl_4 的生成。由于 Al 较易氧化,所以蒸发时基片温度不宜过高,一般为 150~200℃。

铝膜的性能和结构与真空蒸发工艺密切相关,提高基片温度、增加膜层厚度,均会使铝膜晶粒尺寸增大。蒸发速率也直接影响晶粒尺寸。表3.1列出不同蒸发参数时铝膜的晶粒尺寸。增大晶粒可减小晶界面积,减少电迁移短路通道数,有利于增强铝膜抗电迁移的能力,延长铝膜的平均寿命。但晶粒尺寸不可太大,否则,影响铝膜细线条图形的光刻质量。

表3.1 不同蒸发参数时铝膜的晶粒尺寸

基片温度/℃	铝膜晶粒尺寸/nm								
	慢速蒸发/(0.000023g·s^{-1})			中速蒸发/(0.00073g·s^{-1})			快速蒸发/(0.001g·s^{-1})		
	15s	60s	300s	15s	60s	300s	15s	60s	300s
15	10	15	20	20	20	20	10	10	20
100	10	100	400	200	200	200	15	150	300
200	150	300	600	350	1200	1200	200	300	1000
220	200	300	600	300	600	600	250	330	1000
270	200	400	700	300	400	350	300	300	1000

图3.7示出铝膜密度与厚度、蒸发速率、基板温度的关系。从图中看出,基板不加热时,铝膜厚度和蒸发速率对铝膜密度的影响不大;而当基板温度升高时(300℃),随着膜变

薄而密度迅速减小。蒸发铝膜的密度值比块状铝材的小,说明薄膜的结构是疏松的。另外,不同的基板温度和不同的蒸发速率,对沉积铝膜厚度也有一定的影响。表3.2列出不同蒸发参数时铝膜的导电性。基板温度高于250℃、薄膜厚度在50nm以下时,铝膜是不导电的。

蒸发速率还直接影响铝膜在基板上的附着性,当通过改变蒸发源温度来改变蒸发速率时,其速率从0.5nm/s提高到13.7nm/s,则铝膜的附着力增大10倍左右。若采取变化源-基距来改变蒸发速率,且蒸发速率在1nm/s以上时,铝膜的附着力变化不大,几乎为定值($7 \times 10^{-12} N/cm^2$)。以钨丝电阻加热蒸发源蒸发铝时,采用较高的源温可获得附着力强的铝薄膜。

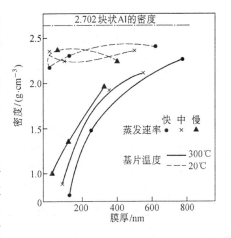

图3.7 铝膜密度与厚度、蒸发速率、基板温度的关系

表3.2 不同蒸发参数时的铝膜导电性

基板温度/℃	15	170~250	350~400	350~400	450	450
蒸发时间/s	150~300	150~300	15	300	15~60	300
导电性	随着性差	导电	不导电	导电	不导电	导电

3. 溅射制膜

溅射制膜是指在真空室中,利用荷能粒子轰击靶材表面,使被轰击出的粒子在基片上沉积的技术。

溅射现象早在19世纪就被发现。50年前有人利用溅射现象在实验室中制成薄膜。60年代制成集成电路的钽(Ta)膜,开始了它在工业上的应用。1965年,IBM公司研究出射频溅射法,使绝缘体的溅射制膜成为可能。以后又发展了很多新的溅射方法,研制出多种溅射制膜装置如二极溅射、三极(包括四极)溅射、磁控溅射、对向靶溅射、离子束溅射等。在上述这些溅射方式中,如果在Ar中混入反应气体,如O_2、N_2、CH_4、C_2H_2等,可制得靶材料的氯化物、氮化物、碳化物等化合物薄膜,这就是反应溅射;在成膜的基片上,若施加直到-500V的电压,使离子轰击膜层的同时成膜,使膜层致密,改善膜的性能,这就是偏压溅射;在射频电压作用下,利用电子和离子运动特性的不同,在靶的表面上感应出负的直流脉冲,而产生的溅射现象,对绝缘体也能进行溅射镀膜,这就是射频溅射。

溅射镀膜有两种。一种是在真空室中,利用离子束轰击靶表面,使溅射击的粒子在基片表面成膜,这称为离子束溅射。离子束要由特制的离子源产生,离子源结构较为复杂,价格较贵,只是在用于分析技术和制取特殊的薄膜时才采用离子束溅射。另一种是在真空室中,利用低压气体放电现象,使处于等离子状态下的离子轰击靶表面,并使溅射出的粒子堆积在基片上。

(1)离子溅射

当入射离子的能量在100eV~10keV范围时,离子会从固体表面进入固体的内部,与构成固体的原子和电子发生碰撞。如果反冲原子的一部分到达固体的表面,且具有足够的能量,那么这部分反冲原子就会克服逸出功而飞离固体表面,这种现象即离子溅射。

在离子溅射的研究中,溅射产额是大家最关心的。一般把对应一个入射离子所溅射出的中性原子数叫做溅射产额。显然,溅射产额与入射离子的能量、靶的材质、入射角等密切相关。

图 3.8 是溅射产额与入射离子能量 W_i 的关系示意图。由图可见,当离子能量低于溅射阈值时,溅射现象不发生。对于大多数金属来说,溅射阈值在 20～40eV 之间。在离子能量 W_i 超过溅射阈值之后,随着离子能量的增加,在 150eV 之前溅射产额与离子能量 W_i 的平方成正比。在 150eV～1keV 范围内,溅射产额与 W_i 成正比。在 1～10keV 范围内,溅射产额变化不显著。能量再增加溅射产额显示出下降的趋势。

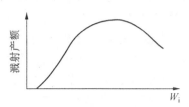

图 3.8 测射产额与入射离子能量关系

溅射产额依入射离子的种类和靶材的不同而异。入射离子中 Ne、Ar、Kr、Xe 等惰性气体可得到高的溅射产额,在通常的溅射装置中,从经济方面考虑多用 Ar。各种靶材的溅射产额随原子序数变化呈周期性改变,Cu、Ag、Au 等溅射产额最高,Ti、Zr、Nb、Mo、Hf、Ta、W 等最小。

与热蒸发原子所具有的热能(300K、大约为 0.04eV,1500K、大约 0.2eV)相比,溅射原子的能量大,大约为 10eV,后者为前者的 50～150 倍。

下面介绍溅射方法。

①直流二级溅射。最简单的直流二级溅射装置如图 3.9 所示。它是一对阴极和阳极组成的冷阴极辉光放电管结构。被溅射靶(阴极)和成膜的基片及其固定架(阳极)构成溅射装置的两个极。阴极上接 1～3kV 的直流负高压,阳极通常接地。工作时先抽真空,再通 Ar 气,使真空室内达到溅射气压。接通电源,阴极靶上的负高压在两极间产生辉光放电并建立起一个等离子区,其中带正电的 Ar 离子在阴极附近的阴极电位降作用下,加速轰击阴极靶,使靶物质表面溅射,并以分子或原子状态沉积在基片表面,形成靶材料的薄膜。

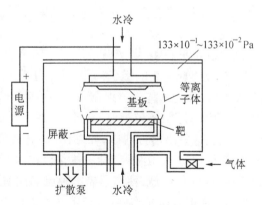

图 3.9 二极溅射装置

这种装置的最大优点是结构简单,控制方便。缺点有:在工作压力较高时膜层有沾污;沉积速率低,不能镀 10μm 以上的膜厚;由于大量二次电子直接轰击基片,使基片升温过高。

②三级和四级溅射。三极溅射是在二极溅射的装置上附加一个电极,使它放出热电子强化放电,它既能使溅射速率有所提高,又能使溅射工况的控制更为方便。与二极溅射不同的是,可以在主阀全开的状态下制取高纯度的膜。四极溅射又称为等离子弧柱溅射,

其原理如图 3.10 所示。在原来二极溅射靶和基板垂直的位置上,分别放置一个发射热电子的灯丝(热阴极)和吸引热电子的辅助阳极,其间形成低电压、大电流的等离子体弧柱,大量电子碰撞气体电离,产生大量离子。这种溅射方法还是不能抑制由靶产生的高速电子对基片的轰击,还存在因灯丝具有不纯物而使膜层沾污等问题。

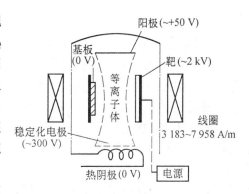

图 3.10 四极溅射装置

③射频溅射。60 年代利用射频辉光放电,可以制取从导体到绝缘体任意材料的膜,而且在 70 年代得到普及。直流溅射是利用金属、半导体靶制取薄膜的有效方法,但当靶是绝缘体时由于撞击到靶上的离子会使靶带电,靶的电位上升,结果离子不能继续对靶进行轰击。

射频是指无线电波发射范围的频率,为了避免干扰电台工作,溅射专用频率规定为 13.56MHz。在射频电源交变电场作用下,气体中的电子随之发生振荡,并使气体电离为等离子体。

射频溅射的两个电极接在交变的射频电源上,似乎没有阴极与阳极之分。但实际上射频溅射装置的两个电极并不是对称的。放置基片的电极与机壳相连,并且接地,这个电极相对安装靶材的电极而言,是一个大面积的电极。它的电位与等离子相近,几乎不受离子轰击。另一电极对于等离子体处于负电位,是阴极,受到离子轰击,用于装置靶材。

其缺点是大功率的射频电源不仅价高,而且对于人身防护也成问题。因此,射频溅射不适于工业生产应用。

④磁控溅射。磁控溅射是 70 年代迅速发展起来的新型溅射技术,目前已在工业生产中应用。这是由于磁控溅射的镀膜速率与二极溅射相比提高了一个数量级,具有高速、低温、低损伤等优点。高速是指沉积速率快,低温和低损伤是指基片的温升低、对膜层的损伤小。1974 年,Chapin 发明了适用于工业应用的平面磁控溅射靶,对磁控溅射进入生产领域起到了推动作用。

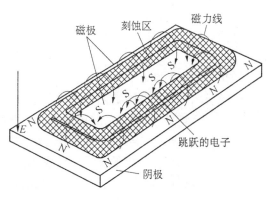

图 3.11 平面磁控溅射靶

磁控溅射的特点是在阴极靶面上建立一个环状磁靶(图 3.11),以控制二次电子的运动,离子轰击靶面所产生的二次电子在阴极暗区被电场加速之后飞向阳极。实际上,任何溅射装置都有附加磁场以延长电子飞向阳极的行程,其目的是让电子尽可能多产生几次碰撞电离,从而增加等离子体密度,提高溅射效率。只是磁控溅射所采用的环形磁场对二次电子的控制更加严密。

磁控溅射所利用的环状磁场迫使二次电子跳跃式地沿着环状磁场转圈。相应地，环状磁场控制的区域是等离子体密度最高的部位，在磁控溅射时，可以看见，溅射气体氩气在这部位发出强烈的淡蓝色辉光，形成一个光环，处于光环下的靶材是被离子轰击最严重的部位，会溅射出一条环状的沟槽。环状磁场是电子运动的轨道，环状的辉光和沟槽将其形象地表现了出来。

能量较低的二次电子在靠近靶的封闭等离子体中做循环运动，路程足够长，每个电子使原子电离的机会增加，而且只有在电子的能量耗尽以后才能脱离靶表面落在阳极（基片）上，这是基片升温低、损伤小的主要原因。高密度等离子体被电磁场束缚在靶面附近，不与基片接触。这样电离产生的正离子能十分有效地轰击靶面，基片又免受等离子体的轰击。电子与气体原子的碰撞几率高，因此气体离子化率大大增加。

磁控溅射靶大致可分为柱状靶和平面靶两大类。柱状靶原理结构简单，但其形状限制了它的用途。在工业生产中应用的多是矩形平面靶，目前已有长度达 4m 的矩形靶用于镀制窗玻璃的融热膜。让基片连续不断地由矩形靶下方通过，不但能镀制大面积的窗玻璃，还适于在成卷的聚酯带上镀制各种膜层。还有一种是溅射枪，它的结构较复杂，一般要配合行星式夹具使用，应用较少。

磁控溅射靶的溅射沟槽一旦穿透靶材，就会导致整块靶材报废，所以靶材的利用率不高，一般低于 40%，这是磁控溅射的主要缺点。

⑤合金膜的镀制。在物理气相沉积的各类技术中，溅射最容易控制合金膜的成分。

镀制合金膜可以采用多靶共溅射，这时控制各个磁控靶的溅射参数，可以得到一定成分的合金膜。

如果直接采用合金靶进行溅射，则不必采用任何控制措施，就可以得到与靶材成分完全一致的合金膜。考虑到各种元素的溅射产额（每个离子所击出的靶材原子数目）是不同的，这种靶材与膜层的成分一致性似乎难以理解。实际情况是当靶材的 A、B 两种元素的溅射产额不等时，溅射产额较高的元素，例如 A，会自动逐渐贫化，直到膜层的成分与靶材一致时，靶材表面的含 A 量才不再下降。此后靶面成分达到恒稳状态，总是保持着确定成分的贫 A 层。

⑥化合物膜的镀制。化合物膜是指金属元素与氧、氮、硅、碳、硼等非金属的化合物所构成的膜层。化合物膜的镀制可选用化合物靶溅射和反应溅射。

许多化合物是导电材料，其电导率有的甚至与金属材料相当，这时可以采用化合物靶进行直流溅射。对于绝缘材料化合物，则只能采用射频溅射。

大规模镀制化合物膜最宜采用反应溅射。这种方法的优点在于不必用化合物靶材，而是直接用金属靶，也不必用复杂的射频电源，而是用直流溅射。

反应溅射是在金属靶材进行溅射镀膜的同时，向真空室内通入反应气体，金属原子与反应气体在基片上发生化学反应即可得到化合物膜。

例如镀 TiN 时，靶材为金属钛，溅射气体为 $Ar+N_2$ 的混合气体。镀氧化物时用 O_2，碳化物时用 C_2H_2，硅化物时用 SiH_4，硫化物时用 H_2S。

⑦离子束溅射。上述各种方法都是把靶置于等离子体中，因此膜面都要受到气体和带电粒子的冲击，膜的性能受等离子体状态的影响很大，溅射条件也不易严格控制，例如

气体压力、靶电压、放电电流等参数都不能独立控制。

离子束溅射是采用单独的离子源产生用于轰击靶材的离子。Kaufman 于 1961 年研究成功宽束离子源,目前已有直径为 10 余厘米的宽束离子源用于离子束溅射,图 3.12 中左面部分就是这种离子源的示意图。

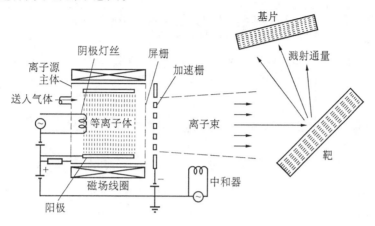

图 3.12 离子束溅射系统示意图

宽束离子源是用热阴极电弧放电产生等离子体。阴极灯丝发射的电子加速到 40～80eV 飞向阳极,并使气体(氩气)电离为等离子体。阳极沿离子源的器壁布置,阳极外围有屏蔽磁场,用以阻止电子不能轻易到达阳极,这样可以增强等离子体密度。宽束离子源的阳极和磁场布置是为了获得均匀的等离子体。这样,经加速栅引出的离子束才能保证大面积均匀。

阳极与等离子体差不多是等电位的。阳极与靶材的电位差决定了离子到达靶材时的能量即离子轰击靶材的能量。屏栅是离子源器壁的开口部位,是离子的出口处。加速栅距离屏栅很近,并且电位比靶材低 10%～25%。屏栅与加速栅之间的强电场将离子引出离子源。屏栅和加速栅都是用石墨片或钼板钻孔制成。安装时两者的小孔对准,这样,可以保证得到准直的离子束。

在离子束的行程中装有中和灯丝,用来发射电子以中和离子所带的正电荷。

离子束溅射的优点是能够独立控制轰击离子的能量和束流密度,并且基片不接触等离子体,这些都有利于控制膜层质量。此外,离子束溅射是在真空度比磁控溅射更高的条件下进行的,这有利于降低膜层中的杂质气体的含量。

离子束镀膜的缺点是镀膜速率太低,只能达到 $0.01\mu m/min$ 左右。这比磁控溅射低一个数量级,所以离子束镀膜不适于镀制大面积工件。这些缺点限制了离子束溅射在工业生产中的应用。

(2)溅射制膜技术的应用

①溅射制膜法的广泛应用性。溅射制膜法适用性非常之广。就薄膜的组成而言,单质膜、合金膜、化合物膜均可制作。就薄膜材料的结构而言,多晶膜、单晶膜、非晶膜都行。若从材料物性来看,可用于研制光、电、声、磁或优良力学性能的各类功能材料膜。表 3.3 所列为各种薄膜材料的典型示例。其中一些金属膜很早以前便已实用化,而诸如超导膜、

光集成电路用电介质膜、磁性材料膜和光电子学用半导体膜等仍是世界各国竞相研制的新材料。下面以化合物膜的制备为例,说明溅射制膜法的意义和工艺技术特点。

表3.3 薄膜材料的种类和用途

用 途		薄 膜 材 料
电子工业	电极,布线	Au,Al,Cu,Cr,Ti,Pt,Mo,W,Al/Si,Pt/Si,Mo/Si
	电阻膜	Cr,Ta,Re,TaN,TiN,NiCr,SiCr,TiCr,SnO_2,In_2O_3
	电介质膜	AlN,BN,Si_3N_4,Al_2O_3,BeO,SiO,SiO_2,TiO_2,Ta_2O_5,HfO_2,PbO,MgO,Nb_2O_5,Y_2O_3,ZrO_2,$BaTiO_3$,$LiNbO_3$,SiO_2,PLZT,ZnS
	绝缘膜	Si_3N_4,Al_2O_3,SiO_2,TiO_2,Ta_2O_5
	磁性膜	Fe,Co,Ni,Ni-Fe,Te-Fe,GdCo,Tm/Lu,Gd/Y,Dy/Co,Nd/Fe
	超导膜	Nb,NbN,Nb_3Sn,Nb_3Ge,Nb_3Si,$YBaCu_3O_{7-\delta}$,$Bi_2Sr_2Ca_1Cu_2O_9$
	半导体膜	Ge,Si,Se,Te,SiC,ZnO,ZnSe,CdSe,CdSe,CdTe,CdS,PbS,PbO_2,GaAs,GaP,GaN,Mn/Co/Ni/O
	保护膜	Si_3N_4,Si,SiO_2
化学工业	无反射·耐磨镀层	SiO_2,TiO_2,SnO_2,In_2O_3
精密机械 装 饰 其 他	表面硬化膜	Cr,TiN,TiC,SiC,WC
	耐蚀·耐热膜	Al,Zn,Cd,Cr,Ti,N,W,TiN,TiC,Si
	装饰膜	Ag,Au,Al,TiC

②高温材料的低温合成。利用溅射技术可在较低温度下制备许多高温材料的薄膜。如 TiN、TiC、B_4C、BiC、$PbTiO_3$ 及金刚石薄膜等。

以 SiC 为例,它是一种优良的高温半导体材料,熔点超过 2 700℃,硬度略逊于金刚石,用途很广。利用其耐热性可制作能在高温下工作的晶体管,利用单晶 SiC 数值很大的禁带宽度(3.0eV)制成了发蓝光的电致发光元件。SiC 的多晶膜在 -100~500℃的温度范围内具有稳定的电阻温度特性,故用它制成的高温热敏电阻或宽温度范围热敏电阻都已实用化。此外,也可用作精密机械或装蚀用的耐腐蚀、耐磨损镀层等。

但通常 SiC 需在 1 300~1 800℃的高温条件下合成。例如若用 CVD 法以 H_2、SiH_4 和 C_3H_8 气体作为反应源物质,衬底温度也应在 1 330℃。若用溅射法,却可在 500℃上下得到 SiC 膜。在溅射法中,既可用 Ar 气放电直接高频溅射 SiC 靶,也可在 Ar + CH_4 的辉光放电中反应性溅射 Si 靶。比较起来,前者更为简便。表3.4 为代表性的溅射条件。

表3.4 SiC 薄膜的溅射条件

溅射装置	RF 二极溅射仪
靶 子	⌀80,SiC 陶瓷
放电气体	5.3Pa,Ar,6N
基 片	石英、Si 或 α-Al_2O_3
淀积温度	200~750℃
溅射功率	400~500W
淀积速度	0.3~1μm/h

③多层结构的连续形成。用溅射法容易制备化学组成按层变化的多层膜。具体做法大致有以下两种。

a.变换放电气体法。对于同一种靶在不同的放电气体中溅射,所得薄膜当然不同。因而只需在溅射过程中变换放电气体就能连续形成多层膜。

一个简单的例子是以 α-Al_2O_3 为基片,用 SiC 靶。开始先在氧等离子体中溅射,形成的是 Si-C-O 氧化膜,继而改用纯 Ar 放电溅射淀积 SiC 过渡层。

具有明显结构特征的超晶格也可以制备。例如,采用 RF 二级溅射仪,Nb 靶,玻璃基片。开始时按表 3.5 所列条件在 Ar 气辉光放电中溅射沉积 10nm 的 Nb 膜,然后将靶与基片间用挡板挡上并导入 N_2 气。约 3min 后,旋开挡板,按表 3·5 所列条件溅射淀积 NbN 层 10nm。再次用挡板挡上,停止通 N_2。间隔 3 分钟后重复上述过程共 10 次。所得薄膜用俄歇分析法观测膜厚方向的元素分布。结果表明与反应性气体 N_2 的继续导入相对应,确实形成了 Nb/NbN 的周期性结构。

表 3.5 Nb/NbN 超晶格溅射条件

	Nb 层	NbN 层
溅射气体	Ar(4Pa)	Ar(4Pa),N_2(1Pa)
形成温度(℃)	300	300
淀积速度(nm/min)	5,10	10

b.多靶轮换法。连续制作多层结构的另一种做法是多靶轮换溅射。即在同一个工作室内安装 2 个以上的不同靶阴极。有的是阳极可以转动,转到与某个靶子相对应的位置进行溅射。也有的是安装主、辅靶,以电路的通断来控制靶子是否被溅射。

4.离子镀膜

离子镀就是在镀膜的同时,采用带能离子轰击基片表面和膜层的镀膜技术。离子轰击的目的在于改善膜层的性能。离子镀是镀膜与离子轰击改性同时进行的镀膜过程。

无论是蒸镀还是溅射都可以发展成为离子镀。在磁控溅射时,将基片与真空室绝缘,再加上数百伏的负偏压,即有能量为 100eV 量级的离子向基片轰击,从而实现离子镀。离子镀也可以在蒸镀的基础上实现,例如在真空室内通入 1Pa 级的 Ar 气后,在基片上加上 1 000V 以上的负偏压,即可产生辉光放电,并有能量为数百电子伏的离子轰击基片,这就是二级离子镀(图 3.13)。

(1)离子镀的原理

对于真空蒸镀、溅射、离子镀三种不同的镀膜技术,入射到基片上的每个沉积粒子所带的能量是不同的。热蒸镀原子大约 0.2eV,溅射原子大约 1~50eV,而离子镀中轰击离子大概有几百到几千电子伏特。离子镀一般来说是离子轰击膜层,实际上有些离子

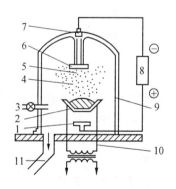

图 3.13 直流二级型离子镀示意图
1—阴极; 2—蒸发源;
3—进气口; 4—辉光放电区;
5—阴极暗区; 6—基片;
7—绝缘支架; 8—直流电源;
9—真空室; 10—蒸发电源;
11—真空系统

在行程中与其他原子发生碰撞时可能发生电荷转移而变成中性原子,但其动能并没有变化,仍然继续前进轰击膜层。由此可见,所谓离子轰击,确切说应该是既有离子又有原子的粒子轰击。粒子中不但有氩粒子,还有靶材粒子,在镀膜初期还会有由基片表面溅射出来的基材粒子。

离子轰击可以提高靶材原子在膜层表面的迁移率,这有利于获得致密的膜层。离子镀的缺点是 Ar 离子的轰击会使膜层中的 Ar 含量升高,另外由于择优溅射会改变膜层的成分。

(2)离子镀的类型和特点

离子镀设备要在真空、气体放电的条件下完成镀膜和离子轰击过程。因此,离子镀设备要由真空室、蒸发源、高压电源、离化装置、放置工件的阴极等部分组成。国内外常用的离子镀类型分述如下:

①空心阴极离子镀(HCD)。HCD 法是利用空心热阴极放电产生等离子体。空心钽管作为阴极,辅助阳极距阴极较近,二者作为引燃弧光放电的两极。阳极是靶材。弧光放电时,电子轰击靶材,使其熔化而实现蒸镀。蒸镀时基片加上负偏压即可从等离子体中吸引 Ar 离子向基片轰击,实现离子镀。

Ar 气经过钽管流进真空室,钽管收成小口以维持管内和真空室之间的压差。弧光放电主要在管口部位产生。该部位在离子轰击下温度高达 2 500K 左右,于是放射电子使弧光放电得以维持。弧光放电是靠辉光放电(要数百伏)点燃,待钽管温度升高后,用数十伏电源维持弧光放电。

空心离子镀的特点是适应多品种、小批量的生产。

②多弧离子镀。多弧离子镀是采用电弧放电的方法,在固体的阴极靶材上直接蒸发金属。这种装置不需要熔池,阴极靶可根据工件形状任意方向布置,使夹具大为简化。由于入射粒子能量高,所以膜的致密度高,强度好。多弧离子镀的突出优点是蒸镀速率快,TiN 膜可达 10～1 000nm/s。目前存在的问题是,弧斑喷射的液滴飞溅到膜层上会使膜层粗糙,导致膜层结构疏松,孔隙很多,对耐蚀性极为不利。

③离子束辅助沉积。这种镀膜技术是在蒸镀的同时,用离子束轰击基片,离子束由宽束离子源产生。与一般的离子镀相比,采用单独的离子源产生离子束,可以精确控制离子的束流密度、能量和入射方向,而且离子束辅助沉积中,沉积室的真空度很高,可获得高质量的膜层。

离子束轰击的另一个重要作用是在室温或近室温下能合成具有良好性能的合金、化合物或特种膜层,以满足对材料表面改性的需要。

轰击离子既可以是惰性气体原子如 Xe、Ar、Ne、He 等,也可以是反应气体原子如 N、O、H 以及各种有机化合物气体。用惰性气体原子轰击,其作用主要是提供能量,或促进不同类型的原子之间混合,或促进合金相、化合物相形成,而对所合成的合金相、化合物相的组织结构和性能并不起作用。当用如 N、O、CH_4 等反应气体离子轰击时,除了提供能量外,其本身还可能是所合成物质的一个部分,因而直接影响着合成物质的相结构以及物理、化学、力学性能。

(3)离子镀的应用

表 3.6 给出了离子镀和溅射镀膜的一些典型应用。

表 3.6　离子镀(包括溅射)镀膜的应用举例

应用	镀　膜	基体(或组合)	用　例
耐磨	TiC,TiN,Al_2O_3, HfN,WC,Cr	高速钢,硬质合金, 模具钢,碳钢	刀具,模具,超硬工具, 机械零件
	TiO_2,SiO_2,Si_3N_4	钢,塑料,半导体	表面保护强化
耐热	Al,W,Ti,Ta,Mo, Co-Cr-Al 系合金	钢,不锈钢,耐热合金, Co-Cr-Al-Y 系合金	排气管,耐火材料,发动机材 料,航空航天器件
耐蚀	Al,Zn,Cd,Ta,Ti	普通钢,结构钢,不锈钢	飞机,船舶,汽车,管材,一般 结构件
润滑	Au,Ag,Pd,Cu-Au, Pd-Sn,MoS_2	高温合金,轴承钢	喷气发动机轴承,航空航天 及高温旋转器件
装饰	Au,Ag,Ti,Al,TiN,TiC,CrC	钢,黄铜,铝,铜,不锈钢, 玻璃,塑料	首饰,徽章,钟表,眼镜,彩色 画,光泽,着色
电子工业集成电路	Re,Ta-N,Ta-Al,Ta-Si,Ni-Cr	陶瓷,塑料,玻璃	薄膜电阻,电阻器
	Au,Al,Cu,Ni	Au,Al,Ni/Si 片	电极
	SiO_2,Al_2O_3	SiO_2,Al_2O_3/金属	电容,二极管
	Nb 氧化物	氧化物,Ag/石英	透镜
	SiO_2 陶瓷等	金属,印刷板,集成电路	表面绝缘保护膜
磁光记录	Gd-Co,Mn-Bi Mn-Cu-Bi	合金膜/塑料	光盘
光导通讯	TiO_2,ZnO,$BaTiO_3$,SnO_2,In_2O_3	塑料,玻璃,陶瓷	保护膜,反射膜,特殊透明膜 等
塑料	Ni,Cu,Cr	塑料	汽车零件,电器零件
声学	ZnO,PZT,$BaTiO_3$,$LiNbO_3$	ZnO/石英,红宝石,金膜	压电膜,声表面波器件
能源	Si,GaAs,黑 Cr	太阳能收集器	太阳能电池,太阳能房
	Al,Au	Al/铀,Au/Cu 套	反应堆,加速器
	TiC,Au,Mo	聚变反应容器内壁	聚变反应容器

3.2.2　化学气相沉积(CVD)

化学气相沉积方法作为常规的薄膜制备方法之一,目前较多地被应用于纳米微粒薄膜材料的制备,包括常压、低压、等离子体辅助气相沉积等。利用气相反应,在高温、等离子或激光辅助等条件下控制反应气压、气流速率、基片材料温度等因素,从而控制纳米微粒薄膜的成核生长过程;或者通过薄膜后处理,控制非晶薄膜的晶化过程,从而获得纳米结构的薄膜材料。CVD 工艺在制备半导体、氧化物、氮化物、碳化物纳米薄膜材料中得到广泛应用。

通常 CVD 的反应温度范围大约为 900~2 000℃,它取决于沉积物的特性。中温 CVD (MTCVD)的典型反应温度大约为 500~800℃,它通常是通过金属有机化合物在较低温度的分解来实现的,所以又称金属有机化合物 CVD(MOCVD)。等离子体增强 CVD(PECVD)

以及激光CVD(LCVD)中气相化学反应由于等离子体的产生或激光的辐照得以激活,也可以把反应温度降低。

1.CVD的化学反应和特点

(1)化学反应

CVD是通过一个或多个化学反应得以实现的。下面是一些反应的例子。

①热分解或高温分解反应

$$SiH_4(g) \longrightarrow Si(s) + 2H_2(g)$$
$$Ni(CO)_4(g) \longrightarrow Ni(s) + 4CO(g)$$
$$CH_3SiCl_3(g) \longrightarrow SiC(s) + 3HCl(g)$$

②还原反应

$$SiCl_4(g) + 2H_2(g) \longrightarrow Si(s) + 4HCl(g)$$
$$WF_6(g) + 3H_2(g) \longrightarrow W(s) + 6HF(g)$$

③氧化反应

$$SiH_4(g) + O_2(g) \longrightarrow SiO_2(s) + 2H_2(g)$$

④水解反应

$$2AlCl_3(g) + 3CO_2(g) + 3H_2(g) \longrightarrow Al_2O_3(s) + 6HCl(g) + 3CO(g)$$

⑤复合反应。包含了上述一种或几种基本反应。例如,在沉积难熔的碳化物或氮化物时,就包括热分解和还原反应,如

$$TiCl_4(g) + CH_4(g) \longrightarrow TiC(s) + 4HCl(g)$$
$$AlCl_3(g) + NH_3(g) \longrightarrow AlN(s) + 3HCl(g)$$

(2)CVD的特点

①在中温或高温下,通过气态的初始化合物之间的气相化学反应而沉积固体。

②可以在大气压(常压)或者低于大气压下(低压)进行沉积。一般来说低压效果要好些。

③采用等离子和激光辅助技术可以显著地促进化学反应,使沉积可在较低的温度下进行。

④沉积层的化学成分可以改变,从而获得梯度沉积物或者得到混合沉积层。

⑤可以控制沉积层的密度和纯度。

⑥绕镀性好,可在复杂形状的基体上及颗粒材料上沉积。

⑦气流条件通常是层流的,在基体表面形成厚的边界层。

⑧沉积层通常具有柱状晶结构,不耐弯曲。但通过各种技术对化学反应进行气相扰动,可以得到细晶粒的等轴沉积层。

⑨可以形成多种金属、合金、陶瓷和化合物沉积层。

2.CVD的方法

(1)CVD的原理

用CVD法制备薄膜材料是通过赋予原料气体以不同的能量使其产生各种化学反应,在基片上析出非挥发性的反应产物。但是,CVD的机理是复杂的,那是由于反应气体中

不同化学物质之间的化学反应和向基片的析出是同时发生的缘故。图 3.14 表示从 $TiCl_4 + CH_4 + H_2$ 的混合气体析出 TiC 过程的模式图。如图所示,在 CVD 中的析出过程可以理解如下:

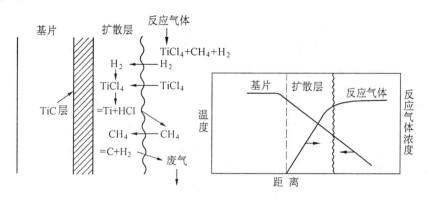

图 3.14 TiC 涂层的模型图

①原料气体向基片表面扩散;
②原料气体吸附到基片;
③吸附在基片上的化学物质的表面反应;
④析出颗粒在表面的扩散;
⑤产物从气相分离;
⑥从产物析出区向块状固体的扩散。

CVD 的化学反应必须发生在基体材料和气相间的扩散层中。这是因为在气相中发生气相-气相反应,然后生成粉末,该粉末出现在反应系统之外。另外,从气相析出固相的驱动力(driving force)是根据基体材料和气相间的扩散层内存在的温差和不同化学物质的浓度差,由化学平衡所决定的过饱和度。在下面的反应中,从 A 元素和 B 元素析出 AB 化合物,即

$$A(g) + B(g) \rightarrow AB(s)$$

过饱和度(β)定义为

$$\beta = (p_A)_g / (p_A)_s$$

式中,$(p_A)_g$ 是气体热力学平衡求出 A 的分压;$(p_A)_s$ 是在 AB 固体化合物的析出温度时的 A 的平衡蒸气压。因而,用 CVD 法析出的化合物的形状极大地依赖于反应温度、有助于反应的不同化学物质的过饱和度、在反应温度时的成核速率等。图 3.15 表示了由不同析出温度和过饱和度引起的析出物质的形态。为了得到优质的薄膜,必须防止在气相中由气相-气相反应生成均相核,即应首先设定在基片表面促进成核的条件。

(2)CVD 的种类

按照发生化学反应的参数和方法可以将 CVD 法分类如下:①常压 CVD 法;②低压 CVD 法;③热 CVD 法;④等离子 CVD 法;⑤间隙 CVD 法;⑥激光 CVD 法;⑦超声 CVD 法等。

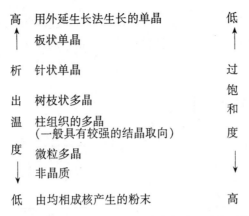

图 3.15 用 CVD 法所得产物的形态与析出温度和过饱和度的关系

(3)CVD 的流程与装置

为了制作 CVD 装置,首先必须考虑系统的整个程序。尽管根据前文的介绍,CVD 的种类有所不同,但 CVD 的程序,无论是实验室规模的还是工业生产规模的都基本上相同。图 3.16 是 CVD 的基本工艺流程示意图。高压气体当然是以高纯度的为好,一般大多是使用载气的,因为都要通过气体精制装置进行纯化。特别是必须十分注意除去对薄膜性质影响极大的水和氢。当室温下使用非气态的,即固态或液态原料时,需使其在所规定的温度下蒸发或升华,并通过载气送入反应炉内。还必须使废气通过放有吸收剂的水浴瓶、收集器或特殊的处理装置后进行排放。并且在装置和房间里不能忘记安装防爆装置和有毒气体的检测器。这样 CVD 的整个流程可以分为原料气体和载气的供给源气体的混合系统、反应炉、废气系统及气体和反应炉的控制系统。

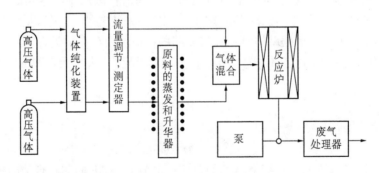

图 3.16 CVD 的基本工艺流程

3.CVD 的新技术

(1)金属有机化合物气相沉积(MOCVD)

MOCVD 是常规 CVD 技术的发展,它使用容易分解的金属有机化合物作初始反应物,因此沉积温度较低。MOCVD 的优点是可以在热敏感的基体上进行沉积;其缺点是沉积速率低,晶体缺陷密度高,膜中杂质多。

在这种技术中,把欲沉积膜层的一种或几种组分以金属烷基化合物的形式输送到反应区,而其他的组分可以氢化物的形式输送。其他的初始反应物,如氯置换的金属烷基化合物或配位化合物也可采用。

MOCVD 技术的开发是由于半导体外延沉积的需要。也曾用 MOCVD 沉积金属镀层，这是因为某些金属卤化物在高温下是稳定的，而用常规 CVD 难以实现其沉积。此外，已经用金属有机化合物沉积了氧化物、氮化物、碳化物和硅化物膜层。许多金属有机化合物在中温分解，可以沉积在各种基体上，所以这项技术也被称为中温 CVD(MTCVD)。

(2) 等离子体辅助化学气相沉积(PECVD)

用等离子体技术使反应气体进行化学反应，在基底上生成固体薄膜的方法称等离子体化学气相沉积，它是在原来已成熟的薄膜技术中应用了等离子体技术而发展起来的。近二三十年来，PECVD 进展非常快。在半导体工业中，这种技术已成为大规模集成电路干式工艺中的重要环节。

PECVD 薄膜反应室主要有平板电容型和无极射频感应线圈式两种。平板型又可分为直流、射频、微波电源三种。

PECVD 薄膜的性质，不仅与沉积方式有关，而且还取决于沉积工艺参数。这些参数包括：电源功率、反应室几何形状与尺寸、负偏压、离子能量、基材温度、真空泵抽气速率、反应室气体压力以及工作气体的比例等。仔细控制各工艺参数，才能得到性能良好的薄膜。

与基于热化学的 CVD 法相比较：PECVD 法可以大大降低沉积温度，从而不使基板发生相变或变形，而且成膜质量高。用 CVD 法在硅片上沉积 Si_3N_4 薄膜，需要 900℃以上的高温，而 PECVD 法仅需约 350℃温度，如采用微波等离子体，可降至 100℃。利用辉光放电等离子体化学气相沉积法，在柔软的有机树脂上沉积一层非晶硅薄膜，宛如人的皮肤，能自由变形，可用于高灵敏度的压力传感器探测元件。

(3) 激光化学气相沉积(LCVD)

激光化学气相沉积(LCVD)是将激光应用于常规 CVD 的一种新技术，通过激光活化而使常规 CVD 技术得到强化，工作温度大大降低，在这个意义上 LCVD 类似于 PECVD。

LCVD 技术是用激光束照射封闭于气室内的反应气体，诱发化学反应，生成物沉积在置于气室内的基板上。

CVD 法需要对基板进行长时间的高温加热，因此不能避免杂质的迁移和来自基板的自掺杂。LCVD 的最大优点在于沉积过程中不直接加热整块基板，可按需要进行沉积，空间选择性好，甚至可使薄膜生成限制在基板的任意微区内；沉积速度比 CVD 快。

LCVD 和 PECVD 虽然有很多相似之处，但也存在一些重要差别，其各自的技术特点列于表 3.7 中。

表 3.7 LCVD 和 PECVD 的比较

LCVD	PECVD
①窄的激发能量分布	宽的激发能量分布
②完全确定的可控的反应体积	大的反应体积
③高度方向性的光源可在精确的位置上进行沉积	可能产生来自反应室壁的污染
④气相反应减少	气相反应有可能
⑤单色光源可以实现特定物质的选择性激发	传统等离子体技术的气态物质激发，无选择性
⑥能在任何压强进行	在限定的(低的)气压进行
⑦辐射损伤显著下降	绝缘膜可能受辐射损伤
⑧光分解 LCVD 中，气体和基体的光学性能重要	光学性能不重要

(4)超声波化学气相沉积(UWCVD)

超声波化学气相沉积(UWCVD)是利用超声波作为CVD过程中能源的一种新工艺。按照超声波的传递方式,UWCVD可分为两类:超声波辐射式和CVD基体直接振动式。由于后者涉及到基本振动,实验工艺复杂些,故相对而言超声波辐射法对于工业应用将有更多优点。超声波辐射式UWCVD的原理见图3.17,利用电感线圈将基体加热到一定温度,适当调节超声波的频率和功率,即可在基体上得到晶粒细小、致密、强韧性好、与基体结合牢固的沉积膜。

(5)微波等离子体化学气体沉积(MWPECVD)

微波等离子体化学气相沉积(MWPECVD)是将微波作为CVD过程能量供给形式的一种CVD新工艺。它利用微波能电离气体而形成等离子体,属于低温等离子体范围。一般说来,凡直流或射频等离子体能应用的领域,微波等离子体均能应用。此外,微波等离子体还有其自身的一些特点,例如:

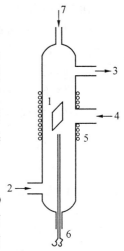

图3.17 UWCVD流程图
1—基体; 2—反应气;
3—废气; 4.超声波源;
5—加热器;6—热电偶;
7—Ar(or N_2)

①在一定的条件下,它能使气体高度电离和离解,即产生的活性粒子很多,人们称之为活性等离子体。

②它可以在很宽的气压范围内获得。低压时 $T_e \gg T_g$,这对有机反应、表面处理等尤为有利,人们称之为冷等离子体;高压时 $T_e \approx T_g$,它的性质类似于直流弧,人们称之为热等离子体。

③微波等离子体发生器本身没有内部电极,从而消除了气体污染和电极腐蚀,有利于高纯化学反应和延长使用寿命。

④微波等离子体的产生不带高压,微波辐射容易防护,使用安全。

⑤微波等离子体的参数变化范围较大,这为广泛应用提供了可能性。

利用微波等离子体的上述特点,MWPECVD已在集成电路、光导纤维、保护膜及特殊功能材料的制备等领域得到日益广泛的应用。

(6)纳米薄膜的低能团簇束沉积(LEBCD)

低能团簇束沉积是新近出现的一种纳米薄膜制备技术。该技术首先将所沉积材料激发成原子状态,以Ar、He作为载气使之形成团簇,同时采用电子束使团簇离化。利用飞行时间质谱仪进行分离,从而控制一定质量、一定能量的团簇束沉积而形成薄膜。目前的研究工作表明这一技术可以有效地控制沉积在衬底上的原子数目。与薄膜生长的经典理论相比较,在这种条件下所沉积的团簇在撞击表面时并不破碎,而是近乎随机分布于表面。当团簇的平均尺寸足够大,则其扩散能力受到限制。所沉积薄膜的纳米结构对团簇尺寸具有很好的记忆特性,在沉积类金刚石薄膜时发现,可以控制团簇中碳的原子数来控制C的杂化轨道,对于 C_{20} 至 C_{32} 的团簇为 sp^3 杂化,薄膜为fcc-金刚石结构;对于 C_{60} 的团簇,为 sp^3、sp^2 混合的轨道特性;对于 C_{900} 的团簇,为 sp^2 杂化,薄膜呈现非晶态。

4.CVD法在纳米薄膜材料制备中的应用

CVD法是纳米薄膜材料制备中使用最多的一种工艺,用它可以制备几乎所有的金属、氧化物、氮化物、碳化合物、硼化物、复合氧化物等膜材料,广泛应用于各种结构材料和功能材料的制备。一些典型的例子如表3.8所示,详细资料可参考有关文献。

表3.8 CVD与薄膜材料制备

应用领域	薄膜材料	CVD工艺	备注
气体传感器	SnO_2, ZnO, Fe_2O_3, TiO_2 等	CVD, PECVD, MOCVD	灵敏度提高,响应加快工作温度降低,有利集成化
超导材料	YBaCuO, BiSrCaCuO, TlBaCaCuO	PECVD, MOCVD	超导性能优于晶体材料,有各向同性,用于弱电领域
导电材料	Al, W, Si, M_mSi_n, In_2O_3-SnO_2, SnO_2-Sb_2O_3, Cr, Mo	MOCVD, CVD, PECVD, LCVD	主要用于电子器件与集成电路
电阻材料	C膜,金属氧化物膜	PECVD, CVD	制造方便,稳定性及电物理性能好
半导体材料	Si, Ge, Ⅲ-Ⅴ族、Ⅱ-Ⅵ族化合物	MOCVD, PECVD	
介电材料	SiO_2, Al_2O_3, Ta_2O_5, AlN, $BaTiO_3$, $PbTiO_3$, PZT, Si_3N_4, SiC	CVD, PECVD, LCVD	
压电材料	ZnO, AlN	MOCVD	表面光滑致密,易于制造价低可靠稳定,便于调变性能,易平面化,集成化。
热电材料	$PbTiO_3$	CVD	具显著热释电效应与非线性极化特性
表面装饰	Au, Ag, TiC, TiN, Al	CVD, PECVD	
光学材料	SiO_2, TiO_2, ZnS, CdS	CVD, PECVD	
表面硬化	碳化物,氮化物,硼化物	CVD, PECVD	
太阳能利用	SiO_2/Si, GaAs/GaAlAs, CdS/InP, Cu_2S/CdS, CdTe/CdS, CdTe/CdSe, $CuInSe_2$/CdS, GaAs/AlAs	CVD, MOCVD	

3.2.3 溶胶-凝胶法

1.概述

溶胶-凝胶法是从金属的有机或无机化合物的溶液出发,在溶液中通过化合物的加水分解、聚合,把溶液制成溶有金属氧化物微粒子的溶胶液,进一步反应发生凝胶化,再把凝胶加热,可制成非晶体玻璃、多晶体陶瓷。凝胶体大部分情况下是非晶体,通过处理才能使其转变成多晶体。

溶胶-凝胶法可用的最好的化合物是金属醇盐,如 $Si(OC_2H_5)_4$、$Al(OC_3H_7)_3$;也可以采用金属的乙酰丙酮盐,如 $In(COCH_2COCH_3)_2$、$Zn(COCH_2COCH_3)_2$;或其他金属有机酸盐,如 $Pb(CH_3COO)_2$、$Y(C_{17}H_{35}COO)_3$、$Ba(HCOO)_2$。在没有合适的金属化合物时,也可采用可溶

性的无机化合物,诸如硝酸盐、含氧氯化物及氯化物,如 $Y(NO_3)_3 \cdot 6H_2O$、$ZrOCl_2$、$AlOCl$、$TiCl_4$,甚至直接用氧化物微粒子进行溶胶-凝胶处理。

溶胶-凝胶法原本是作为新的无机材料的合成而开发的新方法,例如用该法可以进行氧化物陶瓷的低温合成,可以合成微粒子大小一致的高性能陶瓷烧结体。表面涂膜的利用是溶胶-凝胶法应用的一个新领域,实际上溶胶-凝胶法最初的应用就是涂膜,例如目前广泛应用的玻璃表面的反射膜、防止反射膜以及着色膜就是用该法制得的。溶胶-凝胶涂膜可以赋予基体各种性能,其中包括机械的、化学保护的、光学的、电磁的和催化的性能。

图 3.18 给出了溶胶-凝胶制取薄膜的主要流程,可见其工艺简单,成膜均匀,成本很低。大部分熔点在 500℃以上的金属、合金以及玻璃等基体都可采用该流程制取薄膜。

采用溶胶-凝胶法制备薄膜,首先必须制得稳定的溶胶,按照溶胶的形成方法或存在状态,将溶胶-凝胶工艺分为有机途径和无机途径,两者各有优缺点。有机途径是通过有机金属醇盐的水解与缩聚而形成溶胶。在该工艺过程中,因涉及水和有机物,所以通过这种途径制备的薄膜在干燥过程中容易龟裂(由大量溶剂蒸发而产生的残余应力所引起)。客观上限制了制备薄膜的厚度。无机途径则是将通过某种方法制得的氧化物微粒,稳定地悬浮在某种有机或无机溶剂中而形成溶胶。通过无机途

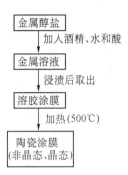

图 3.18 溶胶-凝胶法制膜过程

径制膜,有时只需在室温进行干燥即可,因此容易制得 10 层以上而无龟裂的多层氧化物薄膜。但是用无机法制得的薄膜与基板的附着力较差,而且很难找到合适的能同时溶解多种氧化物的溶剂。因此,目前采用溶胶-凝胶法制备氧化物薄膜,仍以有机途径为主。

与其他制备薄膜的方法相比,溶胶-凝胶制造薄膜具有以下优点:

(1)工艺设备简单,不需要任何真空条件或其他昂贵的设备,便于应用推广。

(2)在工艺过程中温度低。这对于制备那些含有易挥发组分或在高温下易发生相分离的多元体系来说非常有利。

(3)很容易大面积地在各种不同形状(平板状、圆棒状、圆管内壁、球状及纤维状等)、不同材料(如金属、玻璃、陶瓷、高分子材料等)的基底上制备薄膜,甚至可以在粉体材料表面制备一层包覆膜,这是其他的传统工艺难以做到的。

(4)容易制出均匀的多元氧化物薄膜,易于实现定量掺杂,可以有效地控制薄膜的成分及结构。

(5)用料省,成本较低。

2. 溶胶-凝胶工艺

在制备氧化物薄膜的溶胶-凝胶方法中,有浸渍提拉法(dipping)、旋覆法(spinning)、喷涂法(spraying)及简单的刷涂法(painting)等。其中旋覆法和浸渍提拉法最常用。浸渍提拉法主要包括三个步骤:浸渍、提拉和热处理,即首先将基片浸入预先制备好的溶胶中,然后以一定的速度将基片向上提拉出液面,这时在基片的表面上会形成一层均匀的液膜,紧接着溶剂迅速蒸发,附着在基片表面的溶胶迅速凝胶化并同时干燥,从而形成一层凝胶薄膜,当该膜在室温下完全干燥后,将其置于一定温度下进行适当的热处理,最后便制得了

氧化物薄膜。每次浸渍所得到的膜厚约为 5~30nm,为增大薄膜厚度,可进行多次浸渍循环,但每次循环之后都必须充分干燥和进行适当的热处理。旋覆法包括两个步骤,即旋覆与热处理。基片在匀胶台上以一定的角速度旋转,当溶胶液滴从上方落于基片表面时,它就被迅速地涂覆到基片的整个表面。同浸渍法一样,溶剂的蒸发使得旋覆在基片表面的溶胶迅速凝胶化,紧接着进行一定的热处理便得到了所需的氧化物薄膜。

与旋覆法相比,浸渍提拉法更简单些,但它易受环境因素的影响,膜厚较难控制,例如液面的波动、周围空气的流动以及基片在提拉过程中的摆动与振动等因素,都会造成膜厚的变化。特别是当基片完全拉出液面后,由于液体表面张力的作用,会在基片下部形成液滴,并进而在液滴周围产生一定的厚度梯度。同样,在基片的顶部也会有大量的溶胶粘附在夹头周围,从而产生一定的厚度梯度。所有这些都会导致厚度的不均匀性,影响到薄膜的质量。浸渍提拉法不适用于小面积薄膜(尤其当基底为圆片状时)的制备,旋覆法却相反,它特别适合于在小圆片基片上制备薄膜。

对于溶胶-凝胶工艺来说,在干燥过程中大量有机溶剂的蒸发将引起薄膜的严重收缩,这通常会导致龟裂。这是该工艺的一大缺点。但人们发现当薄膜厚度小于一定值时,薄膜在干燥过程中就不会龟裂,这可解释为当薄膜小于一定厚度时,由于基底粘附作用,在干燥过程中薄膜的横向(平行于基片)收缩完全被限制,而只能发生沿基片平面法线方向的纵向收缩。

在溶胶-凝胶薄膜工艺中,影响薄膜厚度的因素很多,其中包括溶胶液的粘度、浓度、比重、提拉速度(或旋转速度)及提拉角度,还有溶剂的粘度、比重、蒸发速率,以及环境的温度、干燥条件等。

实验结果表明,在浸渍提拉法中,膜厚 d 与溶液粘度 η 和提拉速度 v 的依赖关系可表示为

$$d \propto (\eta v/g\rho)^{\alpha}$$

式中,ρ 是溶胶的相对密度;g 是重力加速度;指数 α 接近于 1/2,通常介于 1/2 与 2/3 之间。

采用溶胶-凝胶法制备 $PbTiO_3$ 薄膜的典型制备过程如图 3.19 所示,所采用的主要原料为结晶乙酸铅、乙二醇乙醚、钛酸丁酯等。

采用溶胶-凝胶方法制备 $PbTiO_3$ 等氧化物薄膜,其工艺与一般的溶胶-凝胶工艺过程不同。制备氧化物粉体或块材料的一般过程是:原物质(有机金属盐或无机盐)→水解→溶胶→缩聚(凝胶化)→凝胶→干燥→干凝胶→烧结→无机材料,而制备薄膜的工艺却不完全如此。首先制备薄膜的工艺是由溶胶状态开始,把特定组分的溶胶均匀涂覆在基片表面,由于溶剂的快速蒸发而迅速凝胶化,并非是通过溶胶的缓慢缩合反应而实现凝胶化,因此其溶胶→凝胶转变过程要比一般的工艺快得多。其次,在制备粉体时,凝胶化过程与干燥过程是分步进行的,而在薄膜工艺中,由于其过程的特殊性,使得凝胶化过程与干燥过程相互交迭,同时发生。

3. 溶胶-凝胶法在制备纳米薄膜中的应用

如上所述,PVD、CVD、Sol-gel 都可以作来制备纳米薄膜材料,它们各有特点,既可用不同方法制备同一种材料,也可用同种方法制备不同材料,三者构成了纳米薄膜制备的主要

工艺,三者的比较见表3.9。

表3.9 PVD、CVD 和 Sol-gel 方法比较

比较项目	PVD	CVD	Sol-gel
物质源	生成膜物质的蒸气	含有膜元素的化合物蒸气,反应气体	含膜元素的无机盐,醇盐或羧酸盐等
激活方式	消耗蒸发热,电离等	提供激活能,高温、化学自由能	加热处理
制备温度	250~2 000℃(蒸发源) 25℃~合适温度(基片)	150~2 000℃(基片)	300~800℃(基片)
膜结构	单晶,多晶,非晶	单晶,多晶,非晶	多晶,非晶
膜致密性	致密	致密	较致密
膜附着性	较好	好	好
化学组成相组成均匀性	一般	较高	高
成本	高	高	低

利用溶胶-凝胶工艺,可以制备多孔陶瓷膜,如 γ-Al_2O_3、TiO_2、SiO_2、ZrO_2、CeO_2 等以及二元复合膜如 Al_2O_3-TiO_2、Al_2O_3-CeO_2 等,也可以对陶瓷膜进行修饰。Goldsmith 等用 Sol-gel 方法在 4nm 的氧化铝管状陶瓷膜表面制得了孔径 < 0.5nm 的 SiO_2 修饰膜,这些多孔陶瓷膜可用于膜分离、水质净化、催化剂等领域。

利用 Sol-gel 工艺制备的 $PbTiO_3$ 铁电薄膜,是 Sol-gel 工艺最成功工业应用的例子之一,工艺过程见图 3.19。同理可制备各种钙钛矿型的功能陶瓷薄膜,如 $BaTiO_3$、$SrTiO_3$、PZT、PLZT 等。

利用 Sol-gel 工艺可合成 ZrO_2、TiO_2、CeO_2、ZnO、SnO_2、Fe_2O_3 等半导体氧化物,可用于制作气体传感器和导电材料。

利用 Sol-gel 工艺制备的 Al_2O_3、SiO_2、ZrO_2、SnO_2 膜可用于光学器件和防腐、耐磨涂层。

3.2.4 电化学方法

电化学沉积方法作为一种十分经济而又

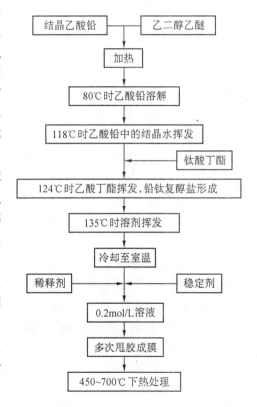

图 3.19 $PbTiO_3$ 薄膜的制备过程

简单的传统工艺手段,可用于合成具有纳米结构的纯金属、合金、金属-陶瓷复合涂层以及块状材料。包括直流电镀、脉冲电镀、无极电镀、共沉积等技术。其纳米结构的获得,关键在于制备过程中晶体成核与生长的控制。电化学方法制备的纳米材料在抗腐蚀、抗磨损、磁性、催化、磁记录等方面均具有良好的应用前景。

电化学沉积法主要用于Ⅱ-Ⅵ族半导体薄膜的制备,如ZnS、CdS、CdSe等。下面简单介绍CdS薄膜的制备过程:用Cd盐和S制成非水电解液,通电后在电极上沉积CdS透明的纳米微粒膜,粒径为5nm左右。

电化学沉积法制备纳米薄膜的理论与工艺基础可参考相关书籍与文献资料。

3.3 纳米薄膜材料的应用

3.3.1 金属的耐蚀保护膜

非晶态合金膜是一种无晶界的、高度均匀的单相体系,且不存在一般金属或合金所具有的晶体缺陷:位错、层错、空穴、成分偏析等。因此,它不存在晶体间腐蚀和化学偏析,具有极强的防腐蚀性能。作为防腐蚀材料,非晶态合金薄膜(或称镀层)可用以取代不锈钢或劣材优用,是节约资源、节约能源、降低成本的有效途径,具有广阔的应用前景。

这种耐蚀性很高的非晶态合金镀层技术是近十年才发展起来的新兴技术,它是通过化学催化反应,在金属或非金属表面沉积一层非晶态物质。以非晶态镍磷合金为例,非晶态 Ni-P 合金中,没有晶态 Ni-P 合金所具有的两相组织,无法构成微电池。特别是化学沉积的非晶态 Ni-P 合金,成分较之电解沉积者更为均匀。所以,化学沉积的非晶态 Ni-P 合金可用于许多耐蚀的场合。一般认为,化学沉积非晶态 Ni-P 合金的反应式为

$$H_2PO_2^- + H_2O \xrightarrow[催化]{\triangle} H^+ + 2H + HPO_3^{2-}$$

$$Ni^{2+} + 2H \xrightarrow[催化]{\triangle} Ni\downarrow + 2H^+$$

$$H_2PO_2^- + H \xrightarrow[催化]{\triangle} P\downarrow + H_2O + OH^-$$

此过程的最佳工艺条件为 $Ni^{2+}/H_2PO_2^- \approx 0.4$,温度 $80\sim90℃$,pH 值 $4.0\sim5.0$,获得的沉积层磷含量在 $11.5\%\sim14.5\%$ 之间。反应生成物 Ni-P 沉积在材料表面,形成完整、均一的镀层。该镀层是一种取向混乱无序的微晶原子团,且是以硬球无序的密堆型排列的微晶结构。这种结构不存在周期重复的晶体有序区,故不存在晶界和晶界缺陷,从而改变了原来材料的表面性能,使其具有良好的耐蚀性能,使金属材料原来敏感的点蚀、晶间腐蚀、应力腐蚀和氢脆等易腐蚀性,都得到了较好的改善。采用这种镀层作为金属腐蚀表面的防护手段,在石油、化工、化肥、农药、医药、食品、能源、交通、电子、军工、机械等方面应用,显然是非常有意义的。

利用类似的方法,还可以制得 Co-P、Ni-C-P、Fe-P 等几种非晶态合金镀层,它们都具有耐蚀、耐磨等功能。

3.3.2 多功能薄膜——SnO_2

二氧化锡薄膜目前已在许多领域得到了广泛的应用,越来越受到有关科技工作者的重视。二氧化锡薄膜有纯 SnO_2 薄膜,有掺杂膜,还有复合膜,其中掺锑、掺磷、掺氟的 SnO_2 薄膜的应用最广。由于 SnO_2 具有良好的吸附性及化学稳定性,因此容易沉积在诸如玻璃、陶瓷材料、氧化物材料及其他种类的衬底材料上。SnO_2 薄膜的主要用途有:薄膜电阻器、透明电极、气敏传感器、太阳能电池、热反射镜、光电子器件、电热转换等。

当 SnO_2 薄膜作为电阻器使用时,由于它具有较低的电阻温度系数和良好的热稳定性,而且随着薄膜的厚度和掺杂的浓度以及掺杂的元素不同,可以将电阻温度系数控制在一个很小的范围内,因此用于制造高稳定性的薄膜电阻器。

当 SnO_2 薄膜作为气敏传感器时,一般是在绝缘基板上生长一层 SnO_2 薄膜,再引出电极。当环境中某种气体的含量变化时,SnO_2 薄膜的电阻随之变化。因此,这种固态气敏传感器具有灵敏度高,结构简单,使用方便,价格便宜等优点,近年来得到了迅速发展。SnO_2 薄膜传感器可用来探测 CO、CO_2、H_2、H_2S、乙醇等多种气体和烟尘,都有较理想的效果。SnO_2 薄膜的制备工艺简单,工艺类型繁多,较常使用的方法有化学气相沉积工艺、喷涂热解工艺、溅射工艺、蒸发工艺等。

3.3.3 电子信息材料

薄膜技术在工业上有着广泛的应用,特别是在当今和今后的电子工业领域中占有极其重要的地位。例如半导体超薄膜层结构材料,已成为当今半导体材料研究的热门课题。这种薄膜的迅速发展,不仅推动了半导体材料科学和半导体物理学的进步,而且以全新的设计思想,使微电子和光电子器件的设计从传统的"杂质工程"发展到"能带工程",显示出了以"电子特性和光学特性的剪裁"为特点的新发展趋势。这是 PN 结晶体管发明以来,半导体科学的一次最重大突破。由于超薄层微结构半导体材料要求精确地控制到原子、分子尺度(几个埃)的数量级,因此制备这种薄膜必须采用最先进的材料生长设备,如分子束外延(MBE)、金属有机物化学气相沉积(MOCVD)和化学束外延(CBE)等先进的材料生长设备和技术。

计算机存储最新技术的磁泡存储器,也是用无机薄膜。这种磁泡存储器是以无磁性的钆镓石榴石($Gd_{31}Ga_5O_{12}$)作衬底,用外延法生长上能产生磁泡的含稀土石榴石薄膜,如 $Eu_2Er_1Fe_{4.3}Ge_{0.7}O_{12}$、$Eu_1Er_2Fe_{4.3}Ga_{0.7}O_{12}$ 等的单晶膜。通过成分的调整,可以改变磁泡的泡径和迁移率等特性。其工作原理是,利用这种磁性材料的薄膜,在磁场加到一定大小时,磁畴会形成圆柱状的泡畴,貌似浮在水面上的水泡,以泡的"有"和"无"表示信息的"1"和"0"两种状态;由电路和磁场来控制磁泡的产生、消失、传输、分裂、以及磁泡间的相互作用,从而实现信息的存储、记录和逻辑运算等功能。其特点是:信息存储密度高($10^5 \sim 10^8$ 位/厘米^2)、体积小、功耗低、结构简单,以及信息无易失性等。其缺点是制造工艺复杂,目前成品率不高。可以用做磁泡存储器的薄膜还有非晶态磁泡材料,如 Gd-Co 和 Gd-Fe 薄膜。

PZT 类材料具有优良的铁电性和压电性,PZT 薄膜是在非压电基体上产生表面和体声波,从而应用于体声波换能器和表面声波换能器。例如,利用选择性气体吸附表面而导致声波速度的变化,发展了能检测百万分之几浓度的气体传感器、同轴超声换能器和压力传感器的小型化,使其应用于生物和医学领域成为可能。

无机薄膜在电子信息材料中得到了最广泛的应用,从普通的薄膜电阻器、薄膜电容器的介电体层,到大规模集成电路的门电极、绝缘膜、钝化晶体管膜,显示和记录用的透明导电膜、光电薄膜的发光层,以及储存信息用的磁盘、光盘、光磁盘等等,几乎应有尽有,琳琅满目,为当代电子信息技术的发展和小型化立下了汗马功劳。

3.3.4 硬质薄膜

硬质薄膜大大地改善了切削工具和耐磨工件的性能和寿命,尤其对航天航空工业发展起着重要的作用。用于燃料泵、促进器齿轮、轴承等部件的先进涂层应为耐磨蚀、耐磨损、低摩擦、有韧性的硬质薄膜。近年来,人们利用 CVD 工艺制备了单组分硬质薄膜,如氮化物、碳化物、氧化物等;多组分复合薄膜,如 TiC-TiN、TiC-VC、TiC-Al_2O_3 及 TiC-TiN-Al_2O_3 等。第二相的引入改善了其力学性能。采用纳米尺度复合层薄膜,可有效减小薄膜层中的应力,削除断面裂纹和缺陷。

3.3.5 膜分离

分离是膜的最基本的应用。同其他的方法相比,膜分离具有能耗低、选择性好、可在常温下进行等显著优点。陶瓷膜具有化学稳定性好、热稳定性好、抗菌性能优异、机械性能好、洁净无毒的优点,因而在食品、医药、化工、环保等领域有极大的应用前景。

最简单的膜分离当然是过滤,通过过滤可把粒径差别比较大的两种物质完全分开,如水中细菌的去除,就是通过膜孔的筛选作用完成的。但是,膜分离远非如此简单地只由孔径大小控制,它还与孔的其他性质密切相关,如孔形状、孔壁性质等;而且还与被分离物同孔的相互作用有关。就气体分离而言,可以分为如下四种机制:

第一种 Knudsen 扩散需用比较大的孔,扩散速率与分子质量的平方根成反比;第二和第三种机制与气体分子与孔壁的相互作用有关;第四种需用比较小的孔,是对不同大小的分子进行筛选。为了提高不同物质的分离系数,除了选择不同的膜外,还得对膜的孔径和孔壁进行修饰。对孔壁性质的修饰有着更为重要的意义,因孔径的改变是有限的,而孔壁的作用却是多种多样的。如醇-水在改性后的陶瓷膜上分离系数可以超过 100,这当然应该归功于孔壁性质的改善。

美国能源部正在研究和开发一种耐高温陶瓷膜,用于煤发电系统中的含硫(或氮)气体的除去,因为这些气体的存在,不仅会腐蚀涡轮系统,而且会造成环境污染。

Goldsmith 等用 Sol-gel 法在 4nm 氧化铝管陶瓷膜表面制得了孔径小于 0.5nm 的 SiO_2 修饰膜。450℃对 He/H_2 的分离系数到 190。蒋伯泉用 Sol-gel 法制备的 γ-Al_2O_3-SiO_2 修饰膜,活性膜层厚 75nm,薄膜孔径小于 0.5nm,对 H_2、He、N_2、CO_2、O_2 和 N_2O 等分子具有筛分效应。25℃对 H_2/CO_2 和 H_2/N_2 的分离系数分别为 753 和 417,可从工业废气(70% H_2)中回收 H_2(>99.5%)。

纳米薄膜与块体材料相比,其显著特点就是它的表面与体积比很大,晶粒很小。因薄膜有非常大的表面积、特殊的表面结构,调整表面电荷分布的非对称性以及非对称结构,它们能产生独特的优良性能,因而具有广泛的应用前景。

参考文献

1 张立德,牟季美著.纳米材料学.沈阳:辽宁科学技术出版社,1994
2 都有为.颗粒膜巨磁阻效应.功能材料,1995
3 刘颖力等.NiFe/Cu 多层薄膜的巨磁阻效应.功能材料,1995(增)
4 岳立萍,何怡贞等.Ge-SiO_2 纳米颗粒镶嵌膜的非线性光吸收研究.功能材料,1995(增)

5 姚守信编著.无机精细化工.成都:四川大学出版社,1994
6 赵文轸主编.材料表面工程导论.西安:西安交通大学出版社,1998
7 徐维新,薛文龙编译.精细陶瓷技术.上海:上海交通大学出版社,1989
8 曲喜新,杨邦朝等编著.电子薄膜材料.北京:科学出版社,1997
9 徐政,倪宏伟编著.现代功能陶瓷.北京:国防工业出版社,1998
10 赵化桥编著.等离子体化学与工艺.合肥:中国科技大学出版社,1993
11 金钦汉主编.微波化学.北京:科学出版社,1999
12 宋武林,朱蓓蒂等.超声波化学气相沉积新工艺.材料导报,1994(5)
13 严冬生.纳米材料的合成与制备.无机材料学报,1995,10(1)
14 赵永生等.PECVD 法制备 SnO_2 气敏膜.功能材料,1994,25(2)
15 徐甲强等.氧化铁薄膜的 PCVD.薄膜科学与技术,1991,14(2)
16 前田和夫.CVDにおるセンサ技術.センサ技術,1987(2)
17 河野昌.放電を利用した金属および化合物の蒸着法.エレワトロニセラミワス,1976,夏號
18 黑河治重.アルミナ膜 CVDの技術.エレワトロニセラミワス,1976,夏號
19 卢旭晨,李佑楚等.陶瓷薄膜制备与应用.材料导报,1999,13(6)
20 董远达,丁星兆.溶胶-凝胶工艺和氧化物气敏材料.功能材料,1992,23(1)
21 罗胜成,桂琳琳.多孔陶瓷膜与溶胶-凝胶法.大学化学,1993,8(6)

第四章 纳米固体材料

纳米固体材料,又称为纳米结构材料,可以简称为纳米材料。它是由颗粒或晶粒尺寸为 1~100nm 的粒子凝聚而成的三维块体。一般来说,各种材料其颗粒或晶粒尺寸减小到 1~100nm 时,都具有与常规材料不同的性质。

本章只介绍纳米固体材料的结构特点及界面研究方法,纳米固体材料的性能,制备方法和应用。

4.1 纳米固体材料结构特点

纳米固体材料的基本构成是纳米微粒加上它们之间的界面。由于纳米粒子尺寸小,界面所占体积分数几乎可与纳米微粒所占体积分数相比拟,因此纳米固体材料的界面不能简单地看成是一种缺陷,它已成为纳米固体材料基本构成之一,对其性能的影响起着举足轻重的作用。目前,关于纳米固体材料界面结构的模型主要有:类气态模型,短程有序模型,界面缺陷模型,界面结构可变模型等。这些模型看法不一,尚未形成统一的、系统的理论。

研究纳米固体材料微观结构对进一步了解纳米固体材料的特性十分重要。下面系统地介绍一下纳米固体材料的结构特点、界面结构模型、界面结构缺陷。

4.1.1 纳米固体材料的结构特点

采用 TEM、XRD 等对纳米固体材料的结构进行了研究,结果表明:

(1)纳米晶体材料是由晶粒组元(所有原子都位于晶粒的格点上)和晶界组元所组成;

(2)纳米非晶体材料是由非晶组元和界面组元所组成;

(3)纳米准晶体材料是由准晶组元和界面组元所组成,晶粒组元、非晶组元和准晶组元统称为颗粒组元,晶界组元和界面组元统称为界面组元。

界面组元具有以下两个特点:

(1)原子密度降低;

(2)最近邻原子配位数变化。

界面部分的平均原子密度比同成分的晶体少 10%~30%,而典型的非晶体密度大约为同成分晶体密度的 96%~98%。也就是说,界面密度的减少大约是非晶体密度减少的 5~10 倍。同时,晶界的原子间距差别也较大,导致最近邻原子配位数的变化。

颗粒组元体积分数

$$R = 3\delta/d \tag{4.1}$$

式中,δ 为界面平均厚度;d 为颗粒组元的平均直径。界面体积分数

$$C_t = 3\delta/(d+\delta) = 3\delta/D \tag{4.2}$$

式中，D 为颗粒的平均直径，且

$$D = \delta + d \tag{4.3}$$

假设粒子为立方体，则单位体积内的界面面积 S_t 为

$$S_t = C_t \Delta V / \delta \Delta V \tag{4.4}$$

单位体积内包含的界面数为

$$N_f = S_t / D^2 \tag{4.5}$$

如果颗粒组元的平均直径 d 为5nm，界面的平均厚度 δ 为1nm，则用上述公式可得：界面体积分数 $C_t \approx 50\varphi\%$，单位体积内的界面面积 $S_t \approx 500 m^2/cm^2$，单位体积内包含的界面数 $N_f \approx 2 \times 10^{19}/cm^3$。这样庞大的界面对纳米固体材料的性能将产生很大的影响。

纳米晶体界面的原子结构取决于相邻晶粒的相对取向及晶界的倾角。如果晶粒的取向是随机的，则晶界将具有不同的原子结构。这些结构可由不同的原子间距加以区分。界面组元是所有这些界面结构的组合。如果所有界面的原子间距各不相同，则这些界面的平均结果将导致各种可能的原子间距取值。因此，可以认为界面组元的微观结构与长程有序的晶态不同，也与短程有序的非晶态不同，是一种新型的结构。

纳米非晶的结构与纳米晶体不同，它的颗粒组元是短程有序的非晶态，界面组元内原子排列更混乱，是一种无序程度更高的纳米材料。上述计算纳米晶体界面的公式，原则上也适用于纳米非晶材料。

4.1.2 纳米固体材料的界面结构模型

纳米固体材料的结构研究，主要应该考虑：颗粒的尺寸、形态及分布，界面的形态、原子组态或键组态，颗粒内和界面内的缺陷种类、数量及组态，颗粒和界面的化学组成，杂质元素的分布等。其中界面的微观结构是影响纳米材料性能的最重要的因素。与常规材料相比，庞大体积的界面对纳米材料的性能负有重要的责任。对纳米材料的结构研究一直是热点课题。许多人依据自己的实验提出了不同的界面结构模型，有些是互相矛盾的。下面简单介绍一下各种关于界面结构模型的学说。

1. 类气态模型

类气态模型是 Gleiter 教授于1987年提出的关于纳米晶体的界面结构模型。他认为纳米晶体的界面原子的排列，既没有长程有序，也没有短程有序，是一种类气态的、无序程度很高的结构。该模型与大量事实有出入。自1990年以来文献上不再引用该模型，Gleiter 教授也不再坚持这个模型。

2. 有序模型

有序模型认为纳米材料的界面原子排列是有序的。Thomas 和 Siegel 根据高分辨 TEM 的观察，认为纳米材料的界面结构和常规粗晶材料的界面结构本质上没有太大差别。Eastman 对纳米材料的界面进行了 XRD 和 EXAF 的研究，在仔细分析多种纳米材料的实验结果基础上，提出了纳米材料的界面原子排列是有序的或者是局域有序的。Ishida 用高压高分辨 TEM 观察到了纳米晶 Pd 的界面中局域有序化的结构，并观察到只有有序晶体中才出现的孪晶、层错和位错亚结构。根据这些实验事实，他们提出纳米材料的界面是扩展有序的。

Lupo 等人于1992年采用分子动力学和静力学计算了在300K时纳米晶 Si 的径向分布

函数,结果发现纳米晶 Si 和常规单晶 Si 在径向分布函数上有差别。当界面原子间距 $\gamma_a \leq d/2$(d 为粒径)时,径向分布函数类似于常规多晶,但分布函数峰的幅度随原子间距单调下降,而常规多晶是起伏的。当界面原子间距 $\gamma_a > d/2$ 时,径向分布函数类似于常规非晶。据此,他们提出纳米材料的界面有序是有条件的,主要取决于界面的原子间距和颗粒大小。当 $\gamma_a \leq d/2$ 时,界面为有序结构;当 $\gamma_a > d/2$ 时,界面为无序结构。

3. 结构特征分布模型

结构特征分布模型的观点是:纳米材料的界面不是单一的、同样的结构,界面结构是多种多样的。在庞大的界面中,由于在能量、缺陷、晶粒取向、杂质偏聚上的差别,纳米材料的界面结构存在一个分布,它们都处于无序到有序的中间状态。有的是无序,有的是短程有序,有的是扩展有序,有的甚至是长程有序。这个结构特征分布受制备方法、温度、压力等因素的影响很大。随着退火温度的升高或压力的增大,有序或扩展有序界面的数量增加。该模型可以把所有用各种方法观察到的界面结构上的差异统一起来。

有人用高分辨 TEM 观察了纳米晶 Pd 块体的界面结构,在同一个试样中既看到了有序界面,也看到了无序界面。

4.1.3 纳米固体材料的结构缺陷

缺陷是实际晶体结构偏离了理想晶体结构的区域。纳米材料结构中平移周期遭到很大破坏,界面原子排列比较混乱,界面中原子配位不全使得缺陷增加。另外,纳米粉体压成块体后,晶格常数会增大或减小,晶格常数的变化也会使缺陷增加。这就是说,纳米材料实际上是缺陷密度十分高的一种材料。纳米材料的结构缺陷也有三种类型:点缺陷(空位、空位对、空位团、溶质原子、杂质原子等)、线缺陷(位错、刃型位错、螺型位错、混合型位错等)、面缺陷(层错、相界、晶界、三叉晶界、孪晶界等)。下面重点介绍一下对纳米材料性能影响较大的:位错、三叉晶界和空位。

1. 纳米材料中的位错

纳米材料诞生不久,有人认为纳米材料中存在大量点缺陷,而无位错。理由是位错增殖的临界切应力与 F-R 源的尺度成反比。一般来说,F-R 源的尺度远小于晶粒尺寸,而纳米材料中的晶粒尺寸十分小,如果在纳米微粒中存在 F-R 源的话,其尺寸就更小。这样开动 F-R 源的临界切应力就非常大,粗略估计比常规晶体大几个数量级。这样大的临界切应力一般很难达到。因此,位错增殖在纳米晶内不会发生,所以在纳米晶体内很可能无位错。即使有位错,位错密度也很低。

另一种观点认为:除了存在点缺陷外,纳米晶体内在靠近界面的晶粒内存在位错,但位错的组态、位错运动行为都与常规晶体不同。例如没有位错塞积,由于位错密度低而没有位错胞和位错团,位错运动自由程很短。

目前,许多人用高分辨 TEM 分别在纳米晶 Pd 中观察到位错、孪晶、位错网络等。图4.1为纳米晶 Pd 中的位错和孪晶的高分辨像。

俄国 Gryaznov 等人从理论上分析了纳米材料的小尺寸效应对晶粒内位错组态的影响,对多种金属纳米晶体的位错组态发生突变的临界尺寸进行了计算。他们认为:当晶粒尺寸与德布洛意波长或电子平均自由程差不多时,由于量子尺寸效应,使许多物理性质发生变化。当粒径小于某一临界尺寸时,位错不稳定,趋向于离开晶粒;当粒径大于此临界尺

 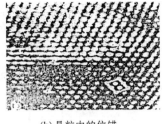 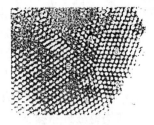

(a) 晶界中的位错　　　　　(b) 晶粒内的位错　　　　　(c) 晶粒内的孪晶

图 4.1　纳米晶 Pd 中缺陷的高分辨像

寸时,位错稳定地处于晶粒中。位错稳定存在的临界尺寸

$$l_p \approx Gb/\sigma_p \tag{4.6}$$

式中,G 为剪切模量;b 为柏氏矢量;σ_p 为点阵摩擦力。所计算的 Cu、Al、Ni、α-Fe 纳米块体位错稳定存在的临界尺寸见表 4.1。从中可见,同一种材料,粒子的形状不同,位错稳定存在的临界尺寸不同。

表 4.1　某些金属纳米晶体的位错稳定存在的临界尺寸

金 属 纳 米 晶 体	Cu	Al	Ni	α-Fe
G/GPa	33	28	95	85
b/nm	0.256	0.286	0.249	0.245
$\sigma_p/10^{-2}$GPa	1.67	6.56	8.7	45.5
l_p/nm（球形粒子）	38	18	16	3
l_p/nm（圆柱形粒子）	24	11	10	2

2. 纳米固体材料中的三叉晶界

三叉晶界是三个或三个以上相邻晶粒之间的交叉区域。纳米材料中的三叉晶界体积分数高于常规多晶材料,因而对力学性能影响很大。Palumbo 等人假设三叉晶界为三棱柱,见图 4.2 所示。从中可见,整个界面可分为晶界区和三叉晶界区。这两个区域的体积总和称为晶间区体积。晶间区是指每个

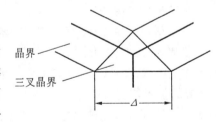

图 4.2　三叉晶界示意图

十四面体的厚度为 $\Delta/2$ 的表皮区域。对于粒径为 d 的纳米晶块体,其总晶间体积分数可表示为

$$V = 1 - [(d-\Delta)/d]^3 \tag{4.7}$$

晶界体积分数为

$$V_I = [3\Delta(d-\Delta)^2]/d^3 \tag{4.8}$$

三叉晶界体积分数为

$$V_{II} = V - V_I = 1 - [(d-\Delta)/d]^3 - [3\Delta(d-\Delta)^2]/d^3 \tag{4.9}$$

式(4.7)、(4.8)、(4.9)在 $d > \Delta$ 时有效。当 $d < 10$nm 时,由式(4.7)计算的总晶间体积与用式(4.2)$C_t = 3\delta/d$ 计算的结果一致。

三叉晶界体积分数对晶粒尺寸的敏感度远远大于晶界体积分数。当粒径 d 从 100nm 减小到 2nm 时,三叉晶界体积分数增加了三个数量级,而晶界体积分数仅增加约一个数量级。这就意味着三叉晶界对纳米晶块体材料性能的影响将是非常大的。

Bollman 曾经指出,三叉晶界可描述为螺旋位错结构,它的结构依赖于相邻晶粒特有的晶体学排列。随相邻晶粒取相混乱程度增加,三叉晶界中缺陷增多。

3. 纳米固体材料中的空位

在纳米材料中,界面(包括晶界和三叉晶界)体积分数比常规多晶大得多,界面中的原子悬键较多,使得空位、空位团和孔洞等点缺陷增加。

单空位主要存在于晶界上,是由于纳米固体颗粒在压制成块体时形成的。因为纳米材料庞大的界面中原子排列比较松散,压制过程中很容易造成点阵缺位在界面中随机分布。

空位团主要分布在三叉晶界上。它的形成一部分归结为单空位的扩散凝聚,另一部分是在压制块体时形成的。空位团一般都很稳定,在退火过程中,即使晶粒长大了,空位团仍然存在。这是因为在退火过程中三叉晶界不能被消除。

孔洞一般处于晶界上。孔洞存在的数量决定了纳米材料的致密程度。孔洞随退火温度的升高和退火时间的加长会收缩,甚至完全消失,这个过程主要靠质量迁移来实现。

目前关于纳米材料的致密化问题有两种观点:一种观点认为是由于纳米微粒的团聚现象在压制成型过程中硬团聚很难被消除,这样就把硬团聚体中的孔洞残留在纳米材料中,即使高温烧结也很难消除掉,因此不加任何添加剂的烧结,纳米相材料的致密度只能达到约 90%。另一种观点认为纳米微粒表面很容易吸附气体,在压制成型过程中很容易形成气孔,一经烧结,气体跑掉了,自然会留下孔洞,这是影响纳米相材料致密化的一个重要原因。

Gleiter 教授曾估计,用真空蒸发原位加压法制备的金属纳米晶块体,致密度达到 90% ~ 97%,孔洞一类缺陷降低,界面组元的平均原子密度只比晶内的少 8%,这就说明用这种方法制备的纳米晶材料是很致密的。但对纳米相材料,界面组元的平均原子密度要比晶内的低 20%,这也说明了纳米相材料用一般压制和烧结方法很难获得高致密度。这主要归结为孔洞的存在,因而孔洞率的问题是决定纳米材料致密化的关键。

4.2 纳米固体材料界面的研究方法

纳米固体材料的界面结构对性能有重要影响,其界面到底有什么特点?与常规材料和非晶材料有什么差别?这一直是人们十分感兴趣的问题。纳米固体材料的界面结构研究方法有许多种,其中主要有:XRD、TEM、正电子湮没、Mössbauer 谱等。

4.2.1 XRD 结构分析

1987 年,Gleiter 教授首先用 XRD 方法研究了纳米晶 Fe 的界面结构。图 4.3 为 Fe 的纳米微粒、纳米块体、界面组元的 XRD 曲线。从中可见,界面组元的 XRD 曲线不同于非晶 Fe,却类似于气态 Fe 的结构。

X.Zhu 计算了纳米晶 Fe 的 XRD 衍射强度。晶粒组元与界面组元的干涉函数

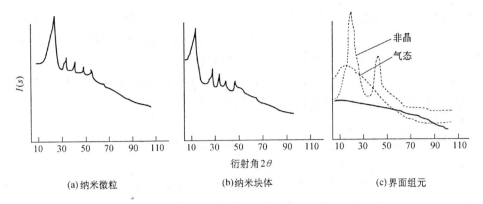

图 4.3 Fe 的纳米微粒、纳米块体、界面组元的 XRD 曲线

$$I(s) = 1/N \mid \sum_{j=1}^{N} \exp(2\pi i(r_j \cdot s)) \mid^2 \tag{4.10}$$

式中，$\mid s \mid = 2\sin\theta/\lambda$；$N$ 为系统的总原子数；r_j 为 j 原子的位矢。

如果认为界面结构为短程有序，则理论计算结果与实测值不能很好符合，但若采用短程无序的界面模型，则计算得到的 $I(s)$ 不但所有衍射峰的高度和宽度能与实测值很好地一致，而且能大致符合本底强度。计算结果示于图 4.4。

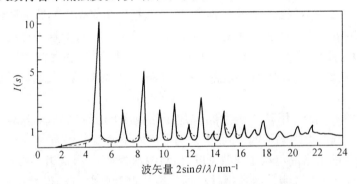

图 4.4 纳米晶 Fe 的 XRD 谱与理论计算值的比较
- - - - 实验结果；—— 计算结果

1992 年，Fitzsimmons 和 Eastman 对纳米晶 Pd 进行了 XRD 研究。他们对布拉格衍射强度采用 Lorentzian 函数代替传统的 Gaussia 函数，并把纳米晶 Pd 与粗晶 Pd 衍射背景进行了比较，结果见图 4.5。从中可见，当散射矢量幅度大于 0.4nm^{-1} 时，纳米晶 Pd 与粗晶 Pd 衍射背景无多大差别；当小于 0.4nm^{-1} 时，两者衍射背景有些差别，但这主要是低强度衍射拟合过程中的误差。这说明纳米固体材料的结构是有序的。如果按类气态模型，纳米材料

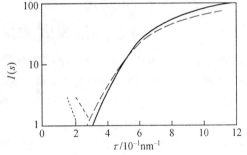

图 4.5 纳米晶 Pd 与粗晶 Pd 的 XRD 衍射背景
—— 粗晶多晶 Pd；- - - - 纳米晶 Pd

界面原子运动距离相当大，衍射背景强度相当高，显然这不符合事实。

Eastman 研究了纳米晶 Pd 的氢化行为,结果见图 4.6。图(a) 所示为充氢前 XRD,为 α-Pd;图(b) 为充氢一段时间后的 XRD,为 α-Pd 和 β-PdHx;图(c) 为进一步充氢的 XRD, α-Pd 全部转变成 β-PdHx。这说明纳米晶 Pd 的界面不是扩展的无序晶界,因为扩展的无序晶界会阻止 α-Pd 转变成 β-PdHx,这就进一步证明纳米晶 Pd 的界面是有序的。

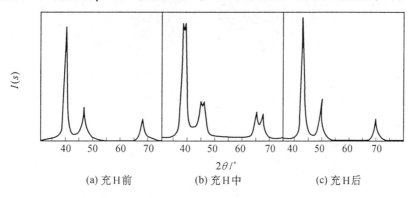

(a) 充 H 前　　　(b) 充 H 中　　　(c) 充 H 后

图 4.6　纳米晶 Pd 充氢过程 XRD 谱

4.2.2　TEM 结构观察

高分辨 TEM 是直接观察纳米材料的结构,尤其是界面结构的一种有效方法。Thomas 等人对纳米晶 Pd 的界面结构进行了高分辨 TEM 观察,没有发现界面内存在扩展的无序结构,原子排列有序程度很高,与常规粗晶材料的界面没有明显差别,见图 4.7。

Ishida 对纳米晶 Pd 的高分辨 TEM 观察发现,在晶粒中存在孪晶,纳米晶靠近界面的区域有位错亚结构存在。图 4.8 是纳米晶 Pd 界面结构的高分辨像。从中可见,纳米晶 Pd 的界面基本上是有序的。Ishida 把它称为扩展的有序结构(extended ordered structure)。

　　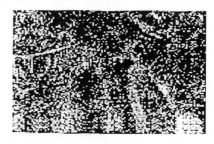

图 4.7　纳米晶 Pd 的 TEM 高分辨像　　图 4.8　纳米晶 Pd 界面结构的高分辨像

Siegel 等人对 TiO_2(金红石)纳米相材料的界面进行了高分辨 TEM 观察,没有发现无序结构存在。李斗星用先进的 400E 高分辨 TEM 在纳米晶 Pd 的同一试样中,既观察到界面原子的有序排列,也观察到混乱原子排列的无序界面,见图 4.9。

这里应指出,在用 TEM 观察纳米材料界面结构时,有以下两个问题应该考虑:

(1) 试样制备过程中界面结构弛豫问题。制备 TEM 试样时,由于应力松弛,导致纳米材料界面结构弛豫,使观察的结果可能与原始状态有很大差别。

(2) 电子束诱导界面结构弛豫问题。高能量的电子束照射薄膜试样表面可能导致局部过热,而产生界面结构弛豫。纳米材料界面内原子扩散速度快,原子弛豫激活能小,即使在低温下电子束轰击也会对纳米材料界面的原始状态有影响。

图 4.9 纳米晶 Pd 界面的高分辨像

虽然存在界面结构弛豫问题,但是 TEM 仍不失为直接观察纳米材料界面结构的有效手段。

4.2.3 原子径向分布几率函数 $W(r)$ 研究

纳米晶界面组元的原子径向分布几率函数 $W(r)$ 见图 4.10。它是根据对界面结构的最佳拟合计算得到的。从中可见,该分布非常平展,所有可能的原子间距以相似的几率出现,不存在优先的原子间距。尤其是代表短程有序的最近邻原子间距分布的尖而高的峰消失了。这显然与长程有序的晶体结构的 $W(r)$ 不同,也与短程有序的非晶体结构的 $W(r)$ 不同,表明纳米晶界面组元既不是长程有序,也不是短程有序。

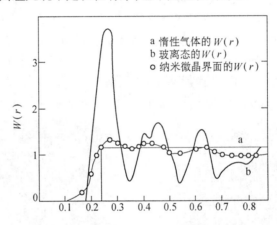

图 4.10 纳米晶界面组元的原子径向分布函数 $W(r)$

对于纳米非晶材料,由于颗粒组元本身是非晶态的,因此是一种无序程度较高的纳米材料。纳米非晶材料的界面结构与纳米晶材料的界面结构有何不同也一直是人们关注的问题。采用 TEM 和 XRD 方法很难给出界面结构的定量数据,而采用 X 射线径向分布函数(RDF)研究纳米非晶材料的界面结构非常有效。表 4.2 为纳米非晶氮化硅的 RDF 研究结果。从中可见:

(1) 各种热处理纳米非晶氮化硅的 Si-N 键长相同;

(2) 纳米非晶氮化硅的 Si-N 平均配位数明显小于常规晶态(CN 为 3 或 4)和非晶态(CN 为 2.91 或 3.87);

(3) 各种热处理后的 Si-Si 键长基本相同。

表 4.2　纳米非晶氮化硅块体的配位数和键长

热处理	未热处理	437K × 6h	837 K × 6h	1 073 K × 6h	1 273 K × 6h
第一峰峰位 /nm（Si-N 键长）	0.171	0.171	0.172	0.172	0.171
最近邻 Si-N 配位数（CN）	2.66	2.20	2.94	2.79	2.86
第二峰峰位 /nm（Si-Si 键长）	0.298	0.298	0.297	0.301	0.298

不同热处理试样的平均键长(Si-N 键长或 Si-Si 键长)几乎相同,只能认为颗粒内和界面内平均键长不随热处理而变化,才能与实验结果相符。因此,没有理由认为界面内的 Si-N 键长或 Si-Si 键长是变化的,原子排列是混乱的。而用短程有序描述纳米非晶材料的界面结构是合理的。由 XPS 测得纳米非晶氮化硅中的 N∶Si 比小于常规非晶氮化硅中的 N∶Si 比(1.29)。而常规非晶氮化硅中为典型的 Si-N_4 四面体短程有序结构。如果纳米非晶氮化硅块体中颗粒组元的短程有序与常规非晶氮化硅类似的话,那么可以推断,纳米非晶氮化硅块体的界面结构是一种偏离了 Si-N_4 四面体的短程有序结构。

4.2.4　扩展 X 射线吸收谱(EXAFS)研究

Haubold 等人观察到纳米晶 Pd 和 Cu 的扩展 X 射线吸收谱幅度比粗晶材料低,见图 4.11,他们认为这是由于纳米晶中界面原子混乱排列引起的。

但是,Eastman 等人对 Pd 的块体、粉体、粗晶的 EXAFS 实验表明,纳米晶 Pd 的块体的 EXAFS 幅度确实比粗晶的低,纳米晶 Pd 的粉体的 EXAFS 幅度比纳米晶 Pd 的块体的还要低。粉体中界面占的体积分数极小,可以忽略不计。因此认为 EXAFS 幅度的降低并不是由于界面原子混乱排列所引起的,从而否定了纳米材料界面是无序的观点。

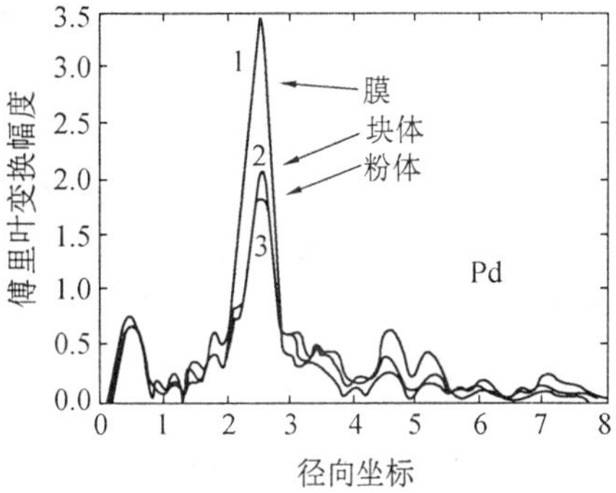

图 4.11　Pd 的 EXAFS 傅里叶变换幅度与径向坐标的关系

4.2.5　穆斯堡尔(Mössbauer)谱学研究

穆斯堡尔效应是一种无反冲的核 γ 射线的共振吸收现象。由于原子核与其核外电子、近邻原子及晶体结构之间存在相互作用,Mössbauer 谱可以直接给出有关这些微观结构的信息。

Birringer 和 Herr 等人测量了纳米晶 Fe 的 Mössbauer 谱,见图 4.12。谱线 1 和谱线 2 分别代表了晶态 α-Fe 的晶粒组元和界面组元。与晶粒组元相比,谱线 2 具有较强的超精细磁场、以及线宽和同质异能移的增加。认为谱线 2 是纳米晶 Fe 的界面组元产生的,是因为随热处理退火过程中晶粒长大,谱线 2 趋于消失。

纳米晶 Fe 的界面引起的谱线 2 同质异能移的增加,表明界面组元的电子密度减小,这是由于界面中原子间距较大所致。由于界面密度减小,最近邻原子间距增大,导致单位原子的磁矩增大,因而造成超精细磁场增强。谱线 2 线宽增大也归因为界面组元的原子结构的变化。谱线增宽是由于共振是原子间距不同的原子的贡献的总和,界面结构使超精细磁场的分布增宽,因而导致谱线增宽。

综上所述,纳米晶界面的原子分布与常规多晶体不同。

4.2.6 正电子湮没(PAS)研究

正电子射入材料中时,在与周围达到热平衡后,通常要经历一段时间才会和电子湮没,这段时间称为正电子寿命。材料中的空位、孔洞和位错等缺陷强烈吸引正电子,使其处于被束缚状态。处于自由态或束缚态的正电子都会和电子湮没同时发射出 γ 射线。正电子湮没谱为不同正电子寿命与湮没事件数之间的关系图谱。通过对图谱分析,可得到在不同空位型缺陷中与电子湮没的正电子寿命、材料的电子结构或缺陷结构的有用信息。

H.E.Schaefer 和 R.Murschum 等人用 NaCl 正电子源,对纳米晶 Fe、Cu、Pd 等进行了正电子寿命谱测量,结果见图 4.13 及表 4.3。结果表明,纳米晶的正电子湮没寿命谱与纳米微粒、常规粗晶及非晶的都不同。纳米晶金属块体中,存在着界面中的单空位尺寸的自由体积、三叉晶界处的微空隙以及构成纳米晶金属块体结构元素的大空隙等。从而进一步证实纳米晶金属材料具有与常规晶态和非晶态均不相同的结构特点。

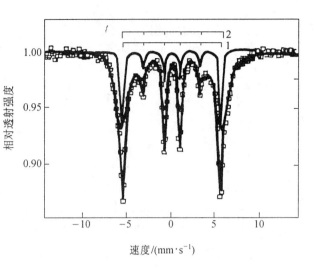

图 4.12 77K 时纳米晶 Fe 的 Mössbauer 谱
1— 纳米晶 Fe 晶粒组元; 2— 纳米晶 Fe 界面组元

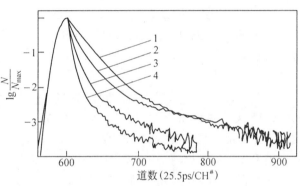

图 4.13 室温下 Fe 的正电子湮没寿命谱
1— 纳米微粒 Fe; 2— 纳米晶; 3— 非晶态 Fe; 4— 粗晶 Fe

表 4.3 纳米晶 Fe、Cu、Pd 的正电子湮没寿命(τ)及其强度(I)

	纳 米 晶 金 属					常规多晶金属		
p /GPa	τ_1/ps	τ_2/ps	I_1/I_2	τ_3/ps	I_3/%	τ_f/ps	τ_v/ps	τ_p/ps
Cu 0.061	152 ± 8	347 ± 3	0.30	1 800 ± 100	1.5 ± 0.4	112	179	164
0.183	187 ± 11	354 ± 16	2.53	1 500 ± 100	1.5 ± 0.1			
5.0	165 ± 3	322 ± 4	0.57	2 600 ± 300	0.2 ± 0.0			
Pd 5.0	142 ± 3	321 ± 6	0.72	700 ± 100	2.6 ± 0.7	108	168	171
Fe 4.5	185 ± 5	337 ± 5	0.63	4 100 ± 400	8.5 ± 0.5	106	175	167

其中:τ_f 粗晶多晶的正电子自由态湮没寿命;

τ_v 单空位的正电子湮没寿命;

τ_p 经过弹性变形的正电子湮没寿命。

4.2.7 核磁共振(NMR)研究

具有磁矩的粒子(原子、离子、电子、原子核等)在磁场中形成若干分裂的塞曼能级。在适当的交变电磁场作用下，可以激发粒子在这些能级间共振跃迁，这就是核磁共振现象。通过对这种核在塞曼能级间跃迁而产生的吸收谱的分析，就能获得固体的结构，特别是近邻原子组态、晶体缺陷、电子结构和晶体点阵的运动的丰富信息。

纳米材料的原子组态和电子结构对其性能也有一定影响。我国科技工作者用核磁共振技术对纳米材料的微观结构进行了研究，取得一定的成果。对纳米 Al_2O_3 块体和粉体的核磁共振实验结果见图 4.14。从中可见，在相同热处理条件下，P_2 峰的峰形、半高宽度和化学位移等参数基本相同。这表明纳米 Al_2O_3 块体的庞大界面内 Al 核的近邻和次近邻原子组态、分布、距离基本与颗粒内相同，而纳米材料的界面组元和颗粒组元在结构上的差别主要是大于次近邻的范围。这表明纳米 Al_2O_3 块体的界面在近程范围是有序的，不是类气态结构。

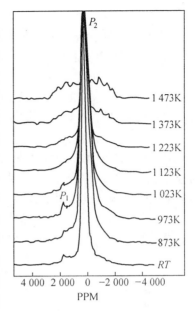

图 4.14 纳米 Al_2O_3 块体和粉体的核磁共振谱

4.2.8 电子自旋共振(ESR)研究

电子自旋能级在外加静磁场作用下会发生塞曼分裂，如果在垂直于磁场方向加一交变磁场，当它的频率满足 $h\nu$ 等于塞曼能级分裂间距时，处于低能态的电子就会吸收交变磁场的能量，跃迁到高能态。原来处于高能态的电子，也可以在交变磁场的诱导下，跃迁到低能态，这就是电子自旋共振。用 ESR 研究未成键电子数、悬键的类型、数量以及键的结构和特征是非常有效的。

一般认为，单一类型的悬键，ESR 信号是对称的，如果出现不对称，可以肯定存在几种类型的悬键结构，是这几种 ESR 信号的叠加。我国科技工作者研究了纳米非晶氮化硅块体

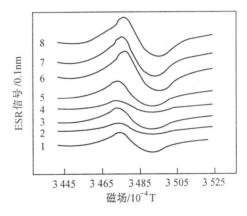

图 4.15 纳米非晶氮化硅块体不同热处理条件下的 ESR 谱

曲线 1~8 分别对应热处理温度 RT、473K、673K、873K、1 073K、1 273K、1 473K、1 573K

不同热处理条件下的 ESR 谱，结果见图 4.15。从中可见，ESR 信号均为非对称，但随退火温度的提高，对称性有所改善。这是由于纳米非晶氮化硅块体的 g 因子(反映未成键电子的性质及键的类型)和自旋浓度都比常规的 Si_3N_4 的值大。这种大的偏离反映了纳米态和常规态的键结构有很大差别。纳米非晶氮化硅由于界面组元存在配位不全，很可能包含大量的悬键和不饱和键。进一步分析表明，纳米非晶氮化硅悬键数量比微米 Si_3N_4 高 2~3 个数量级。纳米非晶氮化硅存在几种类型的悬键，在热处理过程中以不同形式结合、分解，最后

只存在稳定的 Si-SiN₃ 悬键。

4.2.9 喇曼(Raman)光谱研究

当光照射到物质上时,会发生非弹性散射,散射光中除有与激发光波长相同的弹性成分外,还有比激发光波长的和短的成分,后一现象统称为喇曼效应。由分子振动、固体中的光学声子等元激发与激发光相互作用产生的非弹性散射,称为喇曼散射。喇曼散射与晶格振动密切相关。只有一定的晶格振动模才能引起喇曼散射。因此用喇曼散射谱可以研究固体中的各种元激发的状态。

纳米材料中的颗粒组元和界面组元由于有序程度有差别,两种组元中对应同一种键的振动模就会有差别。这样就可以通过分析纳米材料和粗晶材料喇曼光谱的差别,来研究纳米材料的结构和键态特征。

图 4.16 给出了不同温度烧结的纳米相 TiO_2 块体的喇曼光谱。从中可见,喇曼光谱随烧结温度增加发生明显变化。与粗晶多晶金红石相比,峰有宽化和蓝移现象,并出现一新峰。

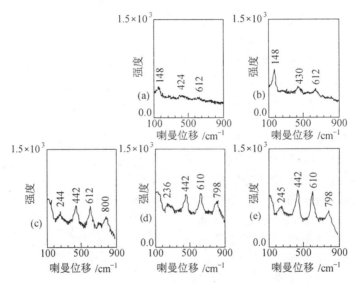

图 4.16　不同温度烧结的纳米相 TiO_2 块体的喇曼光谱

关于纳米相 TiO_2 与常规多晶 TiO_2 在喇曼光谱上表现的差异有两种解释:一是颗粒度的影响;二是氧缺位的影响。J.C.Parker 认为氧缺位的影响是根本原因。因为他们在 Ar 气和真空中烧结,喇曼光谱不发生变化;而在氧气中烧结,喇曼光谱发生明显变化。后来许多人对金红石、锐钛矿 TiO_2 在 $k = 0$ 处进行点阵计算,证明了纳米相 TiO_2 与典型的金红石、锐钛矿结构尚有差别,很可能是由于界面组元的结构发生了较大的偏离。

当纳米材料颗粒尺寸减小到某一临界尺寸,其界面组元所占体积分数可与颗粒组元相比拟时,界面对喇曼光谱的贡献会导致新的喇曼峰出现。对纳米 SnO_2 块体的喇曼光谱随颗粒尺寸的变化进行了研究,结果见图 4.17。从中可见,颗粒尺寸小于8nm时,存在一蟹爪式 P_1 和 P_2 峰。颗粒尺寸大于8nm时,P_1 峰消失,只剩下 P_2 峰。继续增加退火温度,P_2 峰位不变,强度增加,峰形变锐,与粗晶的喇曼光谱基本类似。上述结果表明,当颗粒尺寸小于某一临界值时,P_1 峰的出现很可能是界面组元的贡献。

4.2.10 结构的内耗(IF)研究

内耗是物质的能量耗散现象。一个自由振动的固体,即使与外界完全隔离,它的机械能也会转化成热能,从而使振动逐渐衰减。这种由于内部原因使机械能逐渐被消耗的现象称为内耗(internal friction)。可以用来研究材料内部的微观结构和缺陷。

纳米材料的基本构成与常规材料不同,其微观结构,特别是界面的结构、缺陷都有其独特的特征。由于纳米材料存在界面结构弛豫问题,用 TEM 研究结构有一定的困难。而 XRD 只能给出静态结果。对纳米材料中的原子、缺陷和界面等的动态行为的研究,采用内耗方法比较有效。

我国科技工作者对纳米相 ZrO_2 块体进行了内耗研究,结果示于图 4.18。从中可见,未退火的原始试样,在高背景上附加一个很宽的内耗峰。973K 退火,内耗背景陡降,内耗峰变得不明显。1 173K 退火,内耗变化不大。原始纳米相 ZrO_2 块体,高背景内耗是由于压制过程中产生的畸变所致,其上面附加的很宽的内耗峰是弛豫性质的。因为升降温测量,该峰的峰形不变;模量测量,该峰对应一个大的模量亏损;变频测量,峰位发生移动。这些现象的产生都与纳米相 ZrO_2 块体界面的粘滞性有关。高温退火后,内耗峰消失,是由于纳米材料在退火过程中界面结构弛豫,使原来比较混乱的原子排列趋于有序化。

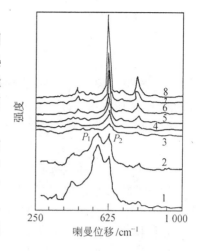

图 4.17 不同热处理的纳米 SnO_2 块体的喇曼光谱

1—未热处理; 2—473K; 3—673K;
4—873K; 5—1 073K; 6—1 323K;
7—1 623K; 8—粗晶未处理

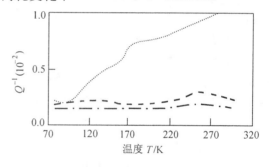

图 4.18 纳米相 ZrO_2 块体的内耗与退火温度的关系
⋯⋯ 原始压缩态; —·— 973K × 15h;
— — — 973K × 15h + 1 173K × 18h

4.3 纳米固体材料的性能

纳米固体材料的结构与常规材料相比发生了很大变化,颗粒组元细小到纳米数量级,界面组元大幅度增加,可使材料的强度、韧性和超塑性等力学性能大为提高,并对材料的热学、光学、磁学、电学等性能产生重要的影响。因此引起人们极大的兴趣。

4.3.1 纳米固体材料力学性能

20 世纪 90 年代,关于纳米固体材料力学性能的研究,观察到一些新现象,发现一些新规律,提出一些新看法,但尚未形成成熟的理论。下面就几个比较重要的问题分别给以介绍。

1. 强度和硬度

Hall-Petch 关系是常规多晶材料的屈服强度或硬度与晶粒尺寸之间的关系,它是建立

在位错塞积理论基础上的,经过大量实验的证实,总结出来经验公式

$$\sigma_y = \sigma_0 + Kd^{-1/2} \tag{4.11}$$

$$H = H_0 + Kd^{-1/2} \tag{4.12}$$

这一普遍的经验公式,对各种粗晶材料都是适用的,K值为正数。这就是说,随晶粒直径的减小,屈服强度或硬度都增加,它们都与$d^{-1/2}$成线性关系。

对各种纳米固体材料的硬度与晶粒尺寸的关系进行了大量研究,归纳起来有五种情况:

(1) 正 Hall-Petch 关系($K > 0$)

用机械合金化法制备的纳米晶材料 Fe 和 Nb_3Sn,用水解法制备的 $\gamma\text{-}Al_2O_3$ 和 $\alpha\text{-}Al_2O_3$ 纳米相材料等,其硬度均服从正 Hall-Petch 关系,与常规多晶材料的规律相同,见图 4.19。

(2) 反 Hall-Petch 关系($K < 0$)

用蒸发凝聚原位加压法制备的 Pd 纳米晶材料,其硬度服从反 Hall-Petch 关系,这种关系在常规多晶材料中从未出现过,见图 4.19。

(3) 正-反混合 Hall-Petch 关系

由蒸发凝聚原位加压法制备的 Cu 纳米晶材料,以非晶晶化法制备的 Ni-P 纳米晶材料,其硬度随晶粒直径的平方根的变化并不是单调上升或单调下降,而是存在一个拐点(d_c):

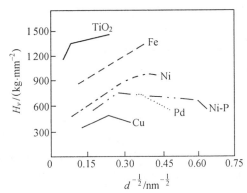

图 4.19 纳米材料的维氏硬度与 $d^{-1/2}$ 的关系
- - Fe; - · - Ni; —— Cu; …… Pd;
—— TiO_2; - ·· - Ni-P

当 $d > d_c$ 时,呈正 Hall-Petch 关系($K > 0$);

当 $d < d_c$ 时,呈反 Hall-Petch 关系($K < 0$)。

这种现象是在常规多晶材料中从未见过的新现象,见图 4.19。

(4) 斜率 K 变化

在纳米材料中,还观察到随晶粒直径的减小,斜率 K 变化:

对正 Hall-Petch 关系,K 减小;

对反 Hall-Petch 关系,K 增大。

例如,随晶粒直径的减小,用蒸发凝聚原位加压法制备的 TiO_2 纳米相材料,K 减小;以非晶晶化法制备的 Ni-P 纳米晶材料,K 增大。见图 4.19。

(5) 偏离 Hall-Petch 关系

对电沉积的 Ni 纳米晶材料,观察到偏离 Hall-Petch 关系,见图 4.19。从中可见,当 $d < 44nm$ 时,出现了非线性关系。

对纳米固体材料反常 Hall-Petch 关系,已不能用位错塞积理论来解释,因为对于只有几纳米的小晶粒,其尺度与常规粗晶位错塞积时位错间距相差不多。而且这样小的尺寸,即使有 F-R 源也很难开动,不会有大量位错增殖,位错塞积不可能在纳米小颗粒中存在。所以用位错塞积理论来解释纳米固体材料的反常 Hall-Petch 关系是不合适的,必须寻找新

的理论。目前,对纳米固体材料反常 Hall-Petch 关系的解释有如下几种观点。

① 三叉晶界的影响。纳米晶体材料中的三叉晶界体积分数高于常规多晶材料。三叉晶界处原子扩散快、动性好,三叉晶界实际上就是旋错,旋错的运动就会导致界面区的软化,这种软化现象使纳米晶体材料整体的延展性增加。用这种观点可以很容易解释纳米晶体材料的反 Hall-Petch 关系,以及 K 值的变化。

② 界面的作用。随纳米晶粒直径的减小,高密度的晶界导致晶粒取向混乱,界面能量升高,界面原子动性大,这就增加了纳米晶体材料的延展性,即引起软化现象。

③ 存在临界尺寸。Gleiter 等人认为:在一个给定的温度下,纳米材料存在一个临界尺寸,低于这个尺寸,界面粘滞性流动增强,引起材料的软化;高于这个尺寸,界面粘滞性流动减弱,引起材料硬化。

总之,上述看法都不够成熟,尚未形成比较系统的理论。对这一问题的解决在实验上还须做大量的工作。

2. 塑性和韧性

纳米材料的特殊结构及庞大体积分数的界面,使它的塑性、冲击韧性和断裂韧性与粗晶材料相比有很大改善。一般材料在低温下常常表现为脆性,但是纳米材料在低温下却显示良好的塑性和韧性。

J.Karch 等人研究了 CaF_2 和 TiO_2 纳米晶体的低温塑性变形。样品的平均晶粒尺寸约为 8nm。纳米晶体 CaF_2 的塑性变形导致样品形状发生正弦弯曲,并通过向右侧的塑性流动而成为细丝状。

在 353K 下对纳米晶体 TiO_2 样品进行类似实验也产生了正弦塑性弯曲。当 TiO_2 纳米晶体样品发生塑性弯曲时,发现形变致使裂纹张开,但裂纹并没有扩展。而对 TiO_2 单晶样品进行同样条件的实验,样品则当即发生脆性断裂。

对 TiO_2 纳米晶体及常规多晶样品在 239K 进行压痕硬度实验,常规多晶样品产生许多破裂。如果应变速率大于扩散速率,则 TiO_2 纳米晶体将发生韧性向脆性的转变。

从理论上分析,纳米材料比常规材料断裂韧性高。因为纳米材料中的各向同性以及在界面附近很难有位错塞积,从而大大减少了应力集中,使微裂纹的产生和扩展的几率大大降低。这一点被 TiO_2 纳米晶体的断裂韧性实验所证实。

当热处理温度为 1 073 ~ 1 273K 时,TiO_2 晶粒 < 100nm,断裂韧性为 $2.8MPa \cdot m^{1/2}$,比常规多晶和单晶 TiO_2 断裂韧性高。

3. 超塑性

超塑性是指在一定应力下伸长率 ≥ 100% 的塑性变形。上个世纪 70 年代在金属中发现了超塑性,80 年代发现在陶瓷中也有超塑性。陶瓷超塑性的发现是陶瓷科学的第二次飞跃。陶瓷超塑性主要是界面的贡献。界面数量太少,没有超塑性;界面数量过多,虽然可能出现超塑性,但是强度下降也不能成为超塑性材料。界面的流变性是超塑性出现的重要条件,它可以由

$$\dot{\varepsilon} = A\sigma^n / d^p \tag{4.13}$$

表示。式中,$\dot{\varepsilon}$ 为应变速率;σ 是附加应力;d 为颗粒直径;n 和 p 分别为应力和应变指数;A 是与温度和扩散有关的系数,且

$$A \propto \exp(-Q/k_{\mathrm{B}}T) \tag{4.14}$$

对超塑性陶瓷材料，n 和 p 一般为 1～3。从式(4.13)可见，A 愈大，$\dot{\varepsilon}$ 愈大，超塑性愈大。A 是与晶界扩散密切相关的参数。当扩散速率大于形变速率时，界面表现为塑性，反之，界面表现为脆性。因而界面中原子的高扩散性是有利于陶瓷材料的超塑性的。

界面能及界面的滑移也是影响陶瓷超塑性的重要因素。在拉伸过程中，高超塑性的产生是界面不发生迁移，不发生颗粒长大，仅仅是界面内部原子的运动，从宏观产生界面的流变。原子流动性愈好，界面粘滞性愈好。这种性质的界面对拉伸应力的影响极为敏感，而低能界面具有上述特性。界面缺陷，例如孔洞、微裂纹等会造成界面结构的不连续性，破坏了界面粘滞性滑动，不利于陶瓷超塑性的产生。晶界特征分布也对陶瓷超塑性有影响。较宽的晶界特征分布不利于陶瓷超塑性的产生，这是因为不同的晶界类型在能量上相差很大，高能晶界在拉伸过程中为晶粒生长提供了较高的驱动力，并且也使晶界具有相对低的粘合强度。

关于陶瓷超塑性的机制，至今并不十分清楚，目前有两种观点：一是界面扩散蠕变和扩散范性；二是晶界迁移和粘滞流变。

(1) 界面扩散蠕变和扩散范性

纳米晶体材料在室温附近延展性与原子在晶界内扩散流变有关。Gleiter 等人在解释纳米 CaF_2 在 353K 出现塑性变形时，提出一个经验公式，即晶界扩散引起的蠕变速率

$$\dot{\varepsilon} = \frac{\sigma \Omega B \delta D_{\mathrm{b}}}{d^3 k_{\mathrm{B}} T} \tag{4.15}$$

式中，σ 为拉伸应力；Ω 为原子体积；d 为平均晶粒尺寸；B 为常数；D_{b} 为晶界扩散系数；k_{B} 为玻尔兹曼常数；T 为温度；δ 为晶界厚度。从中可见，d 愈小，$\dot{\varepsilon}$ 愈高。当 d 由常规多晶的 $10\mu m$ 减小到 10nm 时，$\dot{\varepsilon}$ 增加了 10^{11} 倍，同时晶界扩散系数是常规多晶的 10^3 倍，这也使 $\dot{\varepsilon}$ 大大增加。由此分析可知，超塑性主要来自于晶界原子扩散流变(扩散蠕变)。

(2) 晶界迁移和粘滞流变

晶界迁移会引起形变过程中晶粒动态长大。不利于陶瓷超塑性的产生。阳离子的掺杂在界面偏聚，对晶界有钉扎作用，可以减小界面动性，防止晶粒动态长大，有利于提高陶瓷超塑性。阳离子在界面偏聚的驱动力主要来自于两个方面：一是阳离子处于晶内和晶界畸变能的差；二是它们静电能的差。尺寸大的阳离子很容易在晶界偏聚以降低系统的能量，并且对界面钉扎作用大。价数低的阳离子比价数高的容易偏聚在晶界，阻碍晶界运动。

Wakai 和 Nieh 等人在四方 ZrO_2 中加入 Y_2O_3 稳定剂，观察到了超塑性，超塑性最高达到 800%。在此基础上加入 20% Al_2O_3 时，超塑性达到 500%。在陶瓷超塑性研究中认为：产生超塑性的最佳颗粒尺寸范围为 200～500nm。

4.3.2 纳米固体材料热学性能

主要介绍纳米材料的比热、热膨胀和热稳定性。

1. 比热

材料的比热主要由熵来贡献。在温度不太低的情况下，电子熵可忽略，主要由振动熵和组态熵贡献。纳米材料的界面结构中原子分布比较混乱，与常规材料相比，界面体积分数较大，因而纳米材料熵对比热的贡献比常规材料大得多。J.Rupp 等人研究了晶粒尺寸

为 8nm 和 6nm 的纳米晶 Pd 和 Cu 的定压比热。在 150～300K 温度范围内,纳米晶 Pd 比多晶 Pd 增大 29%～54%;纳米晶 Cu 比多晶 Cu 增大 9%～11%。

纳米相 Al_2O_3 的比热与温度的关系见图 4.20。从中可见,比热与温度呈线性关系。对应粒径为 80nm Al_2O_3 的比热,比常规粗晶 Al_2O_3 高 8%。

2. 热膨胀

材料的热膨胀与晶格非线性振动有关,如果晶体点阵作线性振动就不会发生膨胀现象。纳米晶体在温度变化时非线性热振动可分为两个部分:一是晶内的非线性热振动;二是晶界的非线性热振动。后者的非线性热振动较前者更为显著。可以说占体积分数很大的界面对纳米晶体热膨胀的贡献起主导作用。纳米晶 Cu(8nm) 在 110～293K 的温度范围内的膨胀系数为 $31 \times 10^{-6} K^{-1}$,而单晶 Cu 为 $16 \times 10^{-6} K^{-1}$。可见纳米晶体比常规晶体热膨胀系数几乎大 1 倍。并且证实晶界对热膨胀的贡献比晶内高 3 倍。

纳米和微米 α-Al_2O_3 热膨胀与温度的关系见图 4.21。从中可测得,80nm 时热膨胀系数为 $9.3 \times 10^{-6} K^{-1}$,105nm 时为 $8.9 \times 10^{-6} K^{-1}$,5μm 时为 $4.9 \times 10^{-6} K^{-1}$。可见随颗粒增大,热膨胀系数减小。在测量温度范围内,纳米 α-Al_2O_3 比微米 α-Al_2O_3 热膨胀系数几乎高 1 倍。

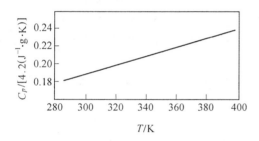

图 4.20 纳米相 Al_2O_3 的比热与温度的关系

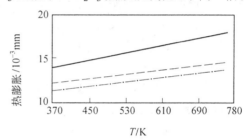

图 4.21 纳米和微米 α-Al_2O_3 热膨胀与温度的关系
——80nm; - - - - 105nm; -·-·- 5μm

纳米非晶氮化硅热膨胀与温度的关系见图 4.22。从中测得,纳米非晶氮化硅热膨胀系数比常规晶态 Si_3N_4 高 1～26 倍。其原因是纳米非晶氮化硅的结构与常规晶态 Si_3N_4 有很大差别。前者是由短程有序的非晶态小颗粒构成的,它们之间的界面占很大比例,界面原子的排列较之非晶颗粒内部更为混乱。在相同条件下,原子和键的非线性热振动比常规晶态显著得多,因此对热膨胀的贡献也必然很大。

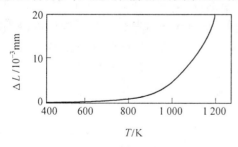

图 4.22 纳米非晶氮化硅热膨胀与温度的关系

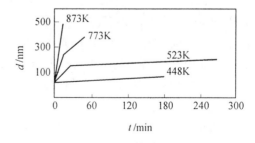

图 4.23 纳米晶 Ni_3C 不同退火温度下晶粒尺寸随时间的变化

3. 热稳定性

纳米材料热稳定性十分重要,它关系到纳米材料的优越性能究竟能在多高温度下使用。通常加热过程将使纳米晶材料的晶粒长大。例如,在高真空中对纳米晶 Fe 在 750K 下加热 10h,则晶粒尺寸增加到 $10 \sim 200\mu m$,变为 α-Fe 多晶体。对纳米晶 Pd、Cu 在 750K 下退火,晶粒尺寸上升到 $20\mu m$ 左右。但当退火温度较低是,晶粒尺寸将保持不变。图 4.23 为纳米晶 Ni_3C 退火过程中晶粒的生长情况。从中可见,晶粒尺寸随退火时间呈指数关系生长。在退火温度低时(448K)晶粒大小几乎没有变化。

对纳米相材料的退火实验表明,在相当宽温度范围内颗粒尺寸没有明显长大。但当退火温度大于一临界温度(T_c)时,颗粒突然长大。纳米非晶氮化硅颗粒尺寸与温度的关系见图 4.24。从中可见,小于 1 473K 退火,颗粒尺寸基本不变(平均粒径为 15nm),在 1 573K 退火,颗粒已开始长大,1 673K 颗粒长到 30nm,1 873K 颗粒急剧长大到 $80 \sim 100$nm。

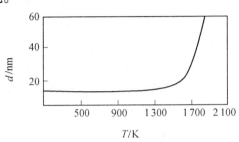

图 4.24 · 纳米非晶氮化硅颗粒尺寸与温度的关系

纳米相 Al_2O_3 颗粒尺寸稳定的温度范围也比较宽。退火温度小于 1 273K,颗粒尺寸基本保持不变,平均粒径约为 8nm。1 373K 退火,粒径长到 27nm。1 473K 退火,粒径长到 84nm,而且粒径分布窄。

如上所述,纳米晶材料晶粒尺寸热稳定的温度范围较窄,纳米相材料颗粒尺寸热稳定的温度范围较宽。这是由于:

(1) 长大激活能

纳米晶材料晶粒长大激活能较小,晶粒相对来说容易长大,所以热稳定化温区范围较窄;纳米相材料颗粒长大激活能较大,颗粒长大较困难,所以热稳定化温区范围较宽。

(2) 界面迁移

抑制界面迁移会阻止晶粒长大,提高热稳定性。界面能量高及界面两侧相邻晶粒的差别大,有利于晶界迁移。纳米晶材料晶粒为等轴晶,粒径均匀,分布窄,保持各向同性时,就会大大降低界面迁移的驱动力,而不会发生晶粒异常长大,有利于热稳定性的提高。

(3) 晶界结构弛豫

纳米相材料由于压制过程中晶粒取向是随机的,晶界内原子的排列、键的组态、缺陷的分布都比晶内混乱得多,晶界通常能量高。但实际并不因为晶界能量高而引起晶界迁移。因为在升温过程中首先是晶界产生结构弛豫,导致原子重排,趋于有序,以降低晶界自由能。这是由于晶界结构弛豫所需能量小于晶界迁移能,升温过程中提供的能量首先消耗在晶界结构弛豫上,从而使纳米相材料晶粒在较宽范围内不明显长大。

(4) 晶界钉扎

纳米相材料中添加稳定剂,使其偏聚在晶界,降低晶界的静电能和畸变能,对晶界起钉扎作用,使晶界迁移变得困难,晶粒长大得到控制,有利于提高纳米相材料的热稳定性。

4.3.3 纳米固体材料光学性能

材料的光学性能与其内部的微观结构,特别是电子态、缺陷态和能级态结构有关。纳米材料在结构上与常规材料有很大差别,突出表现在小尺寸颗粒和庞大体积分数的界面,界面原子排列和键的组态的无规则性较大,使纳米材料的光学性能出现一些与常规材料不同的新现象。

1. 红外吸收

对纳米材料红外吸收的研究表明,红外吸收谱中出现蓝移和宽化。纳米相 Al_2O_3 红外吸收谱见图 4.25。从中可见,在 400～1 000 cm^{-1} 波数范围内有一个宽广的吸收带,与 Al_2O_3 单晶相比,红外吸收峰有明显的宽化。其中对应单晶的 637 cm^{-1} 和 442 cm^{-1} 的吸收峰,在纳米相 Al_2O_3 中蓝移到 639.7 cm^{-1} 和 442.5 cm^{-1}。

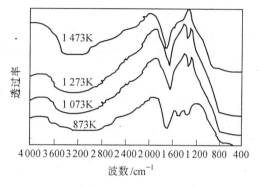

图 4.25 不同温度退火的纳米相 Al_2O_3 的红外吸收谱

在纳米非晶氮化硅的红外吸收研究中也观察到蓝移和宽化,见图 4.26。纳米非晶氮化硅的红外吸收带强烈依赖于退火温度,见图 4.27。在 873K 退火,红外吸收带呈宽而平的形态,退火温度升到 1 133K,红外吸收带开始变尖并有精细结构出现,退火温度升到 1 273K,精细结构依然存在。而未退火的粉体的红外吸收带窄而尖。

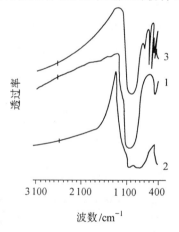

图 4.26 纳米非晶氮化硅的红外吸收谱
1— 粉体; 2— 块体; 3— 常规粗晶

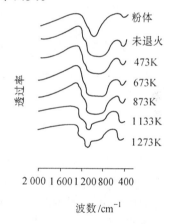

图 4.27 不同温度退火的纳米非晶氮化硅的红外吸收谱

关于纳米材料红外吸收谱的蓝移和宽化解释如下:

(1) 小尺寸效应和量子尺寸效应导致蓝移

纳米材料颗粒组元尺寸很小,表面张力较大,颗粒内部发生畸变,使平均键长变短,导致键振动频率升高引起蓝移。量子尺寸效应导致能级间距加宽,使吸收带在纳米态下较之常规材料出现在更高波数范围。

(2) 尺寸分布效应和界面效应导致宽化

纳米材料在制备过程中颗粒均匀,粒径分布窄,但很难使粒径完全一致。由于颗粒大小有一个分布,使各个颗粒表面张力有差别,晶格畸变程度不同,因此引起键长有一个分布,使红外吸收带宽化。纳米材料中界面占相当大比例,界面中存在孔洞等缺陷,原子配位不足,失配键较多,使界面内的键长与颗粒内的键长有差别,界面内的键长也有一个分布,引起纳米材料红外吸收带的宽化。

2. 荧光现象

用紫外光激发掺 Cr 和 Fe 的纳米相 Al_2O_3 时,在可见光范围观察到新的荧光现象,见图 4.28。从中可见,对于勃母石、η 相和 γ 相有两个较宽的荧光带 P_1 和 P_2,它们的波数范围为:14 500 ~ 11 500 cm^{-1} 和 20 000 ~ 14 500 cm^{-1}。这两个荧光带在 873 ~ 1 273K 范围内退火依然存在,说明纳米相 Al_2O_3 在可见光范围的荧光现象具有很好的热稳定性。

对纳米相 Al_2O_3 在可见光范围出现两个荧光带机理的研究认为:P_1 带是由八面体晶场中 Cr^{3+} 离子的电子跃迁产生的,P_2 带是由 Fe^{3+} 离子在晶化程度较差的勃母石及含有大量界面的纳米 Al_2O_3 亚稳相(η 和 γ 相)中产生的,属于 Fe^{3+} 的 d^3 电子跃迁。

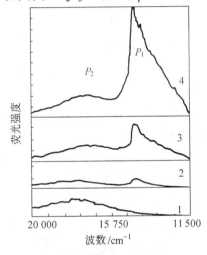

图 4.28　不同热处理纳米相 Al_2O_3 的荧光谱
1—原始试样；　2—873K × 2h；
3—1 073K × 2h；　4—1 273K × 2h

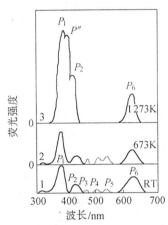

图 4.29　纳米非晶氮化硅块体在紫外光到可见光范围的发光谱

3. 光致发光

光致发光是指在一定波长的光照射下,被激发到高能级的电子重新跃入低能级,被空穴捕获而发光的微观过程。电子跃迁可分为两类:非辐射跃迁和辐射跃迁。当能级间距很小时,电子通过非辐射跃迁而发射声子,不能发光;只有当能级间距较大时,才有可能发射光子,实现辐射跃迁而发光。

退火温度低于 673K 时,纳米非晶氮化硅块体在紫外光到可见光范围的发光现象与常规非晶氮化硅不同,出现 6 个分立的发光带,见图 4.29。而常规非晶氮化硅在紫外光到可见光很宽的波长范围的发光呈现一个很宽的发光带。锐钛矿型纳米 TiO_2 的发光现象与常规的晶态和非晶态不同,在室温或高于室温下于 400nm 处仍然可观察到一个发光带,另外还有两个小的发光带,见图 4.30。

纳米材料与常规材料发光谱有很大差别,这是由于:

(1) 电子跃迁选择定则问题

对于常规晶态材料,当电子从激发态跃迁到低能态形成发光带时,要受到选择定则的限制,即遵守垂直跃迁,禁止非垂直跃迁。而纳米材料中存在大量原子混乱排列的界面,平移周期受到严重破坏,选择定则对纳米态的电子跃迁不适用。在光的激发下纳米态所产生的发光带中,有些是常规材料中受选择定则的限制而不能出现的发光现象。

(2) 量子限域效应

纳米材料界面中的空穴浓度比常规材料高得多。纳米材料的颗粒尺寸小,电子运动的平均自由程短,空穴约束电子形成激子的几

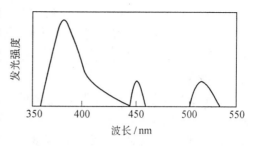

图4.30 锐钛矿型纳米 TiO_2 的发光谱

率高,颗粒愈小,形成激子的几率愈大,激子浓度愈高。这种量子限域效应,使能隙中靠近导带底形成一些激子能级,产生激子发光带。激子发光带的强度随颗粒尺寸的减小而增加。

(3) 缺陷能级的作用

纳米材料庞大体积分数的界面中存在大量不同类型的悬键和不饱和键,它们在能隙中形成一些附加能级(缺陷能级),引起一些新的发光带。而常规材料中悬键和不饱和键出现的几率小,浓度也低得多,以致于能隙中很难形成缺陷能级而引起发光。

(4) 杂质能级的影响

Weber 等人指出,某些过渡族元素在无序时会引起发光。纳米晶体材料中存在庞大体积分数的有序程度很低的界面,可能为过渡族杂质偏聚提供有利位置,导致纳米晶体材料能隙中形成杂质能级,产生杂质发光现象。一般来说,杂质发光带位于较低能量位置,发光带比较宽。这是常规晶态材料中很难观察到的。

4.3.4 纳米固体材料磁学性能

材料的磁学性能与其组分、结构和状态有关。一些磁学性能如磁化强度、磁化率等与材料的晶粒大小、形状、第二相分布及缺陷密切相关;另一些磁学性能如饱和磁化强度、居里温度等则与材料中的相及其数量等有关。

纳米材料与常规材料在结构上,特别是在磁结构上有很大差别,因此在磁性方面会有其独特的性能。常规磁性材料的磁结构是由许多磁畴构成的,磁化是通过畴壁运动实现的。纳米晶 Fe 中不存在这种磁畴,一个纳米晶粒即为一个单磁畴。磁化由两个因素控制:一是晶粒的各向异性,每个晶粒的磁化都趋向于排列在自己易磁化的方向;二是相邻晶粒间的磁交互作用,这种交互作用使得相邻晶粒朝向共同磁化方向磁化。除磁结构和磁化特点不同外,纳米晶材料颗粒组元小到纳米级,具有高的矫顽力,低的居里温度,颗粒尺寸小于某一临界值时,具有超顺磁性等。同时,纳米材料的界面组元与粗晶材料有很大差别,使界面组元本身磁性具有独特性能。例如界面的磁各向异性小于晶内,居里温度低于常规 Fe 等。

1.饱和磁化强度

材料的铁磁性随原子间距的变化而变化。纳米晶 Fe 与常规非晶态 Fe 和粗晶多晶 α-Fe 都具有铁磁性,但纳米晶 Fe 的饱和磁化强度 M_s 比常规非晶态 Fe 和粗晶多晶 α-Fe 低。在 4K 时,其饱和磁化强度 M_s 仅为常规粗晶 α-Fe 的 30%。

Fe 的饱和磁化强度 M_s 主要取决于短程结构。常规非晶态 Fe 和粗晶多晶 α-Fe 具有相

同的短程有序结构,因此它们具有相同的 M_s。而纳米晶 Fe 的界面的短程有序与常规非晶态 Fe 和粗晶多晶 α-Fe 有差别,如原子间距较大等,这就是引起纳米晶 Fe 的饱和磁化强度 M_s 下降的原因。M_s 的下降说明庞大的界面对磁化不利。

2. 磁性转变

由于纳米材料颗粒尺寸很小,这就可能使一些抗磁体转变为顺磁体。例如金属 Sb 通常为抗磁性,但纳米晶 Sb 却表现出顺磁性。某些纳米晶顺磁体当温度下降到尼尔点 T_n 时转变成反铁磁体。这时磁化率 χ 随温度降低而减小,且几乎与外加磁场强度无关。

Jiang 等人研究了纳米晶 FeF_2(粒径为 10nm)的顺磁向反铁磁的转变,尼尔点 T_n 不是一个确定温度,而是一个温度范围(78~66K),而常规单晶 FeF_2 的 $T_n \approx 78K$。这是由于庞大界面中 T_n 分布在 78~66K 范围。因为 T_n 是由原子最近邻配位数、原子间距和最近邻的原子种类决定的。纳米晶 FeF_2 的晶界中原子最近邻配位数小于常规单晶 FeF_2,原子间距大于 FeF_2,这就导致晶界中相邻原子之间的自旋与自旋偶合减弱,结果使晶界的 T_n 降低。而晶粒组元中 T_n 与常规单晶相同,因此纳米晶 FeF_2 的 T_n 有一个分布。

3. 超顺磁性

由穆斯堡尔谱研究表明,纳米 α-Fe_2O_3 粉体(7nm)和块体的穆斯堡尔谱都显示了超顺磁峰,但块体的超顺磁峰大大减小。对于纳米块体,界面体积分数很大,界面的磁各向异性能比晶内小,使磁有序的弛豫时间变小,磁有序易实现,因此超顺磁峰降低。

而对于纳米 γ-Fe_2O_3 粉体(8 nm),其穆斯堡尔谱与块体没有明显差别。这是由于 γ-Fe_2O_3 颗粒表面原有的各向异性能大,块体界面中的各向异性能也很大,因此磁有序的弛豫时间较大,磁有序较难实现,因此粉体与块体的超顺磁峰基本相同。

4. 居里温度

Valiev 等人观察到纳米晶材料的居里温度低。例如粒径为 70 nm 的 Ni 块体,居里温度比常规粗晶 Ni 约低 40℃。他们认为居里温度的降低纯粹是由于大量的界面引起的。而 85 nm 的 Ni 微粒本身的居里温度比常规粗晶 Ni 低 8℃,因此,纳米块体 Ni 比常规粗晶 Ni 居里温度低是由界面组元和晶粒组元共同引起的比较合理。

4.3.5 纳米固体材料电学性能

由于纳米材料中存在庞大体积分数的界面,使平移周期在一定范围内遭到严重破坏,颗粒愈小,电子平均自由程愈短,偏离理想周期场愈严重。因此,纳米材料的电学性能(如电导、介电性、压电性等)与常规材料存在明显的差别。

1. 电阻和电导

Gleiter 等人对纳米晶 Cu、Pd、Fe 等块体的电阻与温度的关系,电阻温度系数与晶粒尺寸的关系进行了系统的研究。图 4.31 为不同晶粒尺寸的纳米晶 Pd 的比电阻与温度的关系。从中可见,纳米晶 Pd 的比电阻比常规材料高,比电阻随晶粒尺寸的减小而增大,随温度的升高而升高。图 4.32 为纳米晶 Pd 的电阻温度系数与晶粒尺寸的关系,很明显,随晶粒尺寸的减小,电阻温度系数下降。当晶粒小于某一临界尺寸(电子平均自由程)时,电阻温度系数还可能由正变负。

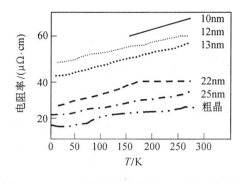
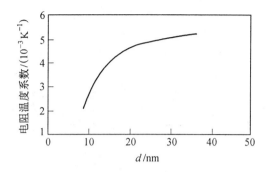

图 4.31 不同晶粒尺寸的纳米晶 Pd 的比电阻与温度的关系

图 4.32 纳米晶 Pd 的电阻温度系数与晶粒尺寸的关系

纳米材料中大量界面的存在,使大量电子的运动局限在小晶粒范围。晶界原子排列愈混乱,晶界厚度愈大,对电子散射能力就愈强。界面这种高能垒是使电阻升高的主要原因。纳米材料从微观结构来说,对电子的散射可分两部分:一是颗粒组元;二是界面组元。当晶粒尺寸与电子平均自由程相当时,晶界组元对电子的散射有明显的作用;当晶粒尺寸大于电子平均自由程时,晶内组元对电子的散射占优势;当晶粒尺寸小于电子平均自由程时,晶界组元对电子的散射起主导作用,这时电阻与温度的关系以及电阻温度系数的变化都明显偏离粗晶情况,甚至出现反常现象。

图 4.33 为纳米非晶氮化硅(粒径大约 15nm)在不同频率下的交流电导与温度的关系。从中可见,电导先随温度的升高而下降,然后又上升的非线性和可逆变化,比常规非晶氮化硅高。电导随温度的升高而下降是由于原子排列混乱的界面及颗粒内部原子热运动增加对电子散射作用增强所致。随温度进一步升高,对电导起重要作用的庞大界面中原子排列趋向有序变化,对电子散射作用减

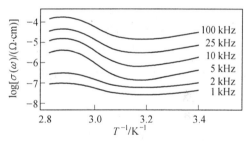

图 4.33 纳米非晶氮化硅在不同频率下的交流电导与温度的关系

弱,电导上升。另外,纳米非晶氮化硅能隙中存在许多附加能级(缺陷能级),有利于价电子进入导带成为导电电子,使电导上升。

2. 介电特性

在电介质材料中介电常数和介电损耗是最重要的物理特性。纳米材料在结构上与常规材料存在很大差别,其介电特性有自己的特点,主要表现在介电常数和介电损耗对颗粒尺寸有很强的依赖关系,电场频率对介电行为有极强的影响。

图 4.34 ~ 37 为纳米相 α-Al_2O_3、纳米相 TiO_2、纳米晶 Si 和纳米非晶氮化硅的介电常数与频率的关系曲线。从中可见,介电常数随频率减小而增大。而相应的常规材料介电常数较低,在低频上升趋势低于纳米材料。在低频介电常数明显随纳米材料的颗粒尺寸而变化。即颗粒很小时,介电常数较低,随颗粒尺寸增大,介电常数先增加而后降低。纳米相 α-Al_2O_3 和 TiO_2 出现介电常数最大值的粒径分别为 84nm 和 17.8nm。

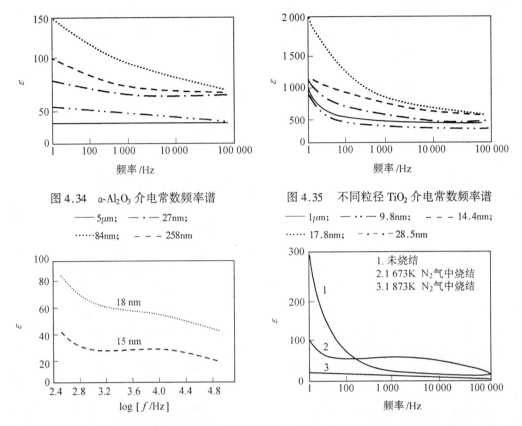

图 4.34 α-Al₂O₃ 介电常数频率谱
—— 5μm； — · — 27nm；
······ 84nm； — — 258nm

图 4.35 不同粒径 TiO₂ 介电常数频率谱
—— 1μm； — · · — 9.8nm； — — 14.4nm；
······ 17.8nm； — · — 28.5nm

图 4.36 纳米晶 Si 介电常数频率谱

图 4.37 纳米非晶氮化硅介电常数频率谱

图 4.38～39 为纳米相 α-Al₂O₃、纳米相 TiO₂ 的介电损耗与频率的关系曲线。从中可见，介电损耗频率谱上出现一个损耗峰。损耗峰的峰位随粒径的增大而移向高频。纳米相 α-Al₂O₃ 和 TiO₂ 出现最高损耗峰的粒径分别为 84nm 和 17.8nm。

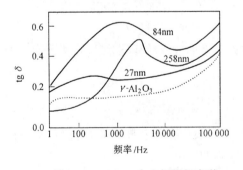

图 4.38 α-Al₂O₃ 介电损耗频率谱

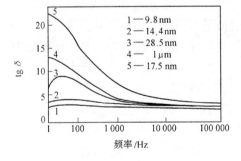

图 4.39 TiO₂ 介电损耗频率谱

图 4.40～41 为纳米相 TiO₂ 介电常数和介电损耗与温度的关系曲线。从中可见，纳米相 TiO₂ 介电常数温度谱和介电损耗温度谱上都出现一个介电常数峰，粒径为 17.8nm 的介电常数峰和介电损耗峰的峰值、峰位和半峰宽最大。

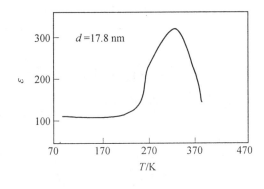
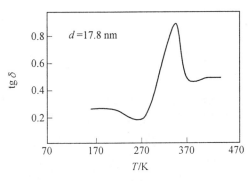

图 4.40 纳米相 TiO_2 介电常数温度谱　　图 4.41 纳米相 TiO_2 介电损耗温度谱

纳米材料的介电常数随电场频率的降低而升高,并显示出比常规粗晶材料高的介电性。电介质显示高的介电性必须在电场作用下极化的建立能跟上电场的变化,极化损耗小甚至没有损耗。纳米材料随着电场频率的下降,介质的多种极化都能跟上外加电场的变化,介电常数增大,这是由于以下几种极化机制引起的。

(1) 空间电荷极化

在纳米材料庞大界面中存在大量的悬键、空位及空洞等缺陷,引起电荷分布的变化。在电场的作用下,正负电荷分别向负正极移动,电荷移动的结果聚积在界面的缺陷处,形成电偶极矩,即呈现空间电荷极化。同时,具有晶格畸变和数量较多的颗粒内部同样也会产生空间电荷极化。空间电荷极化的特征是极化强度随温度上升呈单调下降。纳米 Si 和纳米非晶氮化硅的介电常数随温度上升而呈单调下降,这就表明空间电荷极化是导致介电性提高的主要因素之一。

(2) 转向极化

纳米材料中存在较多的空位、空位团等缺陷。纳米颗粒内和庞大界面内存在相当数量的氧离子空位或氮离子空位,这两种离子带负电,它们的空位往往带正电。这种带正电的空位与带负电的氧离子或氮离子形成固有的电偶极矩,在外加电场的作用下,它们将改变方向形成转向极化。转向极化的特征是极化强度随温度上升出现极大值。纳米相 TiO_2 和纳米非晶氮化硅的介电常数温度谱上均出现峰值。因此,转向极化也是导致介电性提高的重要因素之一。

(3) 松弛极化

松弛极化包括电子松弛极化和离子松弛极化。电子松弛极化是由弱束缚电子在外加电场的作用下,由一个阳离子结点向另一个阳离子结点转移而产生的。离子松弛极化是由弱束缚离子在外加电场的作用下,由一个平衡位置向另一个平衡位置转移而产生的。在纳米材料庞大的界面组元中,离子松弛极化起主要作用,颗粒组元中电子松弛极化起主要作用。松弛极化的主要特征是介电损耗与频率、温度的关系曲线中均出现极大值。例如纳米相 TiO_2 介电损耗谱及介电常数温度谱都具有这一特征。

纳米材料在低频范围介电常数增强效应与颗粒组元的尺寸有很大关系,即随着粒径的增加,介电常数先增加后减小,在某一临界尺寸出现极大值。这是由于随颗粒尺寸增加,晶内组元对介电性能的贡献越来越大,界面组元的贡献越来越小,电子松弛极化的贡献越来越大,而离子松弛极化的贡献越来越小,这必然导致在某一临界尺寸出现介电常数极大值。

3. 压电效应

压电效应是某些晶体受到机械作用(应力或应变),在其两端出现符号相反的束缚电荷的现象。压电效应的实质是由晶体介质的极化引起的。在32种点群的晶体中,只有20种没有对称中心的点群才具有压电效应。

经研究表明,未经退火和烧结的纳米非晶氮化硅块体具有强的压电效应,而常规非晶氮化硅不具有压电效应。常规非晶氮化硅的短程结构见图4.42。从中可见,Si 原子的键角为109.8°,很接近正四面体的109.47°,N 原子的键角为121°,也很接近于平面三角形的120°,这种中心对称较好的 Si 原子的四面体

图4.42 常规非晶氮化硅短程结构示意图

结构不可能产生压电效应。无规则取向的 N 原子的平面三角形结构也不可能产生压电效应。即常规非晶氮化硅不会产生压电效应。

纳米非晶氮化硅的 RDF 和 ESR 结构研究表明,Si 和 N 等悬键比常规非晶氮化硅高2～3个数量级。因此,纳米非晶氮化硅的短程结构是偏离了常规非晶氮化硅四面体结构。这种偏离主要出现在庞大的界面中。在未经退火和烧结的纳米非晶氮化硅界面中,存在大量的悬键,导致界面中电荷分布的变化形成局域电偶极矩。在受到外加压力后,使电偶极矩的取向、分布等发生变化,在宏观上产生电荷积累而呈现压电效应。经退火和烧结的纳米非晶氮化硅,由于高温加热使界面原子排列的有序度增加,空位、空洞减少,导致缺陷电偶极矩减少,因此不呈现压电效应。

4.4 纳米固体材料制备方法

纳米固体材料制备方法是最近几年发展起来的,至今有一些制备方法仍不十分理想,例如关于纳米陶瓷粉体的团聚引起的致密度问题还没有很好解决。本章仅就当前采用的几种纳米金属材料和纳米陶瓷材料的制备方法给以简单介绍。

4.4.1 纳米金属材料的制备

通过传统金属材料的制备方法:冶炼、铸造、轧制、锻压、热处理等很难得到纳米金属材料。目前比较成熟的纳米金属材料的制备方法主要有:惰性气体蒸发原位加压法、高能球磨法和非晶晶化法等。

1. 惰性气体蒸发原位加压法

惰性气体蒸发原位加压法是由 Gleiter 等人提出的,他们用该方法成功地制备了 Fe、Cu、Au、Pd 等纳米晶金属块体和 Si-Pd、Pd-Fe-Si、Si-Al 等纳米金属玻璃。惰性气体蒸发原位加压法属于"一步法",即制粉和成型是一步完成的。"一步法"的步骤是:

(1) 制备纳米颗粒;
(2) 颗粒收集;

(3) 压制成块体。

上述步骤一般都是在真空下进行的。惰性气体蒸发原位加压装置见图4.43。该装置主要由纳米颗粒的制备、收集、压制成型三部分组成。制备过程是在超高真空室内进行的。首先通过分子涡轮泵使其达到0.1Pa以上的真空度,然后充入惰性气体(He或Ar)。把欲蒸发的金属置于坩埚中,通过钨电阻加热器或石墨加热器等加热蒸发,产生金属蒸气。由于惰性气体的对流,使金属蒸气向上移动,在充液氮的冷却棒(冷阱,77K)表面沉积下来,用聚四氟乙烯刮刀刮下,经漏斗直接落入低压压实装置。纳米粉末经轻度压实后,由机械手送至高压原位加压装置,压制成块体。压力为1~5GPa,温度为300~800K。由于惰性气体蒸发冷凝形成的金属和合金纳米微粒几乎无硬团聚,因此,即使在室温下压制,也能获得相对密度高于90%的块体,最高密度可达97%。

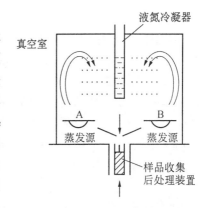

图4.43 惰性气体蒸发原位加压装置示意图

2.高能球磨法

Shingu等人首先用高能球磨法制备出Al-Fe纳米晶材料。高能球磨法是利用球磨机把金属或合金粉末粉碎成纳米微粒,经压制成型(冷压和热压),获得纳米块体的方法。如果将两种或两种以上金属粉末同时放入球磨机中进行高能球磨,粉末颗粒经压延、压合、碾碎、再压合的反复过程(冷焊→粉碎→冷焊的反复进行),最后获得组织和成分分布均匀的合金粉末。由于这种方法是利用机械能达到合金化,而不是用热能或电能,所以,把高能球磨制备合金粉末的方法称为机械合金化(MA)。

利用高能球磨法可以很容易制备具有bcc结构(如Cr、Nb、W、Fe等)和hcp结构(如Zr、Hf、Ru等)的金属形成纳米晶,而对于具有fcc结构(如Cu)的金属则不易形成纳米晶。表4.4为一些bcc和hcp结构的金属,球磨后形成纳米晶的晶粒尺寸、热焓和热容的变化。从中可见,高能球磨法所得到的纳米晶粒细小,晶界能高。

表4.4 几种金属高能球磨后晶粒尺寸、热焓和热容的变化

元 素	结 构	平均晶粒/nm	$\Delta H/(kJ \cdot mol^{-1})$	$\Delta C_p/(J \cdot mol^{-1}K^{-1})$
Fe	bcc	8	2.0	5
Nb	bcc	9	2.0	5
W	bcc	9	4.7	6
Hf	hcp	13	2.2	3
Zr	hcp	13	3.5	6
Co	hcp	14	1.0	3
Ru	hcp	13	7.4	15
Cr	bcc	9	4.2	10

利用机械合金化法可将相图上几乎不互溶的元素制成固溶体。这是常规熔炼方法根本无法实现的。利用机械合金化法已成功制备出多种纳米固溶体。例如:Fe-Cu合金、

Ag-Cu 合金、Al-Fe 合金、Cu-Ta 合金和 Cu-W 合金等。

利用高能球磨法可制备纳米金属间化合物。目前已制备出：Fe-B、Ti-Si、Ti-B、Ti-Al、Ni-Si、V-C、W-C、Pd-Si、Ni-Mo、Nb-Al、Ni-Zr 等纳米金属间化合物。

采用高能球磨法也可以制备纳米复合材料。例如，采用高能球磨法把纳米 Y_2O_3 粉体复合到 Co-Ni-Zr 合金中，使矫顽力提高两个数量级；把纳米 CaO 或纳米 MgO 复合到金属 Cu 中，其电导率与 Cu 基本一样，但强度大大提高。

高能球磨法制备的纳米块体材料的主要缺点是：晶粒尺寸不均匀，容易引入杂质。但高能球磨法产量高，工艺简单，可制备常规方法难以获得的高熔点的金属或合金纳米材料。

3. 非晶晶化法

卢柯等人率先采用非晶晶化法成功制备出纳米晶 Ni-P 合金。该方法是用单辊急冷法将 $Ni_{80}P_{20}(x\%)$ 熔体制成非晶态合金，然后在不同温度下进行退火，使其晶化。晶化后产生两种结晶相：Ni_3P（bct 结构）和 Ni 固溶体（fcc 结构）。当退火温度小于 610K 时，纳米晶 Ni_3P 的粒径为 7.8nm。随晶化温度上升，晶粒开始长大，见图 4.44。

用非晶晶化法制备的纳米材料的塑性对晶粒的粒径十分敏感，只有晶粒直径很小时，塑性较好，否则纳米材料变得很脆。因此，只有那些形核激活能小、而长大激活能大的非晶态合金采用非晶晶化法才能获得塑性较好的纳米晶合金。

采用非晶晶化法还可制备 FeBSi 纳米合金。首先在真空退火炉中将 $Fe_{78}B_{13}Si_9$ 非晶合金快速升温到 520℃，保温 18min，再快冷到室温。整个过程采用差示扫描量热计跟踪扫描，利用 XRD 衍射峰的展宽法估算纳米合金的晶粒尺寸，晶粒尺寸与退火温度的关系见图 4.45。在 520℃ 可以得到非常均匀的纳米晶粒，在较高温度退火时，晶粒发生粗化。

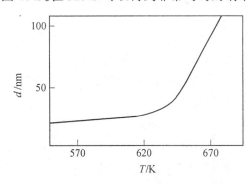
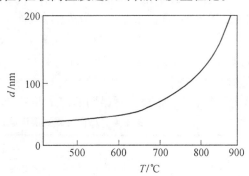

图 4.44　非晶晶化法制备的纳米晶 Ni-P 合金的晶粒尺寸与退火温度的关系　　图 4.45　非晶晶化法制备的 FeBSi 纳米合金的晶粒尺寸与退火温度的关系

4.4.2　纳米陶瓷材料的制备

纳米陶瓷材料的制备一般采用"二步法"：即首先要制备纳米尺寸的粉体，然后成型和烧结。用机械破碎的方法很难得到纳米级陶瓷粉体，必须用其他的物理或化学方法制备。目前研究表明，用物理上的蒸发-凝聚，化学上的气相或液相反应、分解等方法是制备纳米陶瓷粉体的有效方法。对纳米陶瓷粉体的要求是：

（1）纯度高；

(2) 尺寸分布窄;

(3) 几何形状归一;

(4) 晶相稳定;

(5) 无团聚。

纳米陶瓷粉体制备好后,即可以成型制成坯体。坯体中的粉末粒子可分为三级:

(1) 纳米粉末;

(2) 由纳米粉末组成的团聚体;

(3) 由团聚体组成的大颗粒。

与此相对应,坯体中的气孔也分为三级:

(1) 分布于纳米粉末间的微孔;

(2) 分布于团聚体间的小孔;

(3) 分布于大颗粒间的孔洞。

烧结过程就是粉末粒子长大和气孔消失的过程。粉末团聚体对烧结过程有很大影响。烧结时,团聚体内的纳米粉末优先烧结。团聚体的直径越大,烧结后颗粒尺寸越大。纳米粉末之间的烧结是通过同类型表面相互结合而实现的。团聚体小时,这种优先烧结不会干扰正常的烧结过程。随后进行的是团聚体之间的烧结,对致密化具有重大影响。烧结机理是表面扩散和蒸发 - 凝聚。

要想得到高质量的纳米陶瓷材料,最关键的是材料是否高度致密,为了达到这一目的,主要采用以下几种工艺路线。

1. 无压烧结

无压烧结工艺过程是将无团聚的纳米粉末,在室温下模压成块体,然后在一定的温度下烧结使其致密化。无压烧结工艺简单,不需特殊的设备,因此成本低。但烧结过程中,易出现晶粒快速长大及大孔洞的形成,结果不能实现致密化,使得纳米陶瓷材料的优点丧失。

为防止无压烧结过程中晶粒长大,可加入一种或多种稳定剂,使得烧结后晶粒无明显长大,并能获得高致密度纳米陶瓷材料。例如在纳米 ZrO_2 中加入稳定剂 MgO,含量为 $5\varphi\%$,200MPa 下等静压,1 523K×1h 烧结,相对密度达 95%。加稳定剂 MgO 的纳米 ZrO_2 晶粒长大速率远低于未加稳定剂的试样,见图 4.46。在纳米 Al_2O_3 中加入 10% ZrO_2,经室温等静压后,经 1 873K×1h 烧结,相对密度可达 98%。在纳米 ZrO_2 中加入稳定剂 Y_2O_3,经 300MPa 等静压成型,1 470~1 570K×2h 烧结,相对密度可达 99%。

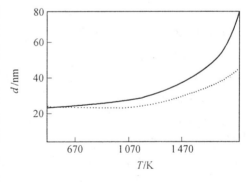

图 4.46 稳定剂对 ZrO_2 纳米晶粒长大的影响
——纯 ZrO_2; ······ ZrO_2 + $5\varphi\%$ MgO

关于加稳定剂能有效地控制纳米晶粒长大的机制至今尚不清楚。对于这个问题有两种观点。Brook 等人认为,杂质偏聚在晶界上,在晶界上建立起空间电荷,从而钉扎了晶界,

使晶界的流动性大大降低,阻止了晶粒的长大。在这种情况下,晶界的流动性 M_{sol} 可表示为

$$M_{sol} = M/(1 + M \cdot \alpha \cdot C_0 \cdot a^2) \tag{4.16}$$

式中,M 为无掺杂时晶界的流动性;a 为原子间距;α 为含有夹杂的晶界间的交互作用;C_0 为夹杂浓度。

而 Bennison 和 Harmer 不同意这种观点,他们认为稳定剂的加入改变了点缺陷的组成和化学性质,从而阻止了晶粒的长大。

2. 热压烧结

无团聚的粉体在一定压力和温度下进行烧结,称为热压烧结。热压烧结与无压烧结相比,其优点是对于未掺杂的纳米粉体,通过应力有助于烧结,可制备较高致密度的纳米陶瓷材料,并且晶粒无明显长大。但热压烧结比无压烧结设备复杂,工艺也较复杂。

Averback 等人用两步法制备了纳米金红石 TiO_2 和纳米 ZrO_2。首先将已压实的粉体在 623K 约 1MPa 下进行氧化,然后在 423K、1.4GPa 压力下使生坯的密度达 0.7% ~ 0.8% 理论密度。经不同温度烧结 24h 后的相对密度、平均粒径和烧结温度的关系见图 4.47。由图 4.47 可见,热压烧结与无压烧结相比,前者在较低的烧结温度(约 770K)下密度达 95%。粒径只有 10 多纳米,后者在接近 1 270K 时才能达到同样密度,但粒径急剧长大至约 1μm。由此可以说明,应力有助于烧结,能获得粒径无明显长大的、高致密度的、无稳

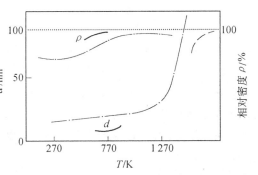

图 4.47 纳米相 TiO_2 块体的相对密度、平均粒径和烧结温度的关系
—— 热压烧结; —·— 无压烧结; ——— 常规

定剂的纳米陶瓷材料。同时还可以看出,纳米粉体的烧结能力大大增强,致密化的烧结温度比常规材料低几百 K。

在热压烧结过程中,导致材料致密化的驱动力

$$\sigma_s = 2\gamma/r + \sigma_a \tag{4.17}$$

式中,σ_s 是总烧结应力;γ 为表面能;σ_a 为附加应力;r 为粒子半径。

3. 微波烧结

纳米陶瓷材料烧结过程中,在高温停留很短时间,纳米相晶粒就长大到近一个数量级。因此,要想使晶粒不过分长大,必须采用快速升温、快速降温的烧结方法。而微波烧结技术可以满足这个要求。微波烧结的升温速度快(500℃/min),升温时间短(2 min)。解决了普通烧结方法不可避免的纳米晶异常长大问题。并且微波烧结时,从微波能转换成热能的效率很高:80% ~ 90%,能量可节约 50% 左右。

微波是频率非常高的电磁波:300MHz ~ 300GHz,对应的波长:1m ~ 1mm。微波烧结的原理是利用在微波电磁场中材料的介质损耗,使陶瓷材料整体加热到烧结温度而实现致密化。由于微波加热利用了陶瓷本身的介电损耗发热,所以陶瓷既是热源,又是被加热体。整个微波装置只有陶瓷制品处于高温,而其余部分仍处于常温状态。微波烧结工艺的关键

是如何保证烧结温度的均匀性,以及如何防止局部过热问题。可以通过改进电磁场的均匀性、改善材料的介电性能和导热性能、以及采用保温材料保护烧结等方法解决。

采用微波烧结可制备 ZrO_2 或 Al_2O_3 纳米陶瓷材料。首先制备 ZrO_2 或 Al_2O_3 纳米粉体,经压制成型后,在微波烧结炉中烧结 3~4min,微波功率为 200kW,微波频率为 28GHz,微波波长与腔体体积之比为 1:100,即可获得 ZrO_2 或 Al_2O_3 纳米陶瓷材料。

4.5 纳米固体材料的应用

纳米固体材料由于其独特的性能,因此具有非常广泛的应用前景。在力学、光学、磁学、电学和医学等方面都有广泛的用途。

4.5.1 在力学方面的应用

纳米固体材料在力学方面可以作为高温、高强、高韧性、耐磨、耐腐蚀的结构材料。

例如利用纳米 Al_2O_3 的高强度和高硬度,将其作为耐磨材料、刀具材料以及纳米复合材料的增强体等。利用纳米 ZrO_2 的相变增韧制备高韧性陶瓷,利用其高硬度可制作冷成型工具、拉丝模、切削刀具,利用其高强度和高韧性可制作发动机部件等。利用纳米 SiC 和 Si_3N_4 的高模量、高强度、耐磨损等特性,制作各种工业领域中的结构件,见表 4.5。

表 4.5 纳米 SiC 和 Si_3N_4 作为结构材料的用途

工业领域	使用环境	用途	主要优点
石油工业	高温,高液压,研磨	喷嘴,轴承,密封阀片	耐磨
化学工业	强酸,强碱	密封,轴承,泵零件,热交换器	耐磨,耐蚀,气密性
	高温氧化	气化管道,热电偶套管	耐高温腐蚀
汽车,飞机,火箭	发动机燃烧	燃烧器部件,涡轮转子,火箭喷嘴	低摩擦,高强度,耐热震
汽车,拖拉机	发动机油	阀系列元件	低摩擦,耐磨
机械,矿业	研磨	喷砂嘴,内衬,泵零件	耐磨
热处理,炼钢	高温气体	热电偶套管,辐射管,热交换器	耐热,耐蚀,气密性
造纸工业	纸浆,废液	密封,套管,轴承,成型板	耐磨,耐蚀,低摩擦
核工业	含硼高温水	密封,轴套	耐辐射
微电子工业	大功率散热	封装材料,基片	高热导,高绝缘
激光	大功率高温	反射屏	高刚度,稳定性
工具	加工成型	拉丝模,成型模	耐磨,耐蚀

4.5.2 在光学方面的应用

利用某些纳米材料的光致发光现象,作发光材料。发光材料又称发光体,是材料内部以某种形式的能量转换为光辐射的功能材料。光致发光是用光激发发光体而引起的发光现象。它大致经过光的吸收、能量传递和光的发射三个阶段。例如利用纳米非晶氮化硅块体在紫外光到可见光范围的光致发光现象,锐钛矿型纳米 TiO_2 的光致发光现象等,制作发光材料。

光纤在现代通信和光传输上占有极为重要的地位。纳米材料可以用作光纤材料,并有一定的优越性。它可以降低光纤的传输损耗。图4.48为纳米SiO_2制成的光纤的传输损耗与光波波长的关系。从中可见,热处理后的纳米SiO_2光纤的光传输损耗小于10dB/km。这个指标是很先进的。

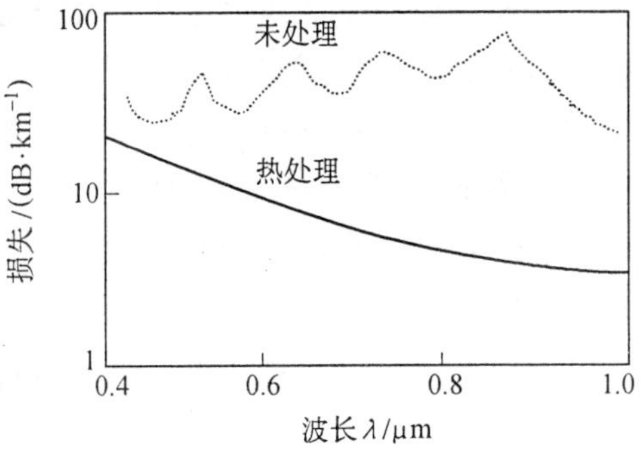

图4.48 纳米SiO_2光纤的传输损耗与光波波长的关系

4.5.3 在医学方面的应用

有些纳米材料,像纳米Al_2O_3和ZrO_2等在医学方面可作为生物材料。生物材料是用来达到特定的生物或生理功能的材料。生物材料除用于测量、诊断、治疗外,主要是用作生物硬组织的代用材料。作为人体硬组织的代用材料,主要分为生物惰性材料和生物活性材料。

生物活性材料是指在生物环境中,材料通过细胞活性,能部分或全部被溶解或吸收,并与骨置换而形成牢固结合的生物材料。生物惰性材料是指化学性能稳定、生物相容性好的生物材料。即把该生物材料植入人体内,不会对机体产生有毒副作用,机体也不会对材料起排斥反应,即材料不会被组织细胞吞噬又不会被排斥出体外,最后被人体组织包围起来。纳米Al_2O_3和ZrO_2等即可作为生物惰性材料。纳米Al_2O_3由于生物相容性好、耐磨损、强度高、韧性比常规材料高等特性,可用来制作:人工关节、人工骨、人工齿根等。纳米ZrO_2也可以制作:人工关节、人工齿根等。

4.5.4 在磁学方面的应用

具有铁磁性的纳米材料(如纳米晶Ni、Fe、Fe_2O_3、Fe_3O_4等)可作为磁性材料。铁磁材料可分为软磁材料(既容易磁化又容易去磁)和硬磁材料(磁化和去磁都十分困难)。此外,纳米铁氧体磁性材料,除可作软磁材料和硬磁材料外,还可作:旋磁材料、矩磁材料和压磁材料。

1. 软磁材料

软磁材料的主要特点是磁导率高、饱和磁化强度大、电阻高、损耗低、稳定性好等。其主要用途是制作电感绕圈、小型变压器、脉冲变压器、中频变压器等的磁芯,天线棒磁芯,电视偏转磁轭,录音磁头,磁放大器等。

2. 硬磁材料

硬磁材料的主要特点是剩磁要大,矫顽力也要大,才不容易去磁。此外,对温度、时间、振动等干扰的稳定性要好。其主要用途是用于磁路系统中作永磁体以产生恒定磁场,如制作扬声器、微音器、拾音器、助听器、录音磁头、各种磁电式仪表、磁通计、磁强计、示波器以及各种控制设备等。

3. 旋磁材料

有些纳米铁氧体会对作用于它的电磁波发生一定角度的偏转,这就是旋磁效应。利用旋磁效应,可以制备回相器、环行器、隔离器和移项器等非倒易性器件,衰减器、调制器、调谐器等倒易性器件。利用旋磁铁氧体的非线性,可制作倍频器、混频器、振荡器、放大器等。可用于制作雷达、通信、电视、测量、人造卫星、导弹系统的微波器件。

4.矩磁材料

有些纳米铁氧体的磁滞回线为矩形,这种材料称为矩磁材料。矩磁材料广泛用于电子计算机、自动控制和远程控制等科学技术中,用于制作记忆元件、开关元件和逻辑元件,磁放大器,磁光存储器等。

5.压磁材料

以磁致伸缩效应为应用原理的铁氧体材料称为压磁材料。所谓磁致伸缩效应是指磁性材料在磁化过程中,几何尺寸与形状发生变化的现象。有些纳米铁氧体具有磁致伸缩效应。压磁材料主要应用于超声波器件(如超声波探伤等),水声器件(如声纳等),机械滤波器、混频器、压力传感器等。其优点是电阻率高、频率响应好、电声效率高。

4.5.5 在电学方面的应用

纳米材料在电学方面主要可以作为导电材料、超导材料、电介质材料、电容器材料、压电材料等。

1.导电材料

所有纳米金属材料都导电,这里指的是具有电子电导或离子电导的纳米陶瓷材料。这类材料大多属于电解质,也称为块离子导体。块离子导体材料按其导电离子的类型,可分为阳离子导体和阴离子导体。纳米 $\beta\text{-}Al_2O_3$(掺 Na^+、Li^+、H^+ 等)、为阳离子导电材料,ZrO_2(掺 CaO、Y_2O_3 等)为阴离子导电材料。

纳米 $Na\text{-}\beta\text{-}Al_2O_3$ 主要用作钠-硫电池和钠-溴电池的隔膜材料。这两种电池广泛应用于电子手表、电子照相机、听诊器和心脏起搏器等。

利用纳米 ZrO_2(掺 CaO、Y_2O_3 等)的导电、导热性,可制作发热材料(在空气中最高发热温度可达 $2\,100 \sim 2\,200\,℃$)和高温电极材料(如磁流体发电装置中的电极)。利用纳米 ZrO_2 在一定条件下具有传递氧离子的特性,可制作固体氧浓差电池、氧传感器,进行氧浓度的测定。

2.超导材料

有些纳米金属(如 Nb,Ti 等)和合金(如 Nb-Zr,Nb-Ti 等)具有超导性(超导临界温度最高只有 23K)。而纳米氧化物超导材料的临界温度可达 100K 以上。

超导材料具有许多优良的特性,如完全的导电性和完全的抗磁性等。因此,高温超导材料的研制成功与实用,将对人类社会的生产、对物质结构的认识等方面产生重大的影响,可能带来许多学科领域的革命。高温超导材料的应用主要有:

(1)在电力系统方面:可无损耗地远距离输送极大的电流和功率;可制成超导储能线圈,长期无损耗地储存能量;可制作大容量、高效率的超导发电机和磁流体发电机等。

(2)在交通运输方面:可制造超导磁悬浮列车,时速可望达到 800km/h;可作船的电磁推进器和空间推进系统。

(3)在选矿和探矿方面:可利用超导材料进行选矿和探矿等。

(4)在环保和医药方面:可用来对造纸、石油化工厂等的废水进行净化处理;利用磁分离进行血浆分离、病毒分离、癌细胞分离等。

(5) 在核聚变方面：可利用超导材料的强磁场探测粒子运动的径迹，制作磁镜核聚变装置。

(6) 在电子工业方面：利用超导材料的约瑟夫逊效应提高电子计算机的运算速度和缩小体积；可制成超导晶体管等。

3. 电介质材料

电介质材料是指电阻率大于 $10^8\Omega\cdot m$ 的陶瓷材料，能承受较强的电场而不被击穿。按其在电场中的极化特性，可分为电绝缘材料和电容器材料。α-Al_2O_3 纳米陶瓷具有很高的机械强度、良好的导热性和耐电强度高、绝缘电阻大、介电损耗小、电性能随温度及频率的变化较稳定等优点，被广泛用作电绝缘材料。电绝缘材料的用途见表4.6。

表4.6 电绝缘材料的用途

用 途	应 用 实 例
电力器件	绝缘子，绝缘管，绝缘衬套，真空开关
汽车器件	火花塞，陶瓷加热器
耐热元件	热电偶保护管，绝缘管
电阻器	电阻芯和基板，可变电阻基板，绕线电阻
光电池元件	光电池基板
调谐器	支撑绝缘柱，定片轴
电子计算机元件	滑动元件，磁带导杆
电路元件	电容器基板，线圈框架
整流器	可控硅整流器，饱和扼流圈封装元件
阴极射线管	阴极托，管子
电子管	管壳，磁控管，管座，管内绝缘物
混合集成电路	厚膜用基片，薄膜用基片，多层电路基片
半导体集成电路	玻璃封装外壳，陶瓷浸渍，分层封装外壳
半导体元件	硅晶体管管座，二极管管座，半导体保护元件，功率管管座，超高频晶体管外壳
封接材料	金属喷镀法加工，玻璃封装
光学材料	高压钠灯，紫外线透光窗口，红外线透光窗口

金红石型 TiO_2 纳米陶瓷属非铁电电容器材料，可作高频温度补偿电容器。$BaTiO_3$ 为典型铁电电容器材料，$PbZrO_3$ 为典型反铁电电容器材料。

4. 压电材料

压电材料是一种能把电能转换成机械能，或把机械能转换成电能的功能材料。$BaTiO_3$ 和 $PbTiO_3$ 是典型的压电材料。上面讲到纳米非晶氮化硅等具有压电性，可作压电材料。压电材料在超声、电声、水声、医疗、高压、微声、激光、导航、通信、生物等技术领域有广泛应用，可制作换能器、拾音器、仿声器、扬声器、滤波器、振荡器等。

参考文献

1. 张立德等.纳米材料学.沈阳:辽宁科学技术出版社,1994
2. 李世普等.特种陶瓷工艺学.武汉:武汉工业大学出版社,1990
3. 李世普等.生物陶瓷.武汉:武汉工业大学出版社,1989
4. 肖尊文等.结构陶瓷.景德镇陶瓷学院,1999
5. 肖尊文等.功能陶瓷.景德镇陶瓷学院,1999
6. A H Chokshi, A Rosen, J Karch, H Gleiter. Scripta Metall, 1989, 23:1679
7. J S C Jang, C C Koch. Scripta Metall et Mater., 1990, 24:1599
8. 倪永红等.纳米材料制备研究的若干新进展.无机材料学报,2000,15(1):9～15
9. A Lupo, M J Sabochick. Nanostructured Mater., 1992, 1:131
10. 刘宇等.新型纳米晶材料.硅酸盐通报,1993,12(4):47～52
11. H Gleiter, P Z Marquardt. Metall, 1984, 75:263～267
12. J H Fendier. Phys. Chem., 1985, 89:2730～2735
13. E Y Ivanol, C Suryanarayana, B D Bryskin. Mater. Sci. and Eng., 1998, A251:255～261
14. R Brook. Proc. Brit. Cer., ed. R. W. Davidge, 1982, 32:7
15. S J Bennison, M P Harmer, J. Am. Ceram. Soc., 1985, 68:22
16. R S Averback, H J Hofler, H Hahn. Nanostructured Mater., 1992, 1:173
17. 田明原等.纳米陶瓷与纳米陶瓷粉末.无机材料学报,1998,13(2):129～137
18. 王宏志等.纳米结构材料.硅酸盐通报,1999,(1):31～38
19. X Zhu, R Birringer, U Herr, H Gleiter. Phys. Rev., 1987, B35:9085
20. G J Thomas, R W Siegel, J A Eastman. Scripta Metall et Mater., 1990, 24:201
21. J A Eastman, M R Fitzsimmons. Nanostructured Mater., 1992, 1:47
22. W Wunderlich, Y Ishida, R Maurer. Scripta Metall et Mater., 1990, 24:403
23. 严红革等.反应球磨技术原理及其应用.功能材料,1997,28(1):15～18
24. H E Schaefer, R Wurschheim. Scripta Metall, 1987, 21:135
25. S Veprek, Z Iqbal, et al. J Phys., 1981, C14:295
26. V G Gryaznov, I A Polonsky, A E Romanov, L I Trusov. Phys. Rev., 1991, B44:42
27. G Palnmlo, S J Thorpe, K T Aust. Scripta Metall et Mater., 1990, 24:1347
28. G W Nieman, J R Weertman, R W Siegel. Scripta Metall, 1989, 23:2013
29. G Mcmahon, U Erb. Microstructural Sci., 1989, 17:447
30. F Wakai, Y Kodama, S Sakaguchi, T Nonami. J. Am. Ceram. Soc., 1990, 73:457
31. H Gleiter. Progress in Mater. Sci., 1989, 33:223
32. R W Siegel. Synthesis and Processing of Nanostructured Materials. to be published, 1993
33. C Mo, Z Yuan, L Zhang, C. Xie. Nanostructured Mater., 1993, 2
34. W Geibel, Diploma Ihesis. University of the Saalland, 1989, FB12.1
35. W X Wang, D H Li et al. Appl. Phys. Lett., 1993, 62:321

第五章 纳米复合材料

复合材料是随着科学技术的发展而涌现出的一种新型材料。它是由两种或两种以上性质不同的材料,通过各种工艺手段组合而成的复合体。由于各组成材料的协同作用,故具有单一材料无法比拟的优异综合性能。它具有刚度大、强度高、重量轻等优点,并且可根据作用条件的要求进行设计和制造,以满足各种特殊用途的需要。

复合材料的结构是以一个相为连续相,称为基体,而另一相是以一定的形态分布于连续相中的分散相,称为增强体。如果增强体是纳米级的话,如纳米颗粒、纳米晶片、纳米晶须、纳米纤维等,就称为纳米复合材料。纳米复合材料的强度和韧性比单组分纳米材料提高2~5倍,因此具有广泛的应用前景。

5.1 纳米复合材料分类

纳米复合材料的分类有多种方法,现归纳如图5.1。

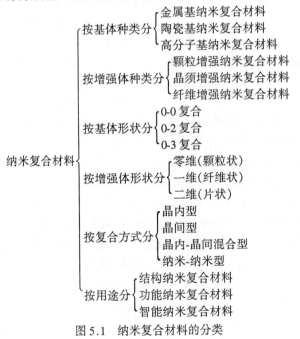

图5.1 纳米复合材料的分类

按基体形状可把纳米复合材料分:0-0复合、0-2复合、0-3复合。0-0复合:即不同成分不同相或不同种类的纳米粒子复合而成的纳米复合材料。这种复合材料的纳米粒子可以是金属与金属、陶瓷与高分子、金属与高分子、陶瓷与陶瓷、陶瓷与高分子等构成的。0-2复合:即把纳米粒子分散到二维的薄膜材料中。这种0-2复合材料又可分为均匀弥散型和非均匀弥散型两大类。均匀弥散型是指纳米粒子在薄膜基体中均匀分布,非均匀弥散型是指纳米粒子随机混乱地分散在薄膜基体中。0-3复合:即把纳米粒子分散到常规的三维的固体材料中。例如:把金属纳米粒子弥散到另一种金属或合金中,或者放入常规的陶瓷材料或高分子材料中;把纳米陶瓷粒子放入常规的金属、高分子或陶瓷中。见图5.2。

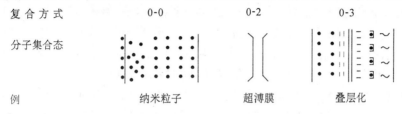

图5.2 按基体形状分类的纳米复合材料示意图

按增强体形状可把纳米复合材料分为零维(颗粒增强)、一维(纤维、晶须增强)、二维(晶片、薄层、叠层增强),见图5.3。

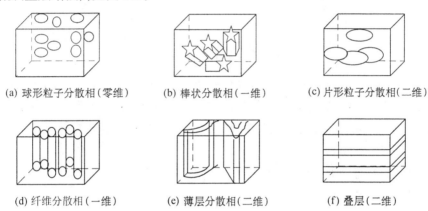

图5.3 按增强体形状分类的纳米复合材料示意图

按复合方式不同,纳米复合材料示意图见图5.4。从中可知,晶内型和晶间型纳米复合材料,即纳米粒子主要弥散于基体晶粒内或基体晶粒间,其目的不仅为了改善室温力学性能及耐用性,而且要改善高温力学性能,如硬度、强度、抗蠕变和疲劳破坏性能。纳米-纳米型复合材料则是由纳米级增强体和纳米基体晶粒构成,使材料增加某些新的功能,例如可加工性和超塑性等。

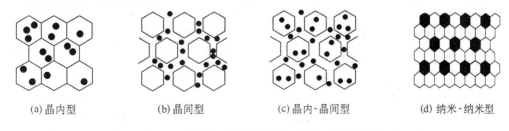

图5.4 按复合方式分类的纳米复合材料示意图

结构纳米复合材料主要用作承力和次承力结构。因此主要要求质量轻、强度和刚度高,且能耐一定的温度。在某些情况下,还要求膨胀系数小、绝热性能好或耐介质腐蚀等其他性能。结构纳米复合材料基本上是由纳米级增强体和基体组成。前者是承受载荷的主要组元,后者则起到使增强体彼此粘结起来予以赋型并传递应力和增韧的作用。可按受力的状态进行复合结构的设计。

功能纳米复合材料是指除力以外而提供其他物理性能的纳米复合材料。即具有各种电学性能(如导电、超导、半导、压电等)、磁学性能(如永磁、软磁、磁致伸缩等)、热学性能(如绝热、导热、低膨胀系数等)、光学性能(如透光、选择吸收、光致变色等)、声学性能(如吸音、消声纳等)。功能纳米复合材料主要由纳米功能体和基体组成。基体不仅起到粘结和赋型的作用,同时也会对复合材料整体的物理性能有影响。

智能纳米复合材料是指具有自检测、自判断、自恢复、自协调和执行功能的纳米复合材料。材料具有智能的关键是它们对环境有"反映能力"。若将复杂的反映能力引进到现有的材料中,就能使材料具有传感、处理和执行功能。"复合"是使材料智能化的有效途径之一。若将纳米级功能体(如形状记忆合金纳米粒子)与具有相变粒子的材料复合,则具有对损伤的自预警和自修复功能。

5.2 纳米复合材料性能

本节对纳米复合材料的性能做一简单介绍,使读者对纳米复合材料的性能有一个感性的认识。把高强度、高模量、耐热性好的纳米颗粒、纳米晶片、纳米晶须、纳米纤维等弥散于基体材料中,可提高基体材料的强度、模量、韧性、抗蠕变和抗疲劳性、高温性能,有的可增加功能性或智能性。

纳米复合材料的力学性能主要具有如下的特点:高强度、高韧性;高比强度、高比模量;抗蠕变、抗疲劳性好;高温性能好;断裂安全性高等。

5.2.1 高强度、高韧性

纳米复合材料的强度和韧性均比未加增强体的基体材料要高。颗粒增强陶瓷基纳米复合材料的性能改进见表 5.1 和图 5.5。从中可见,纳米 SiCp 颗粒弥散于 Al_2O_3 基体晶粒中(晶内型),使拉伸强度提高了 4 倍多。其他纳米复合材料的拉伸强度也都提高了 2 倍左右。而

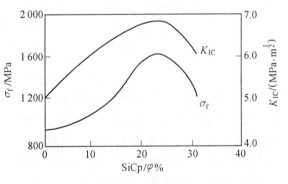

图 5.5 $SiCp/Si_3N_4$ 纳米复合材料的强度和韧性

断裂韧性并不降低,分别提高了 1~4 倍。$SiCp/Si_3N_4$ 陶瓷基纳米复合材料属晶间型,当纳米 SiCp 体积含量为 $25\varphi\%$ 时,强度和韧性达到最大值,都有较大幅度的提高。

和单组分 Al_2O_3 和 MgO 陶瓷相比,$SiCp/Al_2O_3$、$SiCp/MgO$ 和 Si_3N_4p/Al_2O_3 纳米复合材料温度超过 1 000℃的高温强度都有明显的改善,见图 5.6、图 5.7。在 1 000~1 400℃范围内,$SiCp/MgO$ 纳米复合材料的强度高于室温强度,到 1 500℃附近仍接近 600MPa。从图 5.7 可以看出,Si_3N_4p/Al_2O_3 纳米复合材料的硬度随温度变化的转折点,即脆性-韧性转变温度(BDTT)比纯 Al_2O_3 提高了。

表 5.1　陶瓷基纳米复合材料的力学性能

复合系统	抗折强度 σ_f/MPa	断裂韧性 K_{IC}/(MPa·m$^{-\frac{1}{2}}$)	最高使用温度 T/℃
SiCp/Al$_2$O$_3$	350~1 520	3.5~4.8	800~1 200
Si$_3$N$_4$p/Al$_2$O$_3$	350~650	3.5~4.7	800~1 300
SiCp/MgO	340~700	1.2~4.5	600~1 400
SiCp/Si$_3$N$_4$	850~1 550	4.5~7.5	1 200~1 400
SiCp/Si$_3$N$_4$/Al$_2$O$_3$	~750	~2.5	~1 300

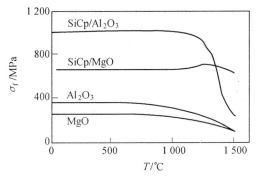

图 5.6　SiCp/Al$_2$O$_3$ 和 SiCp/MgO 纳米复合材料的强度与温度的关系

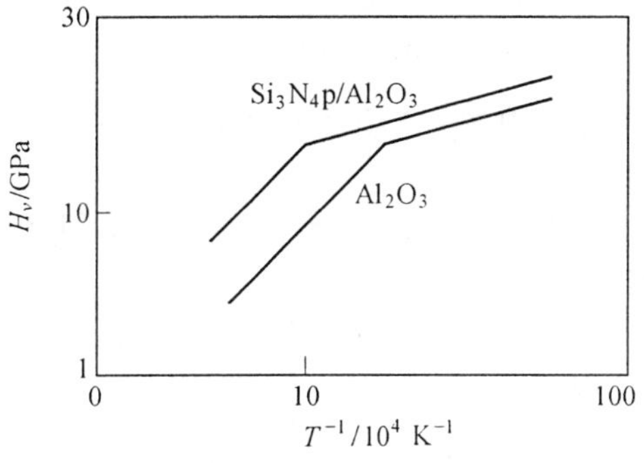

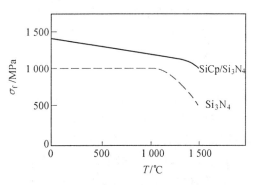

图 5.7　Si$_3$N$_4$p/Al$_2$O$_3$ 纳米复合材料的硬度与温度的关系

SiCp/Si$_3$N$_4$ 纳米复合材料的强度直到 1 400 ℃仍未明显下降。纳米 SiCp 体积含量为 32 φ% 时，σ_f 仍超过 1 000MPa，1 500 ℃时还有大约 900MPa，见图 5.8。SiCp/Si$_3$N$_4$ 纳米复合材料中，纳米级 SiC 粒子既弥散于 Si$_3$N$_4$ 晶粒内，也弥散于 Si$_3$N$_4$ 晶界，属晶内-晶间混合型。这是与上述其他复合材料所不同的。

由 SiC 粉添加聚苯乙烯硅烷（polysilastyrene）在氩气中烧结制备的 SiCp/SiC 纳米复合材料属晶间型。直到 1 500 ℃强度仍不下降，且具备类似于金属的可加工性，例如可加工螺纹。这与纳米级 SiC 粒子间存在螺纹状碳有关，碳在加工过程中起到了润滑作用。

图 5.8　SiCp/Si$_3$N$_4$ 纳米复合材料的强度与温度的关系

图 5.9 是纳米晶须增强的 SiCw/Al$_2$O$_3$ 纳米复合材料的强度与温度的关系，图 5.10 是 SiCw/Al$_2$O$_3$ 纳米复合材料的断裂韧性与温度的关系。纳米晶须 SiCw 的加入，使 Al$_2$O$_3$ 陶瓷材料的断裂韧性提高。随温度提高，无纳米晶须 SiCw 增强的 Al$_2$O$_3$ 陶瓷材料的断裂韧性呈下降趋势，而 SiCw/Al$_2$O$_3$ 纳米复合材料的断裂韧性则保持不变。甚至在大于 1 000 ℃后，断裂韧性呈上升趋势。Becher 等人的研究表明，不仅 SiCw/Al$_2$O$_3$ 纳米复合材料的断裂韧性高于 Al$_2$O$_3$ 陶瓷，而且室温力学性能及高温力学性能、抗热冲击性能及抗高温蠕变性

能均得到本质上的改善。SiCw加入增加了韧性及断裂功,被归功于裂纹桥连和晶须拔出增韧机制。

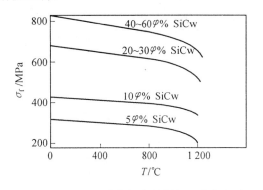
图5.9 SiCw/Al₂O₃纳米复合材料的强度与温度的关系

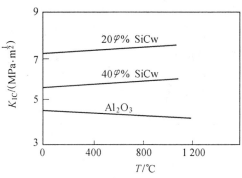
图5.10 SiCw/Al₂O₃纳米复合材料的K_{IC}与温度的关系

陶瓷基纳米复合材料,特别是氧化物系陶瓷基纳米复合材料力学性能的明显改善大致可归结如下:

(1)纳米级弥散相抑制了氧化物基体晶粒生长和减轻了晶粒的异常长大,起到细晶强化作用。

(2)在弥散相内或弥散相周围存在高的局部应力,这种应力是基体和弥散相之间热膨胀失配而产生的,使冷却期间产生位错。纳米级粒子钉扎或进入位错区使基体晶粒内形成亚晶界,使基体晶粒再细化而起增强作用。

(3)纳米级粒子周围的局部拉伸应力引起穿晶断裂,并由于硬粒子对裂纹尖端的反射作用而产生韧化。破坏模式从穿晶和晶间到单纯晶间断裂,晶界相(通常约10%体积的无定形相)的改变和对高温力学性能影响的减小,使高温力学性能获得明显改善。

(4)纳米级粒子在高温牵制位错运动,从而也能使高温力学性能获得明显改善。

上述性能的改善,有利于抗热震性等热学-力学性能的改善。

弥散相对氮化物、碳化物、硼化物陶瓷基纳米复合材料的作用明显与上述氧化物系陶瓷不同。大致有如下几个原因:

(1)当增强体含量较低时,纳米级增强体粒子在液相烧结过程中,对$\beta\text{-}Si_3N_4$的析出起晶核作用,促进细长形$\beta\text{-}Si_3N_4$晶粒生长,这种晶粒结构(纳米晶须或纤维)起增韧和增强作用。

(2)在纳米级增强体含量较高时($>25\varphi\%$),弥散相阻止了细长形Si_3N_4晶粒生长,将形成细小等轴晶,而成为纳米-纳米型复合材料。这种复合材料在高温下具有超塑性变形的能力。

(3)纳米级增强体位于Si_3N_4基体的晶界。在添加8% Y_2O_3助烧剂时,SiC和Si_3N_4晶粒之间没有观察到晶界杂质相,可见是直接结合的。这改善了复合材料的高温力学性能。

未来的新一代陶瓷材料将是晶片增强、晶须增强、纤维增强的纳米复合材料。

5.2.2 高比强度、高比模量

纳米复合材料另一优点是比强度、比模量高。比强度、比模量是指材料的强度或模量与密度之比。材料的比强度愈高,制作同一零件则自重愈小;材料的比模量愈高,零件的刚性愈大。表 5.2 列出了几种典型金属基纳米复合材料的比强度和比模量。

表 5.2 几种典型金属基纳米复合材料的性能

复合系统	抗拉强度/MPa	拉伸模量/GPa	密度/(g·cm^{-3})	比强度/(MPa·g^{-1}·cm^{-3})	比模量/(GPa·g^{-1}·cm^{-3})
Al$_2$O$_3$p/Al	900	130	2.9	310	45
SiCw/Al	620	138	2.8	221	49
SiCp/Al	510	100	2.8	188	36
SiCf/Al	900	110	2.6	436	42
Al$_2$O$_3$f/Al	900	130	2.9	310	45

颗粒和晶须增强金属基纳米复合材料的金属基体大多采用密度较低的铝、镁和钛合金,以便提高复合材料的比强度和比模量。其中较为成熟、应用较多的是铝基纳米复合材料。这类复合材料所采用的增强体材料大多为碳化硅、氮化硅、碳化硼、氧化铝等的纳米颗粒、晶须,其中以 SiC 为主。

金属基纳米复合材料的力学性能明显改善大致可以归结如下:

(1)与长纤维增强复合材料不同,基体和增强体都将承担载荷,但颗粒与晶须的增强效果不同。颗粒增强复合材料的强度与颗粒在基体中分布的平均间距有关。随颗粒间距增大,复合材料的强度下降。也就是说,在同样体积含量下,颗粒越细,增强效果越好。

(2)晶须的强度和长径比远高于颗粒,因此晶须的增强效果要比颗粒显著。但无论是颗粒增强,还是晶须增强,复合材料的强度是随增强体含量的增加而增加。见图 5.11。

(3)颗粒和晶须增强金属基纳米复合材料的模量基本符合复合法则。由于颗粒与晶须增强体材料在模量上差别不大,因而两者对模量的增强效果是接近的。见图 5.12。

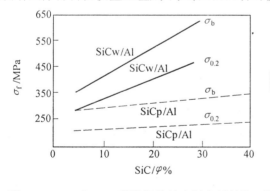 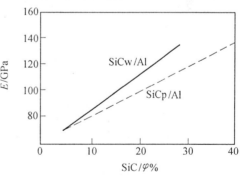

图 5.11 SiCp 和 SiCw 增强铝基纳米复合材料的强度

图 5.12 SiCp 和 SiCw 增强铝基纳米复合材料的模量

(4)与对强度的增强效果相比,颗粒对复合材料模量的增强效果十分明显,但仍然低于晶须,这是由于颗粒形状对模量增强效果有一定的影响。

(5)采用颗粒和晶须增强金属基纳米复合材料时,在高温下的强度和模量一般要比其基体合金的高。与室温时相同,复合材料的高温强度及高温模量也随颗粒或晶须的体积含量的增加而提高。见图 5.13。

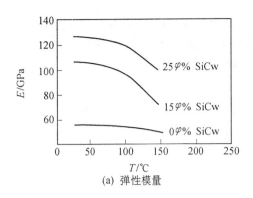 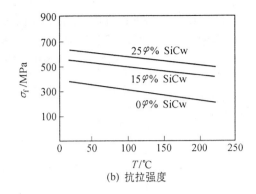

(a) 弹性模量　　　　　　　　　(b) 抗拉强度

图 5.13　SiCw 含量对铝基纳米复合材料高温性能的影响

5.2.3　抗蠕变、抗疲劳性好

图 5.14 为 SiCw 晶须增强 Al_2O_3 陶瓷基纳米复合材料 1 500 ℃的蠕变性能,从中可见,在相同的应力下,SiCw/Al_2O_3 纳米复合材料的蠕变速率比 Al_2O_3 陶瓷要小。

图 5.15 为 SiCp 和 SiCw 增强 6061 Al 在不同应力作用下的蠕变速率的变化趋势。从中可见,在相同应力作用下(如 50MPa),颗粒增强的纳米复合材料的最小蠕变速率要比基体合金低 2 个数量级;在相同蠕变速率下,颗粒增强时可比未增强基体的蠕变应力增加 1 倍左右,即纳米复合材料所承受的应力提高了 1 倍。晶须增强时又要比颗粒增强时抗蠕变性能更好。一般纳米复合材料的应力指数 n(即图中直线的斜率)明显高于基体。基体的 n 约为 4～5,而纳米复合材料的 n 约为 9～20。这反映了纳米复合材料的蠕变速率对应力的敏感性大。

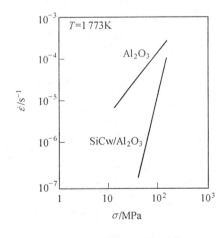 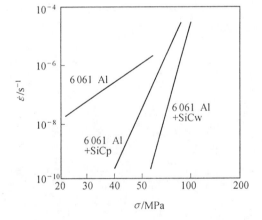

图 5.14　SiCw/Al_2O_3 纳米复合材料的　　图 5.15　SiCp 和 SiCw 增强 6061 Al 的
　　　　蠕变速率与应力的关系　　　　　　　　　　　　蠕变性能

不同 SiCw 含量增强 2124 Al 的最小蠕变速率与应力的关系如图 5.16 所示。从中可见,当晶须体积含量增加时,纳米复合材料的蠕变性能有明显的改善。两种不同晶须含量的纳米复合材料的应力指数 n 基本是相同的。这反映了晶须增强铝基纳米复合材料在高应力下,晶须与基体界面部分脱粘对蠕变性能的影响。结果使纳米复合材料蠕变,应力指数 n 增加。

颗粒和晶须增强金属基纳米复合材料的疲劳强度和疲劳寿命一般比基体金属高。图5.17为SiCp和SiCw增强6061 Al和其基体的S-N曲线。从中可见,纳米复合材料的疲劳强度要明显高于其基体。在相同的疲劳应力作用下,纳米复合材料的疲劳寿命比基体金属高1个数量级。晶须增强与颗粒增强的纳米复合材料疲劳性能基本接近。纳米复合材料疲劳性能的提高可能与其强度和刚度的提高有关。

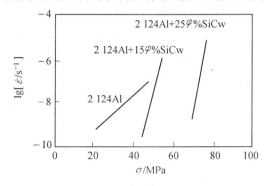
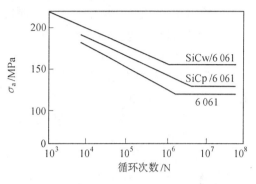

图5.16 不同含量SiCw增强2124 Al的蠕变性能　　图5.17 SiCp和SiCw增强6061 Al及其基体的S-N曲线

晶须增强不同铝基纳米复合材料的疲劳性能如图5.18所示。从中可见,基体中增加一部分锂形成"复合基体"时,其疲劳性能有明显提高。这是与晶须增强纳米复合材料疲劳裂纹的形成和扩展有关。

疲劳裂纹在晶须增强纳米复合材料中,在晶须的端部或在与基体的界面处形成,当SiCw分布不均匀时,在SiCw密集处或是基体中的一些显微缺陷处也容易萌生疲劳裂纹。由于SiCw与基体在强度和变形能力上有显著的差别,因而在疲劳过程中其界面将产生

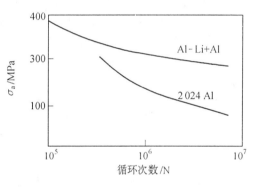

图5.18 SiCw增强不同铝基纳米复合材料的S-N曲线(R=0.1)

较大的内应力,就可能导致界面开裂。而基体中的显微缺陷及晶须密集处同样存在较大内应力和空穴的积累而形成的疲劳裂纹。疲劳裂纹的扩展是由于裂纹前沿所形成的微孔的连接而引起的。当裂纹的扩展遇到SiCw时,裂纹扩展会停止,而等待附近其他微孔的积累、连接,再引发裂纹形成及扩展。含有复合基体的SiCw增强纳米复合材料,其裂纹的形成及扩展受基体韧化的影响,因而提高了其疲劳性能。

纳米复合材料以上几方面的性能都是力学性能,至于作为功能复合材料或智能复合材料而言,它们还分别具有各种功能性或智能性,限于篇幅,在此不多介绍了。

5.3 陶瓷基纳米复合材料

陶瓷具有优良的综合机械性能、耐磨性好、硬度高以及耐热性和耐腐蚀性好等特点。但是它的最大缺点是脆性大。近年来,通过往陶瓷中加入或生成纳米级的颗粒、晶须、晶

片、纤维等，使陶瓷的韧性大大地改善，而且强度及模量有了提高。

陶瓷基纳米复合材料的基体主要有氧化铝、碳化硅、氮化硅和玻璃陶瓷等。它们与纳米级第二相的界面粘结形式主要有两种：机械粘结和化学粘结。强的界面粘结往往导致脆性破坏。在断裂过程中，强的界面结合不产生额外的能量消耗。当界面结合较弱时，基体中的裂纹扩展至晶须、纤维等处时，将导致界面脱粘，其后发生裂纹偏转、裂纹搭桥、晶须及纤维断裂，以致最后拔出。所有这些过程都要吸收能量，从而提高陶瓷的断裂韧性。

陶瓷基纳米复合材料最早是由化学气相沉积(CVD)法制备的。CVD工艺对于把纳米级第二相弥散进基体晶粒或晶界是一种很好的方法。然而CVD工艺不适用于大量制造大尺寸和形状复杂的制品，而且成本高。而后采用传统的生产陶瓷的工艺：热压烧结、无压烧结、热等静压(HIP)工艺成功地制备了陶瓷基纳米复合材料，并且还发展了一些新工艺：反应烧结、微波烧结、自蔓延高温合成法、溶胶-凝胶法、原位复合法等。

5.3.1 固相法

1. 热压烧结(HP)

将陶瓷粉体在一定温度和一定压力下进行烧结，称为热压烧结。与无压烧结相比，烧结温度低得多。通过热压烧结，可制得具有较高致密度的陶瓷基纳米复合材料，并且晶粒无明显长大。例如以 Si_3N_4 粉和纳米 SiCw 晶须为原料，加入少量添加剂（如 MgO 等），混合均匀后，装入石墨模具中，在 1 600～1 700℃ 的氩气中热压烧结，烧结压力 20～30 MPa。可得到致密的(可达理论密度的 95%) $SiCw/Si_3N_4$ 纳米复合材料。

热等静压(HIP)也属于热压烧结的一种。它是用金属箔代替橡胶模具，用气体代替液体，使金属箔内的陶瓷基体和纳米增强体混合粉末均匀受压。通常所用气体为氮气、氩气等惰性气体，金属箔为低碳钢、镍、钼等。一般压力为 100～300 MPa，温度从几百度(℃)至 2 000℃。也可先无压烧结后再进行热等静压烧结。与一般热压烧结法相比，HIP法使混合物料受到各向同性的压力，使显微结构均匀；另外 HIP 法施加压力高，在较低温度下即可烧结。对氧化铝基复合材料而言，无压烧结温度为 1 800℃，热压烧结(20MPa)温度为 1 500℃，而 HIP 烧结(400MPa)在 1 000℃ 的较低温度下就已致密化了。

2. 反应烧结(RS)

反应烧结是将陶瓷基体粉末和增强体纳米粉末混合均匀，加入粘结剂后压制成所需形状，经高温加热进行氮化或碳化，反应生成陶瓷基体把纳米级第二相紧密地结合在一起，从而获得陶瓷基纳米复合材料的方法。用这种方法可以制备氮化硅或碳化硅基纳米复合材料。反应烧结的优点是：(1)陶瓷基体几乎无收缩；(2)纳米晶须或纤维的体积分量可以相当大；(3)大多数陶瓷的反应烧结温度低于陶瓷的常规烧结温度，因此可以避免纳米晶须或纤维的损坏。

例如，采用反应烧结法制备 $SiCw/Si_3N_4$ 纳米复合材料：以硅粉为原料，加入一定量的 SiCw，用一般方法成型后，在 $N_2 + H_2$ 的气氛下预氮化 1～1.5h，氮化温度为 1 180～1 210℃。预氮化后有一定的强度，可进行机械加工，以达到所需尺寸。最后，在 1 350～1 450℃ 氮化 18～36h，直到所有的硅都变成氮化硅，得到尺寸精确的 $SiCw/Si_3N_4$ 纳米复合材料制品。与一般陶瓷烧结发生体积收缩不同，在反应烧结时硅与氮发生反应，使体积增加 22%，这使得制品致密，而尺寸却很少变化。

反应烧结法最大缺点是气孔率高，可用热压和反应烧结并用来克服，称为反应热压法。例如采用反应热压法制备 $TiB_2/Ti(C,N)$ 纳米复合材料。TiB_2、$Ti(C,N)$ 具有高熔点、高硬度、优良化学稳定性等,是切削刀具、耐磨部件的候选材料。同时它们又都具有良好的导电性,又是电极的候选材料。

作为刀具材料,TiB_2 的硬度高于 $Ti(C,N)$,其中由于含有氮,使钢等被切削材料的摩擦系数大为降低,给切削带来许多优点。将 TiB_2 与 $Ti(C,N)$ 组成复合材料,可以兼得两者的长处。日本的渡边等人对此进行了大量的研究,取得了一定的成果。他们采用二步法(Two-step process),即先合成 TiB_2 和 $Ti(C,N)$,然后配料,经热压烧结或无压烧结制成 $TiB_2/Ti(C,N)$ 纳米复合材料。采用无压烧结的目的是为了简化工艺,降低成本。而我国张国军等人采用一步法制备出 $TiB_2/Ti(C,N)$ 纳米复合材料。现介绍如下:

采用 TiH_2、BN、B_4C 为原料,为了促进致密化,外加 2% Ni 粉。配料以酒精为介质,用 Al_2O_3 球混磨 12h。混合料烘干后在 1 850℃、25MPa 下真空热压 30min。主要化学反应为

$$TiH_2 \longrightarrow Ti + H_2 \uparrow$$
$$Ti + BN + B_4C + C \longrightarrow TiB_2 + Ti(C,N)$$
$$Ti + BN + B_4C + B \longrightarrow TiB_2 + Ti(C,N)$$

由 XRD 分析可知,只有 TiB_2 和 $Ti(C,N)$ 两相组成,并且化学分析测得的组成与理论配比相近,说明上述化学反应是成立的。并且 TiB_2 与 $Ti(C,N)$ 两相含量的比例,以及 $Ti(C,N)$ 中 C、N 含量的比例是可调的。可以在较宽范围内调整 $TiB_2/Ti(C,N)$ 纳米复合材料的性能。由 BSE 照片可知(见图5.19),深色相为 TiB_2,浅色相为 $Ti(C,N)$。在 TiB_2 颗粒内部分散着几十纳米的 $Ti(C,N)$ 晶粒。在 $Ti(C,N)$ 颗粒内部分散着纳米级的 TiB_2 晶粒。这证明 $TiB_2/Ti(C,N)$ 纳米复合材料的复合方式为晶内型。该纳米复合材料的硬度 $H_v = 25GPa$,抗折强度 435MPa,电阻率 $\rho = 15.9\mu\Omega \cdot cm$。由 SEM 观察了复合材料的断口,见图5.20,发现为穿晶断裂。说明采用反应热压法制备的 $TiB_2/Ti(C,N)$ 纳米复合材料的晶界强度很高,这是由于 TiB_2 与 $Ti(C,N)$ 之间的相互纳米分散,改善了复合材料的性能的缘故。

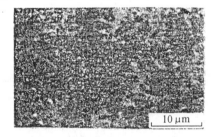

图 5.19 $TiB_2/Ti(C,N)$ 纳米复合材料 BSE 照片

图 5.20 $TiB_2/Ti(C,N)$ 纳米复合材料断口 SEM 形貌

3. 微波烧结(MS)

陶瓷基纳米复合材料在烧结过程中,于高温停留很短时间,纳米级第二相晶粒就长大到近一个数量级。因此,要想使晶粒不过分长大,必须采用快速升温、快速降温的烧结方法。而微波烧结技术可以满足这个要求。

微波烧结的升温速度快(500℃/min),升温时间短(2min),解决了普通烧结方法不可避免的纳米晶异常长大问题。

采用微波烧结可制备 ZrO_2/Al_2O_3 纳米复合材料。首先制备陶瓷纳米粉体:ZrO_2-Y_2O_3-

Al_2O_3,纳米复合粉体采用化学共沉淀法制备:$ZrOCl_2 \cdot 8H_2O$ 水溶液 + YCl_3 水溶液 + $AlCl_3$ 水溶液混合→滴入氨水(pH = 9~10)→共沉淀出 $Zr(OH)_4$、$8Y(OH)_3$、$3Al(OH)_3$ 混合物→600℃煅烧 1h,得到纳米复合粉料。经压制成型后,在微波烧结炉中烧结 3~4min,微波功率为 200kW,微波频率为 28GHz,微波波长与腔体体积之比为 1:100。即可获得 ZrO_2/Al_2O_3 纳米复合材料。该复合材料属纳米-纳米型。

4. 自蔓延高温合成(SHS)

自蔓延高温合成法是按反应方程式的配比混合原料,经成型后,点燃试样一端,由于反应放出大量的热,使试样其他部分也发生反应,直到反应完毕为止。

例如采用自蔓延高温合成法可以制备 $TiCp/Al_2O_3$ 纳米复合材料。以 TiO_2 粉、Al 粉、石墨粉(均为纳米级)为原料,按化学反应方程式进行配料,经混合、均化、成型后,在隋性气体保护下,用电热线圈点燃块体一端,点燃后切断电源。被点燃的纳米粉末发生反应,反应方程式为

$$3TiO_2 + 4Al + 3C \longrightarrow 3TiC + 2Al_2O_3$$

该反应能放出大量的热,足以维持块体其他部分的粉体继续反应,直至蔓延完毕。所以产物是多孔状的,必须经过后处理。比较方便的方法是在自蔓延高温合成的同时,进行加压(类似于反应热压法)。或者把自蔓延高温合成的产物粉碎后再成型,继而无压烧结。也可采用 SHS 合成的粉末,再热压烧结。自蔓延高温合成的粉末粒度很细(100~500nm),团聚的粉末通过球磨较容易分散,而且粉末中含有少量的游离 C,使得在高于 1 850℃时出现低共熔液相,从而在无需添加剂时,就可无压烧结而成,烧结温度为 1 875~1 950℃。

5.3.2 液相法

1. 浆体法

为了克服热压烧结中各材料组元,尤其是增强体材料为纳米晶须和纤维时混合不均匀的问题,可以采用浆体法制备陶瓷基纳米复合材料。该方法是把纳米级第二相弥散到基体陶瓷的浆体中,为了使各材料组元在浆体中保持散凝状,即在浆体中呈弥散分布,可通过调整溶液的 pH 值和超声波搅拌来改善弥散性。弥散的混合浆体可直接浇注成型后烧结,也可以冷压烧结和热压烧结。浆体法工艺流程如图 5.21。

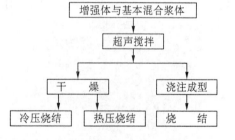

图 5.21 浆体法工艺流程图

直接浇注成型所制备的陶瓷基纳米复合材料机械性能较差,因为孔隙太多,因此一般不用于生产性能要求较高的陶瓷基纳米复合材料。对于纳米级的颗粒、晶须、纤维增强的陶瓷基纳米复合材料,采用湿法混料、热压烧结工艺,可以制备出纳米级第二相弥散分布的陶瓷基纳米复合材料。

2. 液态浸渍法

液态浸渍法与液态高分子浸渍法和金属渗透法类似。所不同的是,陶瓷熔体的温度要比高分子和金属高得多,而且陶瓷熔体的粘度通常很高,这使得浸渍预制件相当困难。高温下陶瓷基体与增强材料会发生化学反应,陶瓷基体与增强材料的热膨胀失配,室温与加工温度相当大的温度区间,以及陶瓷的低应变失效,都会增加陶瓷基纳米复合材料产生

裂纹。因此,采用液态浸渍法制备陶瓷基纳米复合材料时,化学反应性、熔体的粘度、熔体对增强材料的浸润性是首先要考虑的问题。这些因素直接影响陶瓷基纳米复合材料的性能。

由任何形式的增强体材料(纳米级颗粒、晶须、纤维等)制成的预制体都具有网络孔隙。由于毛细作用,陶瓷熔体可渗入这些孔隙。施加压力或抽真空将有利于浸渍过程。假如预制体中的孔隙呈一束束有规则间隔的平行通道,则可用 Poisseuiue 方程算出浸渍高度

$$h = \sqrt{(\gamma r t \cos\theta)/(2\eta)} \tag{5.1}$$

式中,r 为圆柱形孔隙管道的半径;t 为时间;γ 为浸渍剂的表面能;θ 为接触角;η 为粘度。

从式(5.1)可见,浸渍高度与时间的平方根成正比。若接触角较小(浸润性较好),增加表面能 γ 和孔隙半径 r,也可使浸渍容易进行。但若孔隙半径太大,将无毛细作用。

采用液态浸渍法已成功地制备出氧化铝纳米纤维增强金属间化合物(例如 Ni_3Al)纳米复合材料。液态浸渍工艺一般可获得密实的基体,但由于陶瓷的熔点较高,熔体与增强体材料之间极可能产生化学反应。陶瓷熔体的粘度比金属的高,对预制件的浸渍相对困难些。基体与增强体材料的热膨胀系数必须接近,才可以减少因收缩不同产生的开裂。

3. 溶胶-凝胶法(Sol-Gel)

溶胶是由溶液中由于化学反应沉积而产生的微小颗粒(直径 < 100nm)的悬浮液。凝胶是水分减少的溶胶,即比溶胶粘度大些的胶体。

溶胶-凝胶技术是指金属有机或无机化合物经溶液、溶胶、凝胶而固化,再经热处理生成氧化物或其他化合物固体的方法。该方法在制备材料的初期就着重于控制材料的微观结构,使均匀性可达到微米级、纳米级、甚至分子级水平。20 世纪 80 年代是溶胶-凝胶技术发展的高峰时期。目前溶胶-凝胶技术已用于制备块状材料、玻璃纤维、陶瓷纤维、薄膜和涂层、以及复合材料。

用溶胶-凝胶法制备复合材料,是将基体组元形成溶液或溶胶,然后加入增强体材料组元(纳米级复合材料加入纳米级第二相:纳米颗粒、晶须、纤维或晶种),经搅拌使其在液相中均匀分布。当基体组元形成凝胶后,这些增强组元则稳定地均匀分布在基体材料中。经干燥或一定温度热处理,然后压制、烧结,即可形成复合材料。Sol-Gel 工艺过程见图 5.22。

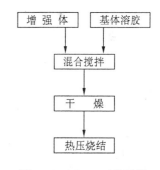

图 5.22 Sol-Gel 工艺过程

溶胶-凝胶法的优点是基体成分易控制,复合材料的均匀性好,加工温度较低。相对于浆体法,其缺点是制备的复合材料收缩率大,导致基体常发生开裂。为了增加致密性,一般都反复多次浸渍。

采用该方法已制备出 SiCw 增强 SiO_2-Al_2O_3-Cr_2O_3 陶瓷基纳米复合材料。首先将纳米 SiCw 加入到 SiO_2-Al_2O_3-Cr_2O_3 系统溶胶中,经凝胶化、热处理和在 1 400℃烧结后,这种纳米复合材料的 $K_{IC} = 4.3\text{MPa·m}^{1/2}$,维氏硬度大于 1 100,相对密度达到 90%。在 SiO_2-Al_2O_3 凝胶中加入莫来石纳米晶种,经烧结后陶瓷中会长出长径比 10∶1 的莫来石晶须,使其力学性能得到提高。

4. 聚合物热解法

溶胶-凝胶工艺和聚合物热解工艺都是利用有机先驱体在高温下裂解而转化为无机

陶瓷基体的一种方法。溶胶-凝胶法主要用于制备氧化物陶瓷基复合材料,例如:Al_2O_3、ZrO_2、TiO_2陶瓷基体等。它是由液态溶胶经进一步水解反应脱水和聚合形成凝胶,凝胶经高温干燥和裂解形成无机氧化物陶瓷基体。聚合物热解法主要用于制备非氧化物陶瓷基复合材料。目前主要以氮化物、碳化物系陶瓷基体为主。这种方法的特点是:可充分利用聚合物基和现有成型技术;可以对纳米第二相先驱体进行分子设计,制备所期望的单相或多相陶瓷基体;其裂解温度较低(<1 300℃),无压烧结,因而设备较简单,可避免纳米增强相与陶瓷基体间的化学反应;可仿形制造复杂形状的制品。该方法的主要不足之处是:致密周期较长,制品的孔隙率较高(15% ~ 30%),基体在高温裂解过程中收缩率较大,容易产生裂纹和气孔。针对这些问题,国内外目前均在先驱体的合成与改性、成型工艺的优化等方面进行研究,并取得一定进展。例如,混料时加入金属粉可以解决聚合物先驱体热解时收缩率大、气孔率高的问题。

最常用的聚合物是有机硅高聚物,如含碳和硅的聚碳硅烷成型后,经直接高温分解并高温烧结后,可制得 SiC 或 Si_3N_4 单相陶瓷基,或由 SiC 和 Si_3N_4 组成的多相陶瓷基纳米复合材料。为了解决气孔率高的问题,可以采用热解 + 热压的方法。例如采用聚乙烯羰基硅烷和聚硅苯乙烯,在氩气气氛下合成 SiC 陶瓷基体,采用聚硅氮烷在氮气下合成 Si_3N_4 陶瓷基体。首先把纳米第二相预制体在形成基体的陶瓷原料中浸渍处理,然后热压烧结使之致密化。热压烧结工艺为:$P = 300 \sim 350 kg/cm^2$,$T = 1\ 600 \sim 1\ 800℃$。该复合材料的最大特点是具有高的断裂韧性,使 Si_3N_4 的 K_{IC} 提高 4.7 倍,使莫来石的 K_{IC} 提高 6.9 倍。Si_3N_4 和莫来石自烧结体及其复合材料的应力 - 应变曲线见图 5.23 及图 5.24,由应力-应变曲线可求出面积比,就是破坏所需的能量比。由图 5.23 及图 5.24 可见,该复合材料的破坏方式是稳定破坏,破坏所需能量比自烧结体大得多。

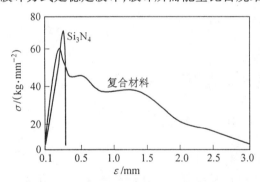

图 5.23 Si_3N_4 自烧结体及其复合材料的应力-应变曲线

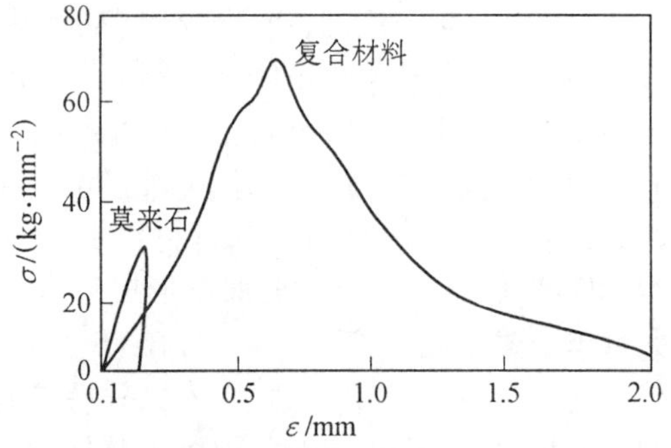

图 5.24 莫来石自烧结体及其复合材料的应力-应变曲线

5.2.3 气相法

气相法主要有:化学气相沉积法(CVD)和化学气相浸渍法(CVI)。这里主要介绍应用最广泛的 CVD 法。

化学气相沉积法是使反应物气体在加热的增强相预制体中进行化学反应,基体生成物沉积在增强相表面,从而形成陶瓷基复合材料。CVD 技术发展已比较成熟,应用十分广泛。CVD 法制备的陶瓷基纳米复合材料的结构类型见表 5.3。采用 CVD 法制备陶瓷基纳米复合材料的条件及性能见表 5.4。

表 5.3 化学气相沉积的复合结构

母相	分散相	原料气源	沉积温度/℃	结构类型
C	B_4C	C_xH_y-BCl_3	1 100~2 000	球形粒子分散相
	SiC	C_3H_8-$SiCl_4$	1 440~2 025	片形粒子分散相
	TiC	CH_4-$TiCl_4$	1 200~2 200	球形粒子分散相
	ZrC	C_xH_y-$ZrCl_4$	1 300~1 500	球形粒子分散相
	HfC	C_xH_y-HCl_4	1 300~1 500	—
	BeO	C_xH_y-$Be(C_5H_7O_4)$	1 600~2 000	球形粒子分散相
BN	C	BCl_3-NH_3-C_2H_2	1 700	—
	Si_3N_4	BCl_3-NH_3-$SiCl_4$	1 400~1 800	—
	TiN	BCl_3-NH_3-$TiCl_4$	1 400	球形粒子分散相
SiM	C	$SiCl_4$-NH_3-C_3H_3	1 100~1 300	球形粒子分散相
	AlN	SiH_4-NH_3-$AlCl_3$	600~1 100	—
	AlN	$SiCl_4$-NH_3-$AlCl_3$-O_2	—	—
	BN	$SiCl_4$-NH_3-B_2H_6	1 100~1 300	叠层
	BN	$SiCl_4$-NH_3-B_2Cl_3	1 400~1 800	—
	TiN	$SiCl_4$-NH_3-$TiCl_4$	1 050~1 200	球形粒子分散相 片形粒子分散相
B_4C	C	BCl_3-C_3H_8	1 400~1 800	—
SiC	C	$SiCl_4$-C_3H_3	1 300~1 800	球形粒子分散相
	B_4C	$SiCl_4$-C_3H_3-BCl_3	1 300~1 800	—
	TiC	$SiCl_4$-CCl_4-$TiCl_4$	1 300~1 600	球形粒子分散相
	Si_3N_4	$Si(CH_3)_4$-NH_3	1 300~1 600	—
ZrC	C	$ZrCl_4$-CH_4	1 550~2 100	—
Ti_3SiC_2	TiC	$TiCl_4$-$SiCl_4$-CCl_4	1 000~1 300	薄层分散相
Ti-B-N	TiB_2	$TiCl_4$-BCl_3-N_2	1 050~1 500	球形粒子分散相

CVD 法的优点是:生成物基体的纯度高,颗粒尺寸容易控制,可获得优良的高温机械性能,特别适用于制备高熔点的氮化物、碳化物、硼化物系陶瓷基纳米复合材料。例如以 $SiCl_4$、C_4H_{10} 和 Ar 气作为沉积气相,在纳米增强相预制体的间隙中沉积出 SiC,沉积速度快,且沉积温度低。CVD 法目前存在的不足之处是生产周期长,成本较高,而且制品的孔隙率较大。但经过改进以后,可达理论密度的 85%~90%。

表 5.4 CVD 法制备陶瓷基纳米复合材料的条件及性能

母 相	分 散 相		尺 寸 /nm	沉积温度 /℃	复合材料的结构及性能
	尺寸	含量			
非晶质 Si_3N_4	球状颗粒 TiN	10	3	1 100	K_{IC} 提高到 16MPa·m$^{1/2}$,比原来提高 2.5 倍;在分散相周围存在几个分子大小的孔隙,可提高隔热性能
α-Si_3N_4	颗粒 TiN	30	10	1 250	
β-Si_3N_4	纤维 TiN	5	$\phi 5 \times 2$	1 400	
TiC	SiC	20		1 400	K_{IC} 分别为 3 和 4MPa·m$^{1/2}$,SiC/TiC = 0.2 时,K_{IC} 为 10MPa·m$^{1/2}$
Si_3N_4	BN	50	每层厚 <100	1 300	该复合材料是以 $SiCl_4$、BCl_3 和混合气体为原料,用 CVD 法制备的,具有良好的透明性,可做耐高温窗材料
C(湍层结构)	β-SiC		厚 20 直径 200	1 535	以 $SiCl_4$、CH-H 为原料,采用 CVD 法制备,抗氧化性好,适用于生物体材料
BN 湍层结构	BN 六角棒状		<10	1 650	可用于生长单晶 GaAs 的坩埚
SiC 堆垛层错					K_{IC} 提高 1 倍以上
非晶质氮化硅	C	0.2	直径 100	1 100~1 300	以 $SiCl_4$-NH_3-C_8H_3-H_2 为原料,采用 CVD 法合成,碳粒子具有三维连续网状结构,使非晶质材料具有导电性

5.3.4 原位复合法

在陶瓷基纳米复合材料制备时,利用化学反应生成增强体组元——纳米颗粒、晶须、纤维等来增强陶瓷基体的工艺过程称为原位复合法。这种方法的关键是在陶瓷基体中均匀加入可生成纳米第二相的元素或化合物,控制其反应生成条件,使其在陶瓷基体致密化过程中,在原位同时生长出纳米颗粒、晶须和纤维等,形成陶瓷基纳米复合材料。也可以利用陶瓷液相烧结时某些晶相生长成高长径比的习性,控制烧结工艺。也可以使基体中生长出高长径比晶体,形成陶瓷基复合材料。该方法的优点是有利于制作形状复杂的结构件,成本低,同时还能有效地避免人体与晶须等的直接接触,减轻环境污染。

采用原位反应合成法可制备 SiC_w/Si_3N_4 纳米复合材料。Si_3N_4 具有优良的高温强度、耐腐蚀和抗热震等特性,但由于其本身的结构决定了它具有脆性,限制了在高技术领域的推广应用。在 Si_3N_4 中加入晶须是一种非常有效的增韧手段。目前,一般都采用外加晶须的方法,但外加晶须的方法不足之处是需要较复杂的工艺对晶须进行处理和分散,在晶须的处理过程中,对人体造成危害等。在复合材料制备过程中,自身生成一定数量起增强作用的晶须,即"自补强复合材料"可以避免上述问题。日本杉原有则等人利用 SiO_2 与 C 反应,在 Al_2O_3 基体内合成了 SiC_w 晶须,制备出 SiC_w/Al_2O_3 复合材料,显著提高了 Al_2O_3 基体的性能。神谷纯生等人利用金属 Si 与混合气体(丙烷 + 氢气 + 硫化氢)反应,在 Si_3N_4 基体中合成了 SiC_w 晶须,所制备的 SiC_w/Si_3N_4 复合材料的性能为:K_{IC} = 8.0MPa·m$^{1/2}$,

$\sigma_b = 750$ MPa。我国宋慎泰等人利用 SiO_2 与 C 反应在 Si_3N_4 基体中合成出 SiCw 晶须,制备出 SiCw/Si_3N_4 复合材料。他们采用的原料为:分析纯 SiO_2,高耐磨碳黑(纯度99.5%,粒度30nm),Si_3N_4 中:α-Si_3N_4 占 94%,β-Si_3N_4 占 5.2%,游离 Si 及其他金属杂质占 0.8%。其工艺过程为:将 SiO_2 与碳黑在无水乙醇介质中混合,随后干燥、过筛。把混合原料装入石墨坩埚,在 0.1MPa 的 Ar 气中,于 1 500 ~ 1 700℃保温 2h,脱碳后热压烧结为 SiCw/Si_3N_4 纳米复合材料。其工艺流程见图5.25。

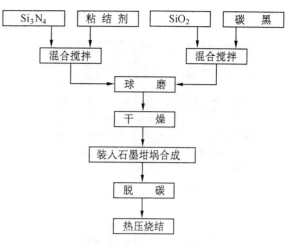

图 5.25 SiCw/Si_3N_4 纳米复合材料制备工艺流程

SiO_2 与 C 的反应产物为黑色松散物,经 700℃×2h 脱碳后变为浅绿色。XRD 衍射分析表明:在 1 500℃合成时,含有 β-SiC,少量 α-SiC 和 SiO_2,证明反应没有完全进行。在 1 550℃合成时,SiO_2 衍射峰消失,只含有 β-SiC,以及少量 α-SiC。随合成温度的提高,SiC 晶须含量增加,尺寸也增大。超过 1 600℃后,晶须表面劣化,颗粒状 SiC 增多。1 600℃生成的晶须基本上呈针状,直径约为 100 ~ 500nm,长度几十微米,见图 5.26。

在 1 600℃合成时,Si_3N_4、SiO_2、C、N_2 之间会发生很复杂的化学反应,主要有三种:

$$SiO_2 + 3C \longrightarrow SiC + 2CO$$

$$Si_3N_4 + 3C \longrightarrow 3SiC + 2N_2$$

$$3SiO_2 + 6C + 2N_2 \longrightarrow Si_3N_4 + 6CO$$

随 N_2 气压力增大,α-Si_3N_4 含量减少,β-Si_3N_4 含量增加。说明提高 N_2 气压力,促进了 α-$Si_3N_4 \rightarrow \beta$-$Si_3N_4$ 的相变。经热压烧结后,相对密度可达 98.9% ~ 99.7%。图 5.27 是 SiCw 含量与复合材料性能之间的关系。从中可见,随 SiCw 体积含量的增加,强度下降。当 SiCw 含量超过 10φ% 时,强度趋于稳定,保持在 620 ~ 650MPa。断裂韧性随 SiCw 体积含量的增加,呈上升趋势,于 15φ% SiCw 处具有最大值,$K_{IC} = 8.0$MPa·$m^{1/2}$,此时复合材料的强度为 649 MPa。总之,由于 SiCw 晶须的存在,阻碍了复合材料的致密化,增大其内部缺陷的尺寸,使强度受到一定损失。但是,SiCw 晶须可改变材料的断裂机制,使断裂韧性得到改善。

将 15φ% SiCw/Si_3N_4 试样,在 1 300℃空气中氧化 100h 后,测定其 1 300℃的高温强度,其平均值为 621 MPa。与室温强度相比,强度降低小于 5%。图 5.28 为 SiCw/Si_3N_4 纳米复合材料的断口形貌,从中可见,有晶须拔出、晶须桥连、裂纹偏转等,对复合材料的增韧都有贡献。

由 TEM 观察到,该纳米复合材料中,SiCw 晶须均匀分布在 Si_3N_4 基体晶粒之间,属晶间型。另外还有纳米级的 SiCp 颗粒(10 ~ 30nm)镶嵌于 Si_3N_4 基体晶粒内,少量位于晶界上,属晶内-晶间混合型。纳米级的 SiCp 颗粒对基体起到弥散强化作用。这些类型的组织结构对于改善基体材料的性能都非常有利。

图 5.26　1 600 ℃合成的 SiCw 晶须的 SEM 形貌

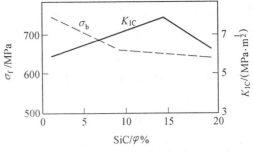

图 5.27　SiCw/Si$_3$N$_4$ 纳米复合材料中 SiCw 含量与性能的关系

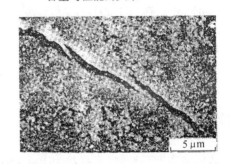

图 5.28　SiCw/Si$_3$N$_4$ 纳米复合材料的断口形貌

该方法与外加晶须法相比,具有工艺简单,价格便宜,晶须分布均匀,大大减轻了晶须对人体的危害等优点。并且所制备的复合材料,具有较高的高温强度。这是由于 Si$_3$N$_4$ 颗粒表面的 SiO$_2$ 薄层被 C 还原,减少了复合材料内玻璃相含量的结果。用该复合材料制成的刀具,可加工硬质合金刀具难以加工的材料。

5.4　金属基纳米复合材料

金属基纳米复合材料是以金属及合金为基体,与一种或几种金属或非金属纳米级增强相结合的复合材料。金属基纳米复合材料具有机械性能好、剪切强度高、工作温度较高、耐磨损、导电导热性好、不吸湿不吸气、尺寸稳定、不老化等优点,因此引起各国的重视。

金属基纳米复合材料制备成本高,除航空航天高技术领域外,还没有得到广泛应用,因此人们开始重视对其制备工艺的研究,各种复合新工艺相继问世,如压铸、半固态复合铸造,以及喷射沉积和金属直接氧化法、反应生成法等。这些复合新工艺的不断出现,促进了纳米颗粒、纳米晶片、纳米晶须增强金属基复合材料的发展,使成本不断降低,从而由航空航天工业转向民用,如在汽车工业的应用。

金属基纳米复合材料的制备是在高温下完成的,而且有的还要在高温下长期工作,活性的金属基体与纳米增强体之间的界面会不稳定。因此,人们对金属基纳米复合材料的界面问题进行了大量的研究,如界面结合类型、界面结构、界面反应及其控制和界面优化等,取得了一定成果。按纳米增强相与金属基体之间的物理与化学相容性,即溶解与程度来分,界面类型有三种:即纳米增强相与金属基体间:不反应不溶解;不反应但相互溶解;相互反应生成界面反应物。界面结合方式有四种:机械结合;浸润与溶解结合;化学反应结合;混合结合。可见,界面的溶解和析出是影响界面稳定性的物理因素,而界面反应是影响界面的化学因素。为了使纳米增强相与金属基体之间具有最佳的界面结合状态,应该使纳米增强相与金属基体之间具有良好的润湿性、粘着性强,有利于界面的均匀、有效地传递应力;纳米增强相与金属基体润湿后,互相间应发生一定程度的溶解;保持适当的界面结合力,提高复合材料的强韧性;并产生适当的界面反应,而界面反应产物层应质地均匀,无脆性异物,不能成为内部缺陷(裂纹源),界面反应可以控制等。其措施通常有两种方法,一是增强相表面改性(如涂覆);二是基体合金化(改性)。

金属基纳米复合材料目前主要有:铝基、钛基、镁基和高温合金基。其制备工艺主要有如下四大类。

5.4.1 固相法

金属基纳米复合材料制备工艺主要是采用粉末冶金法(PM)。纳米颗粒、纳米晶片、纳米晶须、纳米纤维等增强金属基复合材料的粉末冶金工艺流程见图5.29。由图5.29可以看出,金属基纳米复合材料的粉末冶金工艺过程主要分为二部分。首先将增强体材料(纳米颗粒、纳米晶片、纳米晶须等)与金属粉末混合均匀。然后进行封装、除气或采用冷等静压(CIP),再进行热等静压(HIP)或无压烧结,以提高复合材料的致密性。经过热等静压或无压烧结后,一般还要经过二次加工(热挤压、热轧等)才能获得金属基纳米复合材料零件毛坯。

此外,还可以将混合好的增强体材料与金属粉末压实封装于包套金属之中,然后加热直接进行热挤压成型,同样可以获得致密的金属基纳米复合材料。

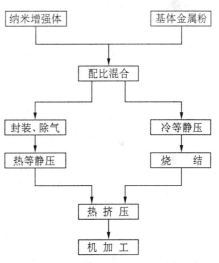

图5.29 粉末冶金工艺流程图

粉末冶金法制备金属基纳米复合材料具有如下优点:

(1)热等静压或无压烧结温度低于金属熔点,因而由高温引起的增强体材料与金属基体界面反应少,以减小界面反应对复合材料性能的不利影响。同时可以通过热等静压或无压烧结时的温度、压力和时间等工艺参数来控制界面反应。

(2)可以根据所设计的金属基纳米复合材料的性能要求,使增强体材料与基体金属粉末以任何比例混合,增强体含量可达50%以上。

(3)可以降低增强体与基体互相湿润的要求,也降低了增强体与基体粉末的密度差要求,使纳米颗粒、纳米晶片、纳米晶须等均匀分布在金属基纳米复合材料中。

(4)采用热等静压工艺时,其组织细化、致密、均匀,一般不会产生偏析、偏聚等缺陷。可使孔隙和其他内部缺陷得到明显改善,从而提高复合材料的性能。

(5)粉末冶金工艺制备的金属基纳米复合材料可以通过传统的金属加工方法进行二次加工,得到所需形状的复合材料零件毛坯。

但是,粉末冶金法工艺过程比较复杂,特别是金属基体必须制成金属粉末,增加了工艺的复杂性和成本。然而,由于粉末冶金法制备金属基纳米复合材料具有上述优点,国内外仍然在致力于发展粉末冶金工艺。

5.4.2 液相法

液相法也可称为熔铸法,其中包括压铸成型法、半固态复合铸造法、液态渗透法等。这些方法的共同特点是金属基体在制备复合材料时均处于液态。液相法是目前制备纳米颗粒、纳米晶片、纳米晶须增强金属基复合材料的主要方法。与固相法相比,液相法的工艺及设备相对简便易行;和传统金属材料的成型方法,如铸造、压铸等非常相似,制备成本较低。因此,液相法得到较快发展。

1. 压铸成型法(SC)

压铸成型法是指在压力的作用下,将液态或半液态金属和纳米增强体混合,以一定速度充填压铸模型腔,在压力下快速凝固成型而制备金属基纳米复合材料的工艺方法。图 5.30 为典型压铸工艺流程图。压铸工艺共分为四个工序。首先将包含有纳米增强体的金属熔体倒入预热模具中,然后迅速加压,压力约为 70~100MPa,使液态金属基纳米复合材料在压力下快速凝固。等复合材料完全固化后顶出,即制得所需形状及尺寸的金属基纳米复合材料的坯料或压铸件。

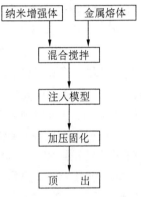

压铸成型工艺中,影响复合材料成型的工艺因素主要有熔融金属的温度、模具预热温度、使用的最大压力、加压速度等。为了获得无孔隙的复合材料,一般压力不低于 50MPa,加压速度一般为 1~3cm/s。对于铝基复合材料, 图 5.30 典型压铸工艺流程图
熔融金属的温度一般为 700~800℃。模具预热温度一般控制在 500~800℃。采用压铸成型法生产的铝基复合材料的零部件,其组织细化、无气孔,性能优良。与其他制备方法相比,压铸成型工艺设备简单,成本低,材料的质量高且稳定,易于工业化生产。

以 β-SiCw 晶须(性能见表 5.5)和 LD$_2$ 铝合金为原料,采用压铸成型法制备出 SiCw/Al 复合材料。模具预热温度 500℃,液态铝浇注温度为 800℃,SiCw 晶须体积分数为 11%~15%。

表 5.5 β-SiCw 晶须的性能

直径 /nm	长度 /μm	长径比	密度 /(g·cm^{-3})	耐热性 /℃	抗拉强度 /GPa	抗拉模量 /GPa
100~1 000	30~100	50~200	3.19	>1 600	3~14	400~700

以比重为 1.81 g/cm^3 的 AZ91 铸造镁合金为基体,SiCw 晶须为增强体,用压铸成型法制备出 SiCw/Mg 合金复合材料。工艺过程为:经 800℃预热的 SiCw 预制体在浇铸前装入模具中,模具预热温度为 300℃,镁合金经 800℃熔化后从模具上口注入模具中,用 100

MPa 的压力使镁合金熔体压渗入预制体中,制成复合材料。浇铸过程均采用 SF_6 和 CO_2 的混合气氛保护,AZ91 镁合金铸坯也在相同条件下压铸。所制得的复合材料具有良好的性能。在压铸态的拉伸强度:AZ91 镁合金为 163 MPa,而复合材料为 439 MPa,即复合材料的强度比 AZ91 镁合金提高约 1.7 倍。

纳米颗粒增强铝基复合材料由于具有性能良好、可用常规技术进行二次加工、成本大幅度降低等优点,近年得到迅速发展。采用压铸成型法可以制备 Al_2O_3p/Al 纳米复合材料。压铸后的铸坯经挤压成棒材,挤压比为 30∶1。Al_2O_3 颗粒平均粒度为 100nm 左右,含量为 20 $\varphi\%$。Al_2O_3 颗粒在基体中分布均匀。复合材料固溶处理工艺为 530℃ × 1h,水冷。固溶后立即进行时效。160℃时效曲线见图 5.31。由时效分析可知,Al_2O_3p/Al 纳米复合材料的 GP 区析出被滞后,β′相析出却被促进。该复合材料在 160℃ × 8h 时效的强化效果最佳,认为是由于β′相弥散析出及高密度位错所致。

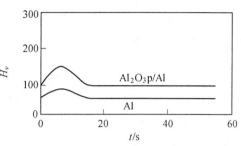

图 5.31 Al_2O_3p/Al 纳米复合材料的时效硬化曲线

2. 半固态复合铸造法(CC)

半固态复合铸造法是针对搅拌法的缺点而提出的改进工艺。这种方法是将纳米第二相(主要是纳米颗粒)加入处于半固态的金属基体中,通过搅拌使纳米颗粒在金属基体中均匀分布,并取得良好的界面结合,然后浇注成型,或将半固态复合材料注入模具进行压铸成型。

通常,采用搅拌法制备金属基复合材料时,常常会由于强烈搅拌将气体或表面金属氧化物带入金属熔体中。同时当纳米颗粒与金属基体湿润性差时,纳米颗粒难以与金属基体复合,而且纳米颗粒在金属基体中由于比重关系而难以得到均匀分布,影响复合材料性能。

半固态复合铸造的原理是将金属熔体的温度控制在液相线与固相线之间,通过搅拌使部分树枝晶破碎成固相颗粒。熔体中的固相颗粒是一种非枝晶结构,防止半固态熔体的粘度增加。当加入预热后的增强颗粒时,因熔体中含有一定量的固相金属颗粒,在搅拌中增强颗粒受阻而滞留在半固态金属熔体中,增强颗粒不会结集和偏聚而得到一定的分散。同时强烈的机械搅拌也使增强颗粒与金属熔体直接接触互相反应,促进润湿。

半固态复合铸造工艺参数的控制主要是:

(1)金属熔体的温度应使熔体达到 30% ~ 50%;

(2)搅拌速度应不产生湍流以防止空气裹入,并使熔体中枝晶破碎形成固相颗粒,降低熔体的粘度以利增强颗粒的加入。由于浇注时金属基纳米复合材料是处于半固态熔体状态,直接浇注成型所得的铸件几乎没有缩孔或孔洞,组织细密。

5.4.3 喷射与喷涂沉积法

喷射与喷涂沉积法是由金属材料表面强化处理方法衍生而来。喷涂沉积主要应用于纤维增强金属基复合材料,喷射沉积主要用于制备颗粒增强金属基复合材料。喷射与喷涂沉积工艺的最大特点是增强材料与金属基体的润湿性要求低;增强材料与熔融金属基体的接触时间短,界面反应量少。通过喷射与喷涂沉积工艺,可以使许多金属基体,如铝、镁、钢、高温合金等,与各种纳米陶瓷颗粒、晶须、纤维复合,即基体金属的选择范围广。

1. 喷涂沉积法(SD)

喷涂沉积主要原理是以等离子体或电弧加热金属粉末和增强体粉末,通过喷涂气体喷涂沉积到基板上。采用低压等离子沉积工艺可以制备出含有不同体积含量的增强材料,以及两种基体不同分布相结合的复合材料。

在低压等离子沉积中,金属粉末在高速等离子体中熔化,形成高速金属熔滴沉积在基板上,熔滴的固化速度可达 $105 \sim 106$ K/s。然后再用增强体粉末经等离子体熔化,喷涂沉积在已固化的金属基体层上。这样交替分层沉积,就可以形成结合较差,但为连续的层状复合材料。如可制备 50% Al_2O_3p/高温合金层状复合材料。为了提高效率,可以采用两个等离子体喷枪交替使用。一般所形成的层状复合材料还需要进行热压烧结,提高增强材料与基体金属的结合。

2. 喷射沉积法(OSC)

喷射沉积工艺是一种将粉末冶金工艺中混合与凝固两个过程相结合的新工艺。该工艺过程是将基体金属在坩埚中经熔炼后,在压力作用下,通过喷嘴送入雾化器,在高速惰性气体射流的作用下,液态金属被分散为细小的液滴,形成所谓"雾化锥"。同时,通过一个或多个喷嘴向"雾化锥"喷入增强颗粒,使之与金属雾化液滴一起在基板上沉积,并快速凝固形成颗粒增强金属基复合材料。

该工艺与其他工艺相比,具有如下的优越性:

(1)高致密度,直接沉积的复合材料密度可达到理论密度的 95%~98%;

(2)凝固速度快,金属晶粒细小,组织致密,消除了宏观偏析,合金成分均匀;

(3)增强材料与金属液滴接触时间短,很少或没有界面反应;

(4)适用于多种金属材料基体,可直接形成接近零件实际形状的坯体;

(5)工序简单,喷射沉积效率高,有利于实现工业化生产。

该工艺最大的缺点是雾化所使用的气体成本较高。

5.4.4 原位复合法(In situ)

在金属基纳米复合材料制备过程中,往往会遇到增强体与金属基体之间的相容性问题,即增强体与金属基体的润湿性要求。同时,无论是固相法还是液相法,增强体与金属基体之间在界面上都存在有界面反应。它影响到金属基纳米复合材料在高温制备时和高温应用中的性能和稳定性。如果增强体(纳米颗粒、晶须、纤维等)能从金属基体中直接(即原位)生成的话,则上述相容性问题可以得到较好的解决。因为原位生成的增强体与金属基体界面结合良好,生成相的热力学稳定性好。也不存在增强体与金属基体之间的润湿和界面反应等问题。这就是原位复合法。

目前原位复合法主要有:共晶定向凝固法、直接氧化法和反应合成法。

1. 共晶定向凝固法

共晶定向凝固法是由共晶和定向凝固衍生而来的方法。共晶定向凝固法要求合金成分为共晶或接近共晶成分。定向凝固时,参与共晶反应的两相同时从液相中生成,其中一相是纳米级的棒状(单晶为晶须,多晶为纤维)、片状规则排列生成。

共晶定向凝固的原位生长必须满足三个条件：

(1)有温度梯度的加热方式；

(2)满足平面凝固条件；

(3)两相的成核和生长要协调进行。

共晶定向凝固复合材料的凝固组织是针棒状还是层片状，取决于共晶中含量较少的组元的体积分数。在满足平面凝固生长条件下，增加定向凝固时的温度梯度，可以加快定向组织生长速度，降低针棒或层片间距，有利提高共晶定向凝固复合材料的性能。例如三元共晶合金 Al-Ni-Nb，形成 α 和 β 相为 Ni_3Al 和 Ni_3Nb，应用于航空透平叶片。

定向凝固复合材料制备方法主要有精密铸造法、连续浇铸法等。

2. 直接氧化法(DMOX)

直接氧化法制备金属基纳米复合材料的原材料中没有填充物和纳米增强相，只是通过基体金属的氧化来获得复合材料。该工艺的原理是利用气液反应，让高温熔融金属液（如 Al、Ti、Zr 等）暴露于空气中，使其表面首先氧化生成一层氧化膜（如 Al_2O_3、TiO_2、ZrO_2 等）。里层金属液再通过氧化层逐渐向表层扩散，到达表面时，金属液中少量金属便被氧化，进而逐渐蔓延开来，最终形成金属基纳米复合材料。

例如制备 Al_2O_3p/Al，则可通过铝液的氧化来获得 Al_2O_3p 纳米增强相。通常铝合金表面迅速氧化，形成氧化铝膜。这层氧化铝膜使得氧无法进一步渗透，从而阻止了铝进一步氧化。为了解决这一问题，可把熔化温度控制在 900～1 330℃，远超过铝的熔点 660℃。并且加入促进氧化反应的合金元素 Si 和 Mg，使熔化金属通过显微通道渗透到氧化层外边，并顺序氧化。即铝被氧化而铝液的渗透通道未被堵塞。该工艺可以根据氧化程度来控制 Al_2O_3p 量。

采用直接氧化法可以制备 Al_2O_3-SiC 纳米颗粒增强的铝基复合材料，从而避免了 SiC 纳米颗粒与铝液发生界面反应而产生有害相 Al_4C_3，其反应原理为

$$SiC + 3/2O_2 = SiO_2 + CO \uparrow$$

$$SiO_2 + Al \longrightarrow Al_2O_3 + Si$$

3. 反应合成法(RS)

金属基纳米复合材料的反应合成法是指借助于合金设计，在一定条件下，在金属基体内原位反应形核生成一种或几种热力学稳定的纳米增强相的一种复合方法。严格地说，直接氧化法也是反应合成法的一种。纳米增强相一般是具有高硬度、高弹性模量和高的高温强度的陶瓷材料。如 SiC、TiC、TiN、Si_3N_4、TiB_2 等。其形态可以是：纳米颗粒、晶须、晶片、纤维等。它们往往与传统的金属材料，如 Al、Mg、Ti、Fe、Cu 等金属及其合金，或(Ni-Ti)、(Al-Ti)等金属间化合物复合，可望得到具有优良性能的结构材料、功能材料和智能材料。

与传统的复合工艺相比，反应合成法的特点是：

(1)一般而言，增强体表面无污染，并且由于避免了与金属基体浸润不良的问题，与金属基体结合良好；

(2)增强体大小和分布较容易控制，并且数量可在较大范围内调整；

(3)在保持材料较好的韧性和高温性能的同时，可较大幅度地提高材料的强度和弹性

模量;

(4)具有工艺简便,成本低的特征,并且可制得形状复杂、尺寸大的构件,是最有前途实现工业化的方法之一。

金属基纳米复合材料的反应合成法主要有:气-液反应法、固-液反应法、加盐反应法、自蔓延高温合成法、反应烧结法、机械合金化法、反应喷雾沉积法、反应低压等离子喷射沉积法等。

(1)气-液反应法

将氧化性气体(如 CH_4、N_2、NH_3 等)通入熔融金属或合金液中,使之与熔体中的个别组元反应,生成稳定的高强度和高弹性模量的碳化物、氮化物等,最终冷却凝固获得陶瓷纳米第二相增强的金属基纳米复合材料。其中典型反应类型有

$$CH_4 + Ti = TiC + 2H_2 \uparrow$$

$$Al + 1/2N_2 = AlN$$

$$Ti + 1/2N_2 = TiN$$

另外,利用 CH_4 气体与 Al-Ti 熔体反应生成 TiCp/Al 复合材料,利用 N_2(或 NH_3)与 Al 液反应获得 AlNp/Al 复合材料。在合金熔体中加入 Mg、Li 等元素,有利于降低液态铝的表面能,并能增强新生成的陶瓷纳米粒子与铝液的相容性。

(2)固-液反应法

固-液反应法主要有:直接合成法、热还原法、加盐反应法等。

直接合成法是将碳粉或硼粉(纳米级)加入到一定温度下的金属或合金熔体中并搅拌,或与某种金属粉混合加入,使 C 或 B 与金属液反应生成碳化物或硼化物纳米粒子增强的金属基复合材料的方法。反应类型主要有

$$Ti + 2B = TiB_2$$

$$Ti + C = TiC$$

$$Al + 2B + Ti = TiB_2/Al$$

采用该方法可制备 TiCp/Al 纳米复合材料。向铝合金液中添加 Ti、B 纳米粉并搅拌,获得了 TiB_2p/Al 纳米复合材料。并且发现在复合熔体冷却形核时,弥散分布的纳米 TiB_2 极易成为铝晶粒形核中心,从而起到细化晶粒的作用,进一步提高了性能。

热还原法是利用置换反应,将某些陶瓷纳米粒子加入到金属熔体中并与之混合,借助它们之间的热还原置换反应,可生成新的更加稳定的纳米陶瓷颗粒增强的金属基复合材料的方法。其化学反应方程式为

$$Al(L) + MeO(S) \longrightarrow Al\text{-}Me(L) + Al_2O_3$$

其中 MeO 可以是:CuO、ZnO、SnO、Cr_2O_3、TiO_2,甚至 SiO_2 等。基体为铝或含 Mg 的铝合金。生成的 Al_2O_3 颗粒细小,可达到纳米级,且分布均匀。反应温度一般为 1 000℃左右。

TiCp/Al 纳米复合材料也可以采用热还原置换反应法制备。使 SiC 纳米粒子与 Al-Ti 熔体反应而原位生成非常稳定的纳米增强粒子 TiC,其原理为

$$SiC + Ti \longrightarrow TiC + Si$$

加盐反应法是以含有 Ti 和 B 的盐类(如 KBF_4 和 K_2TiF_6)为原料加入铝熔体中,在

850℃以上时,所加盐中的 Ti 和 B 就会还原出来溶于铝熔体中。在低于 Al-Ti 和 Al-B 液相线温度时,开始形成 $TiAl_3$ 和 TiB_2 增强粒子。扒去不必要的副产品,浇注冷却后即得到 $(TiB_2$-$TiAl_3)p/Al$ 复合材料。其反应方程式为

$$3 K_2TiF_6 + 6 KBF_4 + 10 Al = 3 TiB_2 + 10AlF_3 + 12KF$$

$$3 K_2TiF_6 + 13Al = 3TiAl_3 + 4AlF_3 + 6KF$$

(3)自蔓延高温合成法(SHS)

自蔓延高温合成法是利用高放热反应的能量使两种或两种以上物质的混合体系的化学反应自动持续地进行下去,生成所需要的复合材料的一种方法。这种方法是将待反应的纳米级粉末原料混合物压块后,在其一端进行强热点火,反应放出的热量经传递,引起相邻区域的物料发生反应,形成一个速度为 v 的燃烧波。随着燃烧波的推进,原料混合物即转化为产物。

用 SHS 法可制备:$TiB_2p/$ Ti、TiCp/Ni、Al_2O_3p/Al-Ti、Al_2O_3p/Fe 等复合材料。典型反应类型为

$$Ti + 2B + xCu = TiB_2 + xCu$$

$$Ti + C + xNi = TiC + xNi$$

$$3TiO_2 + (4 + x)Al = 2 Al_2O_3 + 3Ti + xAl$$

$$2Al + Fe_2O_3 = Al_2O_3 + 2Fe$$

$$3TiO_2 + 3C + (4 + x)Al = 2 Al_2O_3 + 3TiC + xAl$$

$$TiN + (4 + x)Al = 2Al_3Ti + AlN + xAl$$

$$2B_2O_3 + C + (4 + x)Al = 2 Al_2O_3 + B_4C + xAl$$

SHS 法生产过程简单,反应迅速(0.1～15cm/s),反应温度高(>2 000℃),温度难以控制,对纳米复合材料不利。另外,产品中空隙度较高。如在燃烧反应的同时进行加压,可使燃烧产物的密度达到理论密度的 95%。

(4)反应烧结法

反应烧结法是将反应物粉末和金属粉末按一定比例混合,经冷压或热压成型,然后加热到高于基体金属粉末熔点的温度,使粉末反应物发生放热反应生成所需的陶瓷增强相,从而获得这种纳米粒子增强的金属基复合材料的方法。

例如,将纯铝粉和 10%～20%TiN 粉(100 nm)混合并热压后,进行反应烧结,其硬度、强度均显著增加。原因是反应烧结生成了 Al_3Ti 和 AlN 纳米增强相。其反应原理为

$$4Al + TiN \longrightarrow Al_3Ti + AlN$$

将钛粉和铝粉混合,反应烧结可以制备金属间化合物(Al_3Ti、TiAl 和 Ti_3Al)增强的 Ti-Al-Mn 基复合材料。另外结合 HIP 技术开发了 Ni_3Alp/Ni,Fe_3Alp/Fe 复合材料。

(5)机械合金化法(MA)

机械合金化法是用各种粉末从固态直接形成合金的一种新方法。该方法包括两个过程,一是用干式球磨机使金属粉末形变、聚集和粉碎,机械研磨后,粉粒经反复破碎和冷态结合,微晶结晶组织呈球状,形成较为稳定的平均粒径;二是将处理后的颗粒真空脱气,热压或冷处理而固化成型。MA 法对制备以陶瓷或金属间化合物作纳米增强相的铝合金有

很好的效果。无须烧结、熔融、铸造却能得到颗粒细小、分散均匀的金属基纳米复合材料，且形成复合材料时不受相图规律的支配，可以较自由地选择金属或增强相。

日本将硼粉、钛粉和基体粉混合，用 MA 法开发了 TiB_2p/Cu 功能材料、TiB_2p/Al-Ti 纳米复合材料。用电解铁粉和羰基铁粉在 N_2 气中研磨得到 γ-Fe_3N 和 $Fe_{16}N_2$ 增强的铁基纳米复合材料。另外，英国将 Ti 粉或 Al-Ti 粉混合，在 N_2 气中研磨，获得了 TiNp/Ti 或 (AlN-TiN)p/(Al-Ti) 纳米级复合材料。其反应为

$$2Ti + N_2 \longrightarrow 2TiN$$
$$(Al\text{-}Ti) + N_2 \longrightarrow (AlN\text{-}TiN)$$

(6) 反应喷射沉积法 (RSD)

RSD 法是最近几年发展起来的新型复合工艺。典型方法有：反应喷雾沉积 (RAD) 和反应低压等离子喷射沉积 (RLPPS)。

RAD 法是利用铝液在氧化性气氛中自发迅速反应的特性而提出来的一种新工艺。采用具有液体分散器的特殊装置，在氧化性气氛中，将铝液分散成大量细小的液滴，使其表面氧化生成 Al_2O_3 膜。而后这些带有 Al_2O_3 膜的液滴沉积在一起时，液滴间相互碰撞，使表层 Al_2O_3 膜破碎并分散开。同时内部铝液迅速冷却凝固，从而最终形成具有弥散分布的 Al_2O_3 纳米粒子强化的复合材料。

美国利用 RAD 技术，将液态 Ni_3Al (含 Y 和 B) 在 N_2-O_2 中雾化喷射沉积，获得 Al_2O_3 和 Y_2O_3 增强的 Ni_3Al 基纳米复合材料。其反应方程式为

$$Ni_3Al(Y) + O_2(N_2) \rightarrow Al_2O_3 + Y_2O_3 + Ni_3Al$$

等离子喷射沉积成型过程也是熔融金属熔滴的喷射沉积的过程：即是将喷射室预抽至真空后，通入某些气体 (如 Ar、He、N_2 和 H_2 等)，使气压升至数千帕，然后用等离子弧发生器 (喷枪) 将通入喷射室内的气体加热和电离，形成高温高速的等离子射流，熔化和雾化金属物料。同时在这种高能等离子体的轰击碰撞下，反应气体 (如 CH_4、C_3H_3、N_2 等) 和金属小液滴吸收能量而相互反应，生成相应的陶瓷颗粒，再与剩余的金属液滴一起沉积后，即得到陶瓷纳米颗粒增强的金属基纳米复合材料。

例如，将按一定比例配好的 Fe-Al 熔体分散成小滴，在 N_2 中进行 RLPPS 沉积，得到 AlN 增强的 Fe-Al 金属间化合物基纳米复合材料。其反应方程式为

$$(Fe\text{-}Al) + N_2 \longrightarrow AlN + (Fe\text{-}Al)$$

另外，RLPPS 技术可用于 AlN、Al_2O_3、SiC 强化的铝基纳米复合材料，以及 TiAl、Ti_3Al 等金属间化合物基纳米复合材料。所用等离子体为 Ar 或 He 气，反应气氛分别为 CH_4、C_3H_3、N_2、O_2 等。

5.5 高分子基纳米复合材料

高分子基纳米复合材料的研究较少，主要有纳米晶须增强 (WRC) 和颗粒增强 (PRC) 两种。在塑料、橡胶和树脂中加入纳米第二相，可有效地改善其各种性能。例如，在塑料中加入纳米增强相，可增加表面硬度、减少成型收缩率、消除成型裂纹、改善阻燃性、改进

热性能和导电性等。在橡胶中加入碳黑(一般都是纳米级颗粒,见表5.6),可以改进其强度和耐磨性,同时保持其必要的高弹性。在热固性树脂中加入纳米金属粉,则构成硬而强的低温焊料或称导电复合材料。在塑料中加入高含量的铅纳米粉可以起隔音作用,屏蔽 γ 射线。在碳氟聚合物中加入纳米金属粉可以增加导热性、降低热膨胀系数,并大大地减小磨损率,可作轴承材料。

表 5.6 各种碳黑的粒度

名　称	中超耐磨炉黑	天然气槽黑	高耐磨炉黑	混气槽黑	细粒炉黑	高定伸炉黑	白碳黑
粒径/nm	17~30	23~29	26~44	29~48	40~56	46~66	15~20

高分子基纳米复合材料具有:比强度、比模量高,结构可设计性,热膨胀系数低,尺寸稳定,耐腐蚀和耐疲劳性好,减震性好,过载安全性高等优点。同时具有多种功能性:良好的耐烧蚀性和摩擦性能,优良的电学、光学、磁学性能。其缺点是:材料昂贵,成本高,易吸湿和老化,冲击性能差。

该复合材料界面结构主要包括增强体表面与基体的反应层,或与偶联剂参与的反应层,以及接近反应层的基体抑制层。界面研究主要是了解增强体表面的组成、结构及物理化学性质,基体与增强体表面的作用,偶联剂与基体和增强体的作用,界面层的性质,界面粘结强度的大小及残余应力的大小等。该复合材料的界面大多数为物理粘结,粘结强度较低,增强体一般不与基体反应。采用偶联剂可提高界面粘结强度。增强体表面活化处理,可提高与基体的相容性,也可以提高粘结强度。

高分子基纳米复合材料的制备大体包括如下过程:原料准备,成型,固化,及后处理和机械加工。制备工艺因高分子种类不同而稍有不同。但大体与各种高分子材料的生产工艺相同。以塑料基纳米复合材料为例,其成型固化工艺大致有如下几种类型。

5.5.1 固相法

1.模压成型

模压成型又称为压缩模塑,是先将纳米第二相与粉状、粒状或纤维状的塑料混合好后,放入成型温度下的模具中,然后闭模加压而使其成型固化的一种方法。

模压成型可兼用于热固性和热塑性塑料基纳米复合材料。但热塑性塑料在模压时,需交替地加热和冷却模具,生产周期长,因此热塑性塑料基纳米复合材料大多采用注射成型法。以热固性塑料为基体的最大优点是具有良好的工艺性。其粘度低,易于浸渍纳米第二相,并可在低温低压下固化成型,耐药品性和抗蠕变性好。缺点是预混料需低温冷藏,且储存期有限,成型周期长和材料韧性差。以热塑性塑料为基体的最重要的优点是断裂韧性高。预混料不需冷藏,且储存期无限,成型周期短,边角废料可再生利用。其缺点是粘度高,浸渍纳米第二相困难。

模压成型关键步骤是热压成型,要控制好模压温度、模压压力、模压时间三个工艺参数。模压温度取决于塑料体系、制品厚度、制品结构的复杂程度及生产效率。模压温度必须保证塑料有足够的固化速度并在一定时间内完全固化。模压压力取决于增稠强度,制品结构、形状、尺寸。简单形状制品仅需 2~3MPa,复杂形状制品模压压力高达 14~20MPa。模压时间取决于模压温度、引发体系、固化特征、制品厚度等。一般以 40s/mm 设计,通常为 1~4min。

模压成型制品性能受纳米第二相类型、含量、分布、长度及塑料类型等因素影响。

2. 挤压成型

挤压成型也称挤压模塑,特别适用于热塑性塑料基纳米复合材料,热固性塑料基纳米复合材料用得较少。挤压过程可分为两个阶段:第一阶段是使固态塑料塑化(即变成粘性流体)与纳米粉末混合,并在加压情况下使其通过特殊形状的口模而成为截面与口模形状相仿的连续体;第二阶段则是用适当的处理方法使挤出的连续体失去塑性而变为固体,即得所需成品。

按照塑料塑化方式不同,挤压工艺可分干法和湿法两种。干法塑化是靠加热将塑料变成熔体,而塑化和加压可在同一个设备内进行,其定型处理仅为简单的冷却。湿法塑化则是用溶剂将塑料充分软化,因此塑化和加压必须分为两个独立的过程。而且定型处理必须采用比较麻烦的溶剂脱除,同时还得考虑溶剂的回收。虽然湿法挤压具有塑化均匀和能避免塑料过热等优点,但其应用范围仍然有限。

3. 压延成型

压延成型是将加热塑化的热塑性塑料和纳米第二相粒子通过两个以上相向旋转的辊筒间隙,而使其成为规定尺寸的连续片材的成型方法。压延过程分两个阶段:第一阶段是压延的准备阶段,主要包括所用塑料和纳米第二相粒子的配制、塑化和向压延机供料等;第二阶段主要包括:压延、牵引、轧花、冷却等。压延成型的特点是加工能力大、生产速度快、产品质量好、自动化程度高,其主要缺点是设备庞大、投资较高、维修复杂等。

5.5.2 液相法

1. 注射成型

注射成型又称注射模塑,是热塑性塑料基纳米复合材料成型的一种重要方法。且近年来,注射成型已成功地用来成型某些热固性塑料。注射成型的过程是:将粉粒状塑料和纳米第二相粒子混合后,从注射机的料斗送进加热的料筒中,经加热熔化呈流动状态后,由柱塞或螺杆的推动而通过料筒并注入温度较低的闭合塑模中,充满塑模的混合料在受压的情况下,经冷却固化后即可保持塑模型腔所赋予的复合材料的形状。

注射成型的主要控制参数是料筒温度、塑化时间、注射压力、模具温度、锁模力和保压冷却时间。料筒温度由塑料种类决定。注射压力一般为 80~200MPa。

注射成型具有成型周期短,能一次成型外形复杂、尺寸精确的复合材料制品,对成型各种塑料的适应性强,生产效率高,易于自动化等优点。注射成型是一种比较经济而先进的成型技术。

2. 浇铸成型

浇铸成型又称铸塑成型,是将已准备好的浇铸原料(通常是单体、经初步聚合的浆状物或聚合物与单体的溶液等)与纳米第二相粒子混合后,注入一定的模具中使其固化,从而得到与模具型腔相似的复合材料制品。有静态浇铸、离心浇铸、流延浇铸等。

浇铸成型时很少施加压力,所以对模具和设备的强度要求较低,投资较小,产品的内应力低,产品的尺寸限制较小,易于生产大型制品。其缺点是成型周期长,制品的尺寸准确性较差。

5.5.3 特殊成型方法

1. 嵌入法

嵌入法是制备有机/无机纳米复合材料的一种重要方法。嵌入的主体材料从绝缘体、半导体到金属,嵌入的客体从小分子有机物到聚合物。嵌入法制备工艺流程见图 5.32。应用嵌入法已成功地制备了一系列聚合物/层状硅酸盐纳米复合材料(PLSNC)。但这些复合材料大多存在制备工艺复杂、制备周期长、难以实现工业化等缺点。嵌入法主要有:(1)单体嵌入聚合法;(2)聚合物溶液嵌入法;(3)聚合物熔融嵌入法。其中熔融嵌入法是一种很有发展前途的方法。

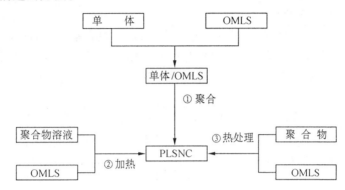

图 5.32 嵌入法制备 PLSNC 工艺流程图

(1)单体嵌入聚合法

单体嵌入聚合法是有机单体被嵌入到硅酸盐层间,或者通过置换反应将层间的小分子置换出来,或者由于有机分子与层内分子、离子具有强相互作用而被吸附(物理吸附或化学吸附),嵌入到层间的单体,在一定条件下(如氧化剂、光、热、电子束或 γ 射线辐射等)而发生聚合。当层状硅酸盐层间吸附强氧化性离子时,可实现有机单体原位嵌入聚合,从而形成纳米复合材料的方法。

Mehrotra 和 Ruiz 对这种方法进行了改进,直接用 Cu^{2+} 和 Fe^{3+} 交换的熔融嵌入法为主体,使苯胺在层间发生原位氧化聚合而制备了聚苯胺/蒙脱石粘土纳米复合材料。当这种复合材料暴露于 HCl 气体中时,可得到具有导电各向异性($\sigma_{//}/\sigma_{\perp}$ = 105)的导电材料。

(2)聚合物溶液嵌入法

聚合物溶液嵌入法是先用有机改性剂使硅酸盐层间改性。改性的目的是降低硅酸盐片层的表面极性,从而增加与聚合物的相容性。然后使这种有机改性层状硅酸盐(OMLS)与聚合物溶液共混,聚合物链通过扩散而进入层间。

Furuichi 用疏水性绿土与聚丙烯(PP)的甲苯溶液共混,经加热制备出纳米复合材料。与纯 PP 相比,其透光率从 80.1% 降至 66.2%,但抗张强度、抗张模量、弯曲强度、弯曲模量都有增加。

(3)聚合物熔融嵌入法

聚合物熔融嵌入法的操作过程如下:首先用合适的有机改性剂与层状硅酸盐反应,制得有机改性层状硅酸盐。然后将聚合物与有机改性层状硅酸盐粉末的共混物一起加热到聚合物的 T_g(非晶聚合物)或 T_m(结晶聚合物)以上,聚合物分子链通过扩散而进入硅酸盐层间。Vaia首次用熔融嵌入法制备了聚苯乙烯(PS)/有机改性蒙脱石粘土纳米复合材料。

与溶液嵌入法相比,熔融嵌入法具有以下优点:

①使用范围广,不同极性或结晶度的聚合物都可以用此法制得相应的嵌入化合物;同时还可以制备溶液嵌入法难以制备的杂化材料;

②与目前聚合物成型加工技术(如挤压、注射)具有兼容性;

③嵌入过程不使用溶剂,从环保和经济效益角度来看非常有利;

④这种方法制备的新型杂化材料为研究受限于二维空间聚合物链的构象及单分子链的特征提供了理想的模型。

聚合物嵌入层状硅酸盐中形成的纳米复合材料中,聚合物与层状硅酸盐达到分子水平的复合,大大增加了聚合物与层状硅酸盐的界面作用,从而使复合材料具有卓越的力学性能。如尼龙-6/蒙脱石粘土纳米复合材料与纯尼龙相比,抗张强度增加40%,抗张模量增加68%,弯曲强度增加60%,弯曲模量增加126%,热变形温度提高近100℃,并具有良好的阻气性能和阻燃性能。利用嵌入法将聚合物电解质嵌入到层状硅酸盐中,可制备性能优异的复合电解质材料。如PEO/Li^+-蒙脱石粘土纳米复合材料,30℃时的电导率为1.6×10^{-6}S/cm,并且具有良好的热稳定性和能在比较宽的温度范围内保持良好的离子导电性等优点。

最近日本的Sonobe利用纳米复合技术,将聚合物嵌入层状硅酸盐中形成纳米复合材料,然后通过模板炭化法制备出高取向石墨碳材料。该材料具有如下特点:

①聚合物在层间以单层或双层单分子分散,在1 000℃即可制得$d_{002}=0.343$nm的石墨碳材料。而直接使本体碳化,须加热到2 800℃,才能制得$d_{002}=0.343$nm的石墨碳材料;

②石墨化程度高,可制得高定向石墨碳材料;

③不同聚合物经热处理后都获得了相似结构的石墨碳材料,说明如果碳化过程能完全控制在分子水平,碳前驱体的石墨化能力与起始聚合物的类型无关。

2. 辐射合成法

辐射合成法在聚合物载体的纳米复合材料的制备方面发展很快。在这种方法中,有机单体与金属盐在水相或乳液中以分子级别混合,当用γ射线辐照时,单体的聚合和金属离子的还原同时进行,这样使得分散相粒子分布均匀。又由于单体聚合速度比离子还原速度快,导致体系的粘度增加,限制了纳米粒子进一步聚集,从而使得分散相的粒径很小,只有几个纳米。如殷亚东等人利用辐射合成法制备出聚丙烯酸丁脂-苯乙烯/银纳米复合材料、聚丙烯酰胺/银纳米复合材料。

参考文献

1　陈华辉等.现代复合材料.北京:中国物资出版社,1998
2　张国定等.金属基复合材料.上海:上海交通大学出版社,1996
3　王俊奎等.陶瓷基复合材料的研究进展.复合材料学报,1990,7(4):1~8

4 史可顺等.高温陶瓷复合材料的进展.硅酸盐学报,1993,21(1):77~87
5 苏波等.陶瓷纤维及陶瓷基复合材料.材料导报,1994(2):67~70
6 包莜梅等.高性能热塑性树脂基复合材料复合方法及成型工艺简介.复合材料学报,1989,6(4):100
7 J K Shang,R O Rhithie.Acta. Metall.,1989,37:2267
8 赵稼祥等.先进复合材料及其应用研究的现状与发展趋势.复合材料学报,1993,10(3~4):18
9 I A Ibrahim, et al. J. Materials Science,1991,26:1137~1156
10 R Vaia,E P Giannelis.Macromolecules,1997,30:8000
11 耿林等.压铸法制造 SiCw/Al 复合材料的渗透过程分析.复合材料学报,1990,7(4):73~78
12 R Vaia,H Ishii,E P Giannelis.Chem. Mater.,1993,5:1694
13 P B Messersmity,E P Giannelis.J. Appl. Sci.,1995,A33:1047
14 R A Vaia,S Vasudevan,W Krawiec, et al. Adv.Mater.,1995,7:154
15 佐多延博.SHS 法にょるセラミックスの同時合成成型.金属,1989(6):7~13
14 肖鹏等.嵌入法制备聚合物/层状硅酸盐纳米复合材料的研究进展.硅酸盐通报,1999,(5):34~38
15 周重光等.SiO_2/聚碳酸脂纳米相复合材料的制备与性能.高分子材料科学与工程,2000,16(2):109
16 王幼复等.单晶与多晶氧化铝陶瓷材料断裂性能与陶瓷基复合材料.复合材料学报,1993,10(3):93
17 M Hunt. Materials Engineering,1989,106:37~40
18 张国军等.反应热压法制备 TiB_2~Ti(C,N)复相陶瓷研究.硅酸盐通报,1993,21(2):182~187
19 D J Lloyd,Inter. Materials Reviews,1994,39:1~23
20 Sun Yaping,H.W.Rollins.Chem. Phys.Letts,1998,288:585.588
21 黄政仁等.SiC 晶须增强 Al_2O_3-TiC 复相陶瓷的研究.硅酸盐通报,1993,21(4):349~355
22 吴昆等.SiCw/ AZ91 镁基复合材料的时效行为研究.复合材料学报,1993,10(2):91~98
23 宋慎泰等.自补强 SiCw/ Si_3N_4 复合材料的制备和性能研究.硅酸盐通报,1993,21(1):1~9
24 N Furuichi,Y Kurokawa,K Fujita, et al. J.Mater.Sci.,1996,31:4307
25 V Mehrotra,E P Giannelis.Solid State Commun,1991,77:155
26 E Ruiz-Hitzky.Adv.Mater.,1993,5:334
27 陈源等.气压烧结 SiCp/Si_3N_4 基复合材料的研究.硅酸盐通报,1993,21(1):10~15
28 R A Vaia,K D Jandt,E J Kramer, et al. Macromolecules,1995,28:8080
29 W Wieczorek.Mater.Sci.Eng.,1992,B15:108
30 M Laus,O Francesangeli,F Sandrolini.J.Mater.Res.,1997,12:3134

第六章 纳米材料合成制备专题

6.1 激光驱动气相合成纳米硅基陶瓷粉末

6.1.1 激光加热法制备非晶 Si_3N_4 超微颗粒的工艺

采用大功率 CO_2 激光束直接照射于 SiH_4-NH_3 体系，依靠 SiH_4 与 NH_3 对 CO_2 激光束 P(20)线的强吸收，使反应体系迅速被加热，从而达到反应温度而制得 Si_3N_4 超微颗粒。

由于本实验中激光加热速率高达 $10^8℃/s$，反应与成核时间小于 $10^{-3}s$，并且反应区温度降落梯度很大，因此生成颗粒一般呈非晶态。激光气相合成 Si_3N_4 超微颗粒实验过程中，可变操作参量很多。表 6.1 中列出了主要的工艺条件，相应产物性质与化学成分见表 6.2。

表 6.1 激光气相合成非晶 Si_3N_4 的参考实验条件

$\bar{P}$/W	$SiH_4:NH_3$/φ%	p/MPa	T/℃	Q_{SiH_4}/(ml·min^{-1})	Q_{NH_3}/(ml·min^{-1})	Q_{Ar}(载)/(ml·min^{-1})	Q_{Ar}(保)/(ml·min^{-1})
100	1:5	0.075	1 200	6	30	337	183

表 6.2 非晶 Si_3N_4 的性质与化学组成

状态	形貌晶态	粒度/nm	Si_3N_4/w%	Si/w%	N/w%	自由 Si/w%	O/w%	X/w%
单分散	球形非晶	17	96.50	59.40	38.60	0.12	0.98	1.27

实验证实，表 6.1 中实验参数对反应焰分布与相应产物的性质有很大影响。随着反应压力增加，反应温度与 Si_3N_4 含量均呈单调增加趋势，而随着反应总流量的增加(Q_{SiH_4} + Q_{NH_3})，反应温度与 Si_3N_4 含量存在一最佳值，如图 6.1、6.2 所示。而随着 $SiH_4:NH_3$ 体积比的增加，Si_3N_4 含量与反应温度均呈现出一稳定值。反应气配比与流速还对生成 Si_3N_4 颗粒的比表面积有明显影响，随着 $SiH_4:NH_3$ 比的增加颗粒比表面积线性减小，而随着反应流速增大，相应的比表面积线性增大，如图 6.3 所示。

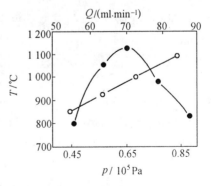

图 6.1 反应压力与反应气流量对反应焰温度的影响

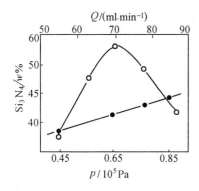

图 6.2　反应压力与反应气流量对 Si_3N_4 含量的影响

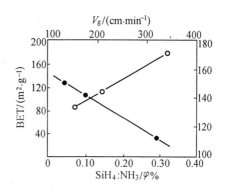

图 6.3　反应器配比与流速对比面积的影响

6.1.2　激光诱导气相合成 SiC 的实验工艺

激光诱导气相合成反应实验中,将 SiH_4 和 C_2H_4 按一定的摩尔比混合后通入反应室中,激光束通过 KCl 窗口垂直地照射于反应气流上。反应气体通过吸收激光后而被加热,在反应空间区域形成宽 0.3cm、高 0.5cm 的稳定火焰。KCl 晶片用 Ar 气来保护,同时一路 Ar 气沿反应气体周围同轴喷入反应器中,用以防止 SiC 生成颗粒的扩散。实验发现影响 SiC 性质和产率的实验参量很多,如激光功率、反应气配比、反应室压力、反应气流量、同轴 Ar 气流量和窗口保护气体流量等。为了控制这些参量的影响,设计了四水平、五因素正交实验方案,见表 6.3 与 6.4。

表 6.3　正交实验水平与因素表

水　平	功率 /W	$SiH_4:C_2H_4$ /x%	反应室压力 /10^5Pa	反应气流量 /(ml·min^{-1})	同轴 Ar /(ml·min^{-1})
1	120	3:5	0.90	20	175
2	140	9:10	0.80	50	300
3	160	21:20	0.70	90	450
4	200	6:5	0.50	130	600

根据正交实验分析得到实验条件与 SiC 粉末纯度的关系,如图 6.4、6.5、6.6 所示。

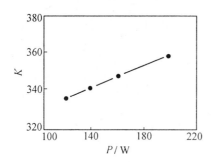

图 6.4　激光功率的影响

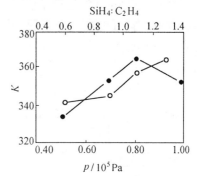

图 6.5　反应气配比与压力的影响

表 6.4 正交试验表

试验号	功率/W	SiH$_4$:C$_2$H$_4$/x%	反应压力/10^{5}Pa	反应气流量/(ml·min^{-1})	同轴 Ar/(ml·min^{-1})	SiC 含量/w%
1	1	1	1	1	1	77
2	1	2	2	2	2	86
3	1	3	3	3	3	92
4	1	4	4	4	4	84
5	2	1	2	3	4	83
6	2	2	1	4	3	81
7	2	3	4	1	2	88
8	2	4	3	2	1	91
10	3	2	4	3	1	87
11	3	3	1	2	4	85
12	3	4	2	1	3	93
13	4	1	4	2	3	91
14	4	2	3	1	4	89
15	4	3	2	4	1	88
16	4	4	1	3	2	91
K_1	339	341	334	347	343	
K_2	343	343	350	353	355	
K_3	355	353	362	353	357	
K_4	359	359	350	343	341	
极差	20	18	28	10	16	

从上述正交实验结果看出,影响 SiC 含量的主要因素是反应压力和激光功率,次要因素是同轴 Ar 和反应气流量。因此,选择表 6.5 所示的实验条件。在此参数条件下得到的 SiC 粒子性能如表 6.6 所示。

实验中发现,在参数实验条件下,改变反应气流量与反应压力,可以在一定范围内提高 SiC 的收率;随着反应气流速升高,相应的 SiC 粒子平均粒径减小。

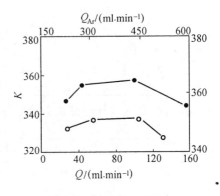

图 6.6 气体流量的影响

表 6.5 激光气相法合成 SiC 的实验条件

功率/W	反应气配比/x%	反应压力/10^{5}Pa	反应气流量/(ml·min^{-1})	同轴 Ar/(ml·min^{-1})	窗口 Ar/(ml·min^{-1})
180	1:1	0.70	80	400	100

表 6.6 SiC 粒子的性质

Ti(OBu)$_4$:Pb(Ac)$_2$ /$x\%$	H$_2$O:A /$x\%$	pH	反应温度 /℃	干燥温度 /℃	焙烧温度 /℃
1:1	2.5:1	8.9~9.2	40~45	100	500~700

注:A 为[Ti(OBu)$_4$:Pb(Ac)$_2$]。

6.1.3 激光气相法合成复合超微颗粒

采用 CWCO$_2$ 激光束直接照射于(Me$_3$Si)$_2$NH-NH$_3$ 反应体系合成 Si$_3$N$_4$/SiC 复合纳米粉末。根据正交实验分析,合成实验中主要工艺参数是反应气与原料气流量、激光功率密度、反应温度等,较佳的工艺参数及相应条件下制备的 Si$_3$N$_4$/SiC 复合粉末性质见表 6.7 与 6.8。

实验证实,激光诱导六甲基乙硅胺加氨气制备 Si$_3$N$_4$/SiC 复合粉末具有较低的合成温度,通过改变工艺参数,可在较宽范围内改变粉末中的 Si$_3$N$_4$ 与 SiC 相对含量。

正交实验结果表明氨气的流量对 Si$_3$N$_4$ 的形成起主导作用,激光功率密度次之,而(Me$_3$Si)$_2$NH 的流量对 Si$_3$N$_4$/SiC 的形成影响不大。

表 6.7 Si$_3$N$_4$/SiC 粒子的合成反应条件

$\bar{P}$ /(W·cm^{-2})	T /K	p /10^{5}Pa	气体流量(SCCM)		
			(Me$_3$Si)$_2$NH	NH$_3$	$Q_{出口}$
3 826	1 080	0.90	600	600	286

表 6.8 Si$_3$N$_4$/SiC 粒子的性质

$\bar{d}$ /nm	SiN$_4$:SiC /$w\%$	O /$w\%$	H /$w\%$	游离 C /$w\%$
20	70.77	5.00	2.55	3.62

6.2 热管炉加热气相合成纳米铁基磁性粉末

6.2.1 热管炉加热制备 Fe/N、AlN 及 TiN 超微颗粒工艺

采用高温气相化学反应法,以 FeCl$_2$ 蒸气和 NH$_3$ 为原料,在高温下引发相应的化学反应,制得 Fe/N 超微颗粒。实验中采用的反应器为三层四段管状,按反应进行过程分别设计了原料蒸发室与预热室、均匀混气室、均匀成核反应室和同轴加热均匀生长室。实验主要过程是:FeCl$_2$ 粉在高纯 N$_2$ 气流保护下干燥与蒸发,载气携带 FeCl$_2$ 蒸气通入混气室,并与反应气 NH$_3$ 和还原气 H$_2$ 均匀混合;混合气体在载气吹送下进入成核区,迅速发生化学反应;生成核粒子由气体泵抽离反应区,在同轴加热的生长区完成短暂的生长后进入颗粒收集器。实验过程中,主要的操作参量有反应气配比、蒸发温度、反应压力与温度等,相应的参量变化范围与产物的性质见表 6.9。

表6.9 制备 Fe/N 粒子的参考工艺条件与粒子的性质

原料蒸发/℃	反应温度/℃	反应压力/10^5Pa	$NH_3:FeCl_2$/$x\%$	$\bar{d}$/nm	粒径分布/nm	物相晶型	形貌
650~700	850~950	0.6~0.9	40~50	10	2~22	$\varepsilon\text{-}Fe_{2-3}\text{-}N$ $\gamma'\text{-}Fe_4N$	球形链状

实验证实,实验参量对 Fe/N 的物相组成、成分、生成率均有明显影响。随着反应温度升高,Fe/N 粒子中的主相成分将按 $\varepsilon\text{-}Fe_2N \rightarrow \varepsilon\text{-}Fe_{2-3}N \rightarrow \gamma'\text{-}Fe_4N$ 转化;随着反应气配比的升高,相应的 Fe:N 比减小;而反应温度与压力升高,Fe/N 的生成量均呈增加趋势。对 Fe:N 粒径的考察结果表明,随着反应压力增加,粒子平均粒径增大;而粒径随温度的变化存在一最佳值。相应的结果见表6.10与6.11,图6.7与6.8。

表6.10 反应温度对 Fe/N 粒子相成分的影响

T/℃	800	900	1 000
主相	$\varepsilon\text{-}Fe_2N$	$\varepsilon\text{-}Fe_{2.3}N$	$\gamma'\text{-}Fe_4N$

表6.11 反应气配比对 Fe/N 粒子原子比的影响

$NH_3:FeCl_2$/$\varphi\%$	20	30	40
Fe:N	4.02	2.49	1.98

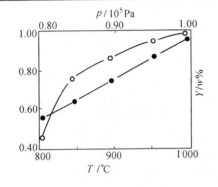

图6.7 反应压力与反应气流量对比

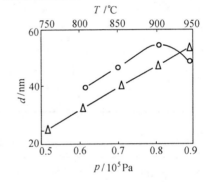

图6.8 反应气配比与流速对比

6.2.2 热管炉热解 $Fe_4[Fe(CN)_6]_3$ 制备 Fe_3C 的实验工艺

$Fe_4[Fe(CN)_6]_3$ 热解法制备 Fe_3C 是在 N_2 与 CO_2 或二者混合气氛下对普鲁士兰原料进行高温气相热分解而得到的超微颗粒。实验在普通热管炉反应器下即可进行。实验中主要的操作参量有热解温度、热解气氛、热解时间以及气体流速,相应的参量控制范围及产物性质见表6.12。

实验证实,随热解温度与热解时间升高,相应的颗粒产率增加;而随着热解气氛气体流速降低,产物中 C 含量呈线性增加趋势。当热解气氛与温度改变时,产物中的相成分会有明显变化,见表6.13。

表6.12 $Fe_4[Fe(CN)_6]_3$ 热解条件与产物性质

N_2 CO_2 N_2+CO_2 /($cm^3 \cdot min^{-1}$)	T/K	t/h	$\bar{d}$/μm	形貌	相成分	结构
100~400 200~500	973~1 073	0.5~1.0	0.2	不定形	Fe_3C, FeO $\alpha\text{-}Fe, \gamma\text{-}Fe$	立方

表 6.13 热解条件对产物相组成的影响

热解气氛	热解温度/K	相成分	晶格常数/nm
N_2	1 073	Fe_3C	0.452 11
CO_2	973~1 073	α-Fe,γ-Fe	0.674 39
$CO_2 + N_2$	1 073	Fe_3C,α-Fe,γ-Fe	0.509 02

6.2.3 热管炉加热气相反应制备 α-Fe 与 γ'-Fe$_4$N 的工艺

气相还原法制备 α-Fe 磁粉实验前,将 $FeCl_2 \cdot nH_2O$ 的粉末石英套管反应器的蒸发室先在高纯 N_2 气流下干燥处理 1h。载气流量对 H_c 值的影响使 $FeCl_2 \cdot nH_2O$ 在较高的温度下进行蒸发,通入高纯 N_2 携带 $FeCl_2$ 蒸气进入反应成核区,同时在反应器最外层通入 NH_3 与 H_2 混合气体,在反应的中间层通入保护气体;在反应区,原料气、还原气及保护气一并混合,瞬间完成还原反应。反应生成的颗粒由载气送至磁场捕集器。实验中主要参量变化范围与相应的粉末性质见表 6.14。

表 6.14 气相还原法制备 α-Fe 磁粉的实验条件与磁粉性质

蒸发温度 T/℃	反应温度 T/℃	反应压力 /kPa	$NH_3:H_2$ /$\varphi\%$	$\bar{d}$ /nm	形貌	H_c /(10^4 A·m^{-1})	σ_s /(10^{-4} C·kg^{-1})
600~700	880~980	60~90	0~1.0	30~50	球链	78.0	105

实验证实,随着 NH_3 流量提高,粉末中的 N 含量增加,相应的 Fe 含量降低,如图 6.9 所示。X 射线衍射结果表明,当 $NH_3:H_2 > 1.0$ 时,粉末中明显出现了 γ'-Fe$_4$N 的特征峰。随着反应压力增大,生成 Fe 粒子的平均粒径呈线性增大趋势,而当反应温度改变时,粒子平均粒径在 900℃附近存在一最大值,如图 6.10 所示。

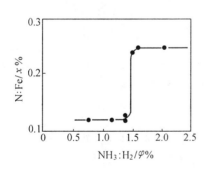

图 6.9 反应气配比对 N:Fe 比的影响

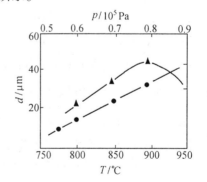

图 6.10 反应温度与压力对磁粉粒径的影响

γ'-Fe$_4$N 磁粉的合成:实验采用化学气相反应法,使金属氯化物 $FeCl_2$ 蒸气与 NH_3 在高温下进行气相反应制得 γ'-Fe$_4$N 超微颗粒。实验过程是:$FeCl_2$ 粉末置于气相反应器,预先在干燥的 N_2 气流下充分脱水,并在高温下蒸发,由载气 N_2 吹送至反应区,同时通入反应气 NH_3 和保护性气体 N_2。在反应区,各路气体一并混合,瞬间完成反应与成核过程,生成的核粒子在同轴加热均匀生长区经短暂的生长进入粒子收集室。然后,将收集到的粉末在高纯 NH_3 气流下进行低温热处理,除去副产物 NH_4Cl 和未反应物 $FeCl_2$,即得到最终的 γ'-Fe_4N 的磁性粉末。实验中主要的操作参量及相应的产物性质见表 6.15。

表 6.15 气相反应法制备 γ'-Fe_4N 磁粉的实验条件及粒子的性质

$NH_3:FeCl_2$ /$x\%$	反应温度 /℃	反应压力 /kPa	后热处理条件 T/℃	t/min	气氛	$\bar{d}$ /nm	形貌	H_c /Oe	σ_s /(10^{-4}C·kg^{-1})
40~50	880~980	55~95	400~500	30~60	NH_3	30~50	球链	460	136

6.3 纳米粒子的化学合成理论与技术

6.3.1 化学合成方法的研究

1. 改进的化学沉淀法——均匀沉淀法

利用氨水、氢氧化钠、碳酸钠、碳酸铵、草酸铵等沉淀剂直接沉淀法制备氢氧化物和碳酸盐纳米材料时,容易产生团聚及颗粒分布不均,而且沉淀颗粒的洗净和分离都比较困难。为此人们采用均匀沉淀法来制备颗粒均匀的纳米材料。均匀沉淀法是利用某一化学反应使溶液中的构晶离子由溶液中缓慢地、均匀地释放出来。由于所加入的沉淀剂不直接与被沉淀组分发生反应,而是通过化学反应使沉淀剂在整个溶液中均匀缓慢地析出,所以可得到粒径分布窄、分散性好的纳米材料。如以尿素为沉淀剂,可制得 $0.1\mu m$ 以下的均匀氧化锌,如图 6.11 所示。反应式为

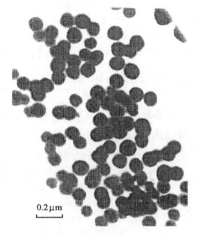

图 6.11 尿素水解均匀沉淀法制造的 ZnO 材料 (800℃ 1h)

$$CO(NH_2)_2 + 3H_2O \xrightleftharpoons{\Delta} CO_2\uparrow + 2NH_3·H_2O$$

$$Zn^{2+} + 2NH_3·H_2O \Longrightarrow Zn(OH)_2\downarrow + 2NH_4^+$$

$$Zn(OH)_2 \xrightleftharpoons{\Delta} ZnO(s) + H_2O\uparrow$$

以硫代乙酰胺为沉淀剂在加热条件下可制得均匀的纳米硫化物,如

$$CH_3CSNH_2 + 2H_2O \Longrightarrow NH_4^+ + CH_3COO^- + H_2S(酸性溶液)$$

$$CH_3CSNH_2 + 2OH^- \Longrightarrow NH_3 + CH_3COO^- + HS^-(碱性溶液)$$

$$Zn^{2+} + H_2S \Longrightarrow ZnS\downarrow + 2H^+$$

$$Cd^{2+} + H_2S \Longrightarrow CdS\downarrow + 2H^+$$

六次甲基四胺也常用来制备氧化物纳米材料,如

$$(CH_2)_6N_4 + 10H_2O \xrightarrow{\Delta} 6HCHO + 4NH_3 \cdot H_2O$$

$$Zn^{2+} + 2NH_3 \cdot H_2O \xrightarrow{\Delta} Zn(OH)_2 \downarrow + 2NH_4^+$$

$$Zn(OH)_2 \xrightarrow{\Delta} ZnO(s) + H_2O \uparrow$$

溶液的浓度及 pH 值、反应的温度及时间等对材料的颗粒大小及形状有影响。若控制条件得当,可得均匀分散的纳米晶。

2.乳液法合成纳米材料

乳液法是用表面活性剂分散溶液中的金属离子,使沉淀反应分开进行,进而得到较小尺寸、不易团聚、结构均匀的纳米材料。实验表明,施加表面活性剂可以降低沉淀法 ZnO 的平均晶粒度,其中以阴离子表面活性剂的效果最好,600℃处理后,平均颗粒尺寸只有 20nm;非离子表面活性剂的效果次之(20～50nm);阳离子表面活性剂的效果最差,得到的 ZnO 平均颗粒尺寸在 40～50nm 范围内,略小于一般沉淀法,如图 6.12 所示。

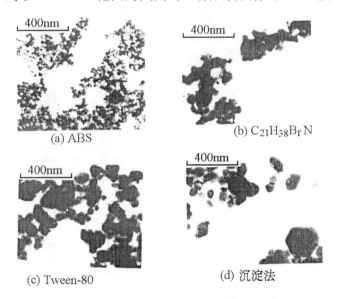

图 6.12 乳液法制备的 ZnO 纳米材料(600℃2h)

因此,在使用表面活性剂的乳液法纳米材料合成中,宜采用价格最便宜、性能最好的阴离子表面活性剂,如十二烷基苯磺酸钠(ABS),十二醇硫酸钠(K_{12})等。

表面活性剂的类型及浓度、溶液的 pH 值等对均匀微粒的形成有影响。

3.微乳液法(反胶团法)合成纳米材料

微乳液法制备纳米材料是近年来发展起来的一种很受化学家重视的一种方法。反胶团是指表面活性剂溶解在有机溶剂中,当浓度超过临界胶束浓度(CMC)后,形成亲水极性头向内、疏水的有机链向外的液体颗粒结构。其内核可增溶水分子或亲水物质。

微乳液一般由四种组分组成,即表面活性剂、助表面活性剂(一般为脂肪醇)、有机溶剂(一般为烷烃或环烷烃)和水。与热力学不稳定的普通乳状液相比,它是一种热力学稳定的分散体系,由大小均匀的、粒径在 10～20nm 左右的小液滴组成。微乳液组成确定后,液滴的粒径保持定值。由于在液滴内可增溶各种不同的化合物,故微乳液的小液滴特别适合作反应介质。如利用微乳液增溶水合锡离子,加入沉淀剂氨水后,氨水进入液滴内与 Sn^{4+} 反应生成氧化锡晶核,晶核形成后,表面活性剂就被吸附在晶核表面,起到分散新形成的固体颗粒、防止固体颗粒集结的作用,从而使氧化锡的成核与生长分开进行,保证了氧化锡颗粒的均匀性;同时,由于反应物质被限制在均匀的小液滴内进行反应,颗粒的大小将受到液滴大小的控制。通过选择适当的微乳液体系,使乳液的液滴变小,便可获得颗粒细小、大小均匀的颗粒。实验结果表明,表面活性剂的类型与浓度、助表面活性剂的类型与含量、金属离子的浓度、沉淀剂的类型与浓度等对材料的颗粒大小及分散性有影响。当表面活性剂与助表面活性剂的比例为 1:5 时,AES-环己烷-丁醇-水体系可得到 16nm 的均分散球形 SnO_2,如图 6.13 所示。

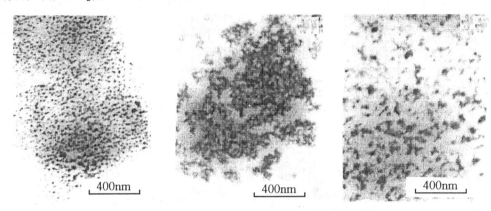

图 6.13　纳米 SnO_2 的 TEM 图

4. 金属盐水解法制备纳米材料

除了金属和部分碱土金属的盐类不易水解外,绝大多数的金属盐类在水溶液中都能发生水解反应,生成可溶性碱式盐[如 $Mg(OH)Cl$,$Al(OH)SO_4$,$Zn(OH)Cl$ 等]、难溶性碱式盐[如 $Sn(OH)Cl$,$SbOCl$,$BiONO_3$ 等]及难溶性含氧酸[如 H_2SnO_3,H_2TiO_3,H_2GeO_3,H_2SiO_3 等]。用方程式表示为

$$M^{n+} + H_2O \rightleftharpoons M(OH)^{(n-1)+} + H^+$$
$$M^{2+} + H_2O + Cl^- \rightleftharpoons M(OH)Cl\downarrow + H^+$$
$$M^{4+} + 3H_2O \rightleftharpoons H_2MO_3\downarrow + 4H^+$$

为了制备金属氧化物纳米材料,可控制反应条件,使反应向右进行,得到金属的氢氧化物或含氧酸沉淀,将沉淀物脱水后可制得纳米材料,如图 6.14 所示。水解反应的影响因素如下。

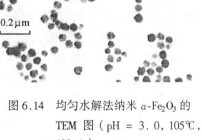

图 6.14　均匀水解法纳米 α-Fe_2O_3 的 TEM 图 (pH = 3.0, 105℃, 400min)

(1) 金属离子的本性

一般来讲,金属离子的电荷越高,半径越小(即离子极化作用越强),越容易水解。为了得到均匀分散的纳米溶胶,通常控制较低的金属离子浓度,或在溶液中加入表面活性

剂、配位螯合剂。

(2)反应的温度

水解反应是一个吸热反应,升高温度有利于水解反应进行。以此得到的纳米材料一般为多晶体,且可直接得到氧化物。只要金属离子的浓度、溶液的 pH 值控制得当,便可获得均分散的纳米粉体。加热的方法可采用电热恒温法和微波辅助法。

(3)溶液的酸度

从水解反应看,方程式右边产生了 H^+。因此,只要能够减少溶液的酸度,便可使水解反应向右进行,得到纳米氧化物的水合物沉淀或溶胶。

5. 醇盐水解与溶胶-凝胶工艺

用金属的无机盐水解法制备纳米材料时,存在着固、液相分离困难,杂质离子难以除净的缺点,也就是说,难以制得高纯的纳米粉体。为此,以金属醇盐([M(OR)n])水解为基础的溶胶-凝胶工艺被广泛地采用。该法是将金属醇盐或无机盐协调水解得到均相溶胶后,加入溶剂、催化剂、螯合剂等形成无流动性水溶胶,再于一定条件下转化为均一凝胶,除去有机物、水及酸根后进行干燥、热处理,最后得到纳米材料。

溶胶-凝胶方法的特点是用液体化学试剂(或将粉状试剂溶在溶剂中)或溶胶为原料,而不是用传统的粉状物体;反应物在液相下均匀混合并进行反应;反应生成物是稳定的溶胶体系,经放置一定时间转变为凝胶,其中含有的大量液相物质需借助蒸发法除去。用溶胶-凝胶法制备纳米材料反应温度较其他方法低,能形成亚稳态化合物,纳米粒子的晶型、粒度可控,且粒子的均匀度高、纯度高、反应过程容易控制、副反应少,并可避免结晶等。其缺点是金属醇盐的成本较高,水解后产生的溶剂需回收处理。

采用溶胶-凝胶法可以生产很多种氧化物及复合氧化物纳米粉,如莫来石、堇青石、尖晶石、氧化钛、氧化锆、氧化铝、氧化硅、钙钛矿等,用这种方法制得的纳米粒子平均颗粒尺寸一般在 20~40nm 范围。下面以电子陶瓷材料 $BaTiO_3$ 为例介绍溶胶-凝胶法的生产工艺。

首先制备钡醇盐和钛醇盐,反应式为

$$Ba + 2C_3H_7OH \xrightarrow{82℃} Ba(OC_3O_7)_2 + H_2 \uparrow$$

$$TiCl_4 + 4C_3H_7OH + 4NH_3 \xrightarrow{C_6H_6 5℃} Ti(OC_3H_7)_4 + 4NH_4Cl$$

$$Ti(OC_3H_7)_4 + 4C_5H_{11}OH \xrightarrow{回流 24h} Ti(OC_5H_{11})_4 + 4C_3H_7OH$$

再以 1:1 的钡醇盐和钛醇盐混合,回流 2h 后加水水解,反应式为

$$Ba(OC_3H_7)_2 + Ti(OC_5H_{11})_4 + 3H_2O \longrightarrow BaTiO_3 + 2C_3H_7OH + 4C_5H_{11}OH$$

生成的溶胶放置后得到凝胶,经干燥、热处理、粉碎得纳米材料。

溶胶-凝胶法发展的趋势是用廉价的无机盐取代昂贵的金属醇盐。

6. 利用气相法制备纳米材料

气相法是在高能状态(高温或等离子体)下,将无规则排列的原子或分子形成并长大成均匀的纳米微粒。根据纳米粒子的形成机制,可分为物理气相沉积法(PVD)和化学气相沉积法(CVD)。这两种方法在纳米薄膜材料的制备中大量应用。制备纳米粉体的关键是提高沉积速度。在传统的真空蒸发法基础上,近期主要是利用等离子体,微波、超声波、激光、电子束等先进的加热手段。反应的原料一般是易挥发的无机盐(如氯化物等)和金

属有机化合物(如:烷基金属,羰基化合物,金属醇盐,有机金属配合物)。用这种方法制备的纳米材料尺寸只有几纳米,透明、分散性好,但其缺点是产量小、成本高。如

$$FeCp_2 + O_2 \xrightarrow{等离子体} Fe_2O_3(s)$$

$$SnCl_4 + O_2 \xrightarrow{微波} SnO_2(s) + 2Cl_2 \uparrow$$

$$TiCl_4 + 2H_2 + O_2 \xrightarrow{\Delta} TiO_2(s) + 4HCl \uparrow$$

7. 利用固相热分解法制备纳米材料

传统的固相粉碎法属于物理方法范畴,一般难以制得 $1\mu m$ 以下的超细粉体,而且在制备过程中容易混进外来的杂质,在现代技术陶瓷材料的制备中已很少使用,取而代之的是固相热分解法。用这种方法制得的材料颗粒尺寸一般在 $10\sim100nm$ 之间,具有工艺简单、容易分离收集的优点。颗粒尺寸可通过控制灼烧温度和时间来控制。固相热分解的反应原料可以用市售的含氧酸、铵盐、硝酸盐等;也可用沉淀法合成的水合物、碳酸盐、草酸盐等。热分解的温度一般应小于 $600℃$,否则,能耗高,颗粒大。在气敏材料的制备中,较多使用该法,如

$$H_2WO_4 \xrightarrow{400℃} WO_3 + H_2O \uparrow$$

$$(NH_4)_2WO_4 \xrightarrow{500℃} WO_3 + 2NH_3 \uparrow + H_2O \uparrow$$

$$2La^{3+} + 3H_2C_2O_4 \longrightarrow La_2(C_2O_4)_3 \downarrow + 6H^+$$

$$La_2(C_2O_4)_3 \xrightarrow{\Delta} La_2O_3 + 3CO \uparrow + 3CO_2 \uparrow$$

$$Zn^{2+} + CO_3^{2-} \longrightarrow ZnCO_3 \downarrow$$

$$ZnCO_3 \xrightarrow{\Delta} ZnO + CO_2 \uparrow$$

固相热分解反应的热力学基础是吉布斯公式($\Delta G^\circ = \Delta H^\circ - T\Delta S^\circ$),热分解的温度可近似用 $\Delta H/\Delta S$ 来估算。也可用阳离子离子极化作用的相对大小来判断分解的难易程度。即金属离子的电荷半径比(z/r)越大,越易分解。

8. 利用室温固相反应法制备纳米材料

室温固相反应法是近年来发展起来的一种新型纳米材料合成方法,与传统的高温固相反应法相比,该法是在室温条件下将反应物混合研磨,制得纳米材料。因此,具有节约能耗,不污染环境,能合成一些中间态化合物的优点。利用该法容易合成的纳米材料有氧化物、硫化物和复合氧化物,用这些材料制成的气敏元件具有较高的气体灵敏度,如 $CdSnO_3$ 材料对乙醇具有很好的气敏选择性。

根据吉布斯公式 $\Delta G^\circ = \Delta H^\circ - T\Delta S^\circ$,固相材料的 ΔS° 变化较小,且由于温度较低,$T\Delta S^\circ$ 一项的影响可以忽略。因此,能在室温进行的固相反应都是放热反应,即 $\Delta H^\circ < 0$,$\Delta G^\circ < 0$。在制备过程中,应注意反应温度的调节,避免高温对仪器和材料造成的不良影响。下面举例说明室温固相反应法合成工艺。反应式为

$$SnCl \cdot 5H_2O + 4NaOH \longrightarrow Sn(OH)_4 + 4NaCl + 5H_2O$$

$$Sn(OH)_4 \xrightarrow{\Delta} SnO_2 + 2H_2O \uparrow$$

$$CdSO_4 + 2NaOH \longrightarrow Cd(OH)_2 + Na_2SO_4$$

$$Cd(OH)_2 \xrightarrow{\triangle} CdO + H_2O$$

$$CdSO_4 + SnCl \cdot 5H_2O + 6NaOH \longrightarrow CdSnO_3 + Na_2SO_4 + 4NaCl + 5H_2O$$

$$ZnSO_4 \cdot 7H_2O + Na_2S \longrightarrow ZnS + Na_2SO_4 + 7H_2O$$

9. 利用相转移法合成纳米材料

相转移法是在化学沉淀法的基础上发展来的。其基本过程是：先将沉淀制成无机胶体，再用表面活性剂处理，然后用有机溶剂抽提，制得有机溶胶，经脱水、脱有机溶剂，即可制得纳米材料。用这种方法制备纳米材料的优点是颗粒均匀，分散性好，原料回收率高。缺点是工序增加，有机溶剂消耗较多，需注意回收。实验证明，成胶的 pH 值、表面活性剂的类型与浓度、有机溶剂的类型与配比、金属盐的类型等对材料的合成有影响。以 ABS 表面活性剂处理氧化铁胶体，用丙酮-苯有机溶剂抽提，再经蒸馏，分解制得的氧化铁纳米材料颗粒尺寸在 20~40nm，如图 6.15 所示。氧化铁产率可达 95% 以上。

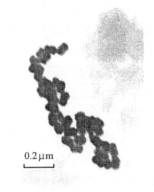

图 6.15　相转移法纳米氧化铁的 TEM 图

10. 利用多相反应法制备纳米材料

多相反应法包括固-液反应法、固-气反应法、固-固反应法和液-气反应法等，如

$$Sn + 4HNO_3 \longrightarrow H_2SnO_3 + 4NO_2 \uparrow + H_2O$$

$$H_2SnO_3 \xrightarrow{\triangle} SnO_2 + H_2O \uparrow$$

$$4Fe(OH)_2 + 2O_2 + 2H_2O \longrightarrow 4Fe(OH)_3$$

$$2Fe(OH)_3 \xrightarrow{\triangle} Fe_2O_3 + 3H_2O \uparrow$$

$$ZnO + Na_2S + H_2O \longrightarrow ZnS + 2NaOH$$

$$Zn^{2+} + H_2S(g) \longrightarrow ZnS + 2H^+$$

多相反应法中比较常用的是金属硝酸氧化法，SnO_2、Sb_2O_3、MoO_3、WO_3 的制备可采用此法。纳米材料的制备与金属、硝酸的配比，硝酸的浓度，反应的温度及时间有关。颗粒尺寸可通过反应温度、热处理温度控制。用这种方法制备的 SnO_2 纳米材料颗粒尺寸只有20nm左右，具有很高的稳定性和较好的气敏性能。

除以上所介绍的几种纳米材料制备方法外，常用的还有喷雾热分解法、冷冻干燥法、电解法、水热法、溶剂热法等。由于篇幅所限，在此不做介绍。

6.3.2　纳米材料在气体传感器上的应用

气体传感器是指可以感受环境气体类型及浓度变化，并将之转化为有用信号输出的器件或装置。它通常由气敏元件、信号转换电路和信号放大、处理电路几部分组成，其核心部分是气敏元件，即气体传感器的感受器。气敏元件依检测原理及材料不同，可分为多种类型，如半导体气敏元件、催化燃烧式气敏元件、固体电解质式气敏元件、溶液电化学式气敏元件、光吸收式气敏元件等。其中半导体气敏元件由于灵敏度高、价格低廉、体积小，成为市场的主导产品。下面主要介绍纳米材料在半导体气敏元件上的应用。

半导体气敏元件是根据气体在半导体表面吸附或反应引起的电信号（电阻、电压、电流等)变化来检测气体的类型及浓度变化的。由于在半导体气敏元件中强调敏感材料表面与气体的相互作用,故敏感材料的表面积大小、表面状态等对气敏元件的性能有很大影响。具有巨大比表面积的纳米材料在气体传感器中具有非常重要的应用。

1. 材料的纳米化有利于发现新的气敏材料

氧化铁是一类常用的半导体气敏材料,主要用于检测烃类气体和有机溶剂。它有 α 型和 γ 型两种主要的结构类型,其中 $\gamma\text{-Fe}_2\text{O}_3$ 的应用较早,而 $\alpha\text{-Fe}_2\text{O}_3$ 气敏效应的发现较 $\gamma\text{-Fe}_2\text{O}_3$ 晚了四年。当时 $\gamma\text{-Fe}_2\text{O}_3$ 的稳定性实验表明,$\gamma\text{-Fe}_2\text{O}_3$ 由于属于氧化铁的介稳态,在高温工作时会不可逆地转变为稳定的 $\alpha\text{-Fe}_2\text{O}_3$ 而丧失气体灵敏度,因此,人们一直认为 $\alpha\text{-Fe}_2\text{O}_3$ 对气体是不敏感的。

后来,日本松下公司的松岗道雄和中谷吉彦等经过一系列的努力,采用化学共沉淀法制备了 Sn^{4+}、Ti^{4+}、Zr^{4+} 渗杂的 $\alpha\text{-Fe}_2\text{O}_3$ 超细粉,其中 M^{4+} 和 SO_4^{2-} 的存在可阻止 $\alpha\text{-Fe}_2\text{O}_3$ 结晶生长,并以此为敏感材料制得了稳定性好、气体灵敏度较高的可燃气体敏感元件,从而使 $\alpha\text{-Fe}_2\text{O}_3$ 气敏元件得到了实用化。实践表明,$\alpha\text{-Fe}_2\text{O}_3$ 颗粒的细化或纳米化可提高灵敏度至实用化程度,之后开发的气相法、溶胶-凝胶法、水解法纳米 $\alpha\text{-Fe}_2\text{O}_3$ 又使其实用化提高了一个层次。可以说,没有材料的纳米化,就没有 $\alpha\text{-Fe}_2\text{O}_3$ 气敏材料。

2. 纳米材料的使用有助于发现新的气敏机理

半导体气敏元件的敏感机理从大的方面可分为两种类型,即体电阻控制型和表面电阻控制型。

体电阻控制型气敏机理在于半导体材料在环境气氛中发生氧化还原反应而改变自身的氧化值。由于氧化值变化,电阻值也跟着变化;变化的程度不同,电阻也不同。这种机理适合于 $\gamma\text{-Fe}_2\text{O}_3$ 和 ABO_3 型气敏材料。下面以 $\gamma\text{-Fe}_2\text{O}_3$ 为例说明之。

$\gamma\text{-Fe}_2\text{O}_3$ 是一种亚稳态结构,高温下将转化为稳定的 $\alpha\text{-Fe}_2\text{O}_3$,遇还原性气体能转化为 Fe_3O_4。几种氧化铁之间的转化关系为

$$Fe_3O_4 \underset{\text{还原}}{\overset{\text{空气氧化}}{\rightleftharpoons}} \gamma\text{-Fe}_2\text{O}_3 \xrightarrow{\text{高温}} \alpha\text{-Fe}_2\text{O}_3$$

$\gamma\text{-Fe}_2\text{O}_3$ 是高阻值氧化物,具有反尖晶石结构;而 Fe_3O_4 是低阻值氧化物,同样具有反尖晶石结构。由于两者属同一晶体类型,可形成连续的固溶体,在空气和还原性气氛中可实现可逆转变,这正是 $\gamma\text{-Fe}_2\text{O}_3$ 的气敏机理。

体电阻控制型敏感材料的气体灵敏度主要与材料本身的结构有关,与材料的形态关系不大。

表面电阻控制型气敏机理在于半导体材料在空气气氛中吸附 O_2,由于 O_2 容易从半导体导带中吸收电子产生化学吸附而形成 O_2^-、O_2^{2-} 和 O^{2-} 等吸附态,从而使半导体气敏材料的电阻增大。若在环境气氛中存在还原性气体(如:H_2,CO,CH_4 等),即电子供给性气体,则由于还原性气体与吸附氧或半导体导带交换电子而使半导体的阻值下降,移走还原性气体,半导体气敏材料又恢复至高阻值,这就是表面电阻控制型气敏元件的工作原理,适合于 SnO_2、ZnO 及大多数的半导体气敏材料。

由于 $\alpha\text{-Fe}_2\text{O}_3$ 分子式与 $\gamma\text{-Fe}_2\text{O}_3$ 相同,过去曾被认为也是体电阻控制型气敏机理。但

是通过气氛实验证明,在 N_2 气氛中,α-Fe_2O_3 对可燃气体的灵敏度大大下降,如图 6.16 所示。这又与 α-Fe_2O_3 的体控制机理矛盾,说明 α-Fe_2O_3 的气敏过程与吸附氧有关。我们采用等离子体化学气相沉积法合成了颗粒尺寸只有几纳米的 α-Fe_2O_3,通过测定空气中的电阻-温度曲线,得到了与 SnO_2、ZnO 等表面控制型元件一致的阻温曲线,如图 6.17 所示。采用 X 射线光电子能谱等手段分析了吸附氧的状态变化及其对纳米材料电阻的影响,结合 N_2 气氛中的电阻变化和气体灵敏度变化,我们提出了 α-Fe_2O_3 气敏材料的表面控制型气敏机理,突破了传统的体电阻控制型气敏机理模型,对 α-Fe_2O_3 的气敏机理给出了理想的解释,为寻找高灵敏度的 α-Fe_2O_3 气敏材料指明了方向。

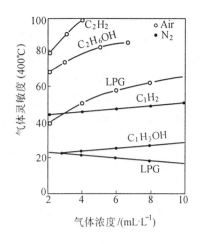

图 6.16 气氛对 α-Fe_2O_3 元件灵敏度的影响

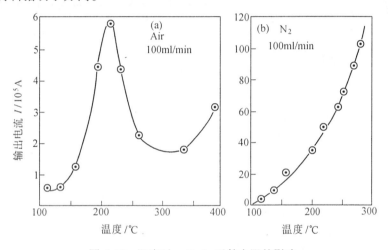

图 6.17 温度对 α-Fe_2O_3 元件电阻的影响

传统的超细 α-Fe_2O_3 材料之所以被误认为是体电阻控制型机理,是因为 α-Fe_2O_3 材料的电阻较大,颗粒不够细时,表面吸附氧的数量较少,对 α-Fe_2O_3 电阻的影响不大,与图 6.17(b) 所示曲线相似,而 α-Fe_2O_3 与 γ-Fe_2O_3 分子式相同,气体灵敏度又较低的缘故。当 α-Fe_2O_3 被制成纳米材料后,比表面积突然增大,表面活性中心大大增加,对氧的吸附量增大,所以体现出表面控制型气敏机理。

虽然 γ-Fe_2O_3 是体电阻控制型气敏机理,但并不是其气体灵敏度与颗粒大小无关。通过比较不同颗粒大小 γ-Fe_2O_3 的气体灵敏度,发现 γ-Fe_2O_3 的气体灵敏度也随着颗粒的减小有所增大,只不过变化幅度较小。因此,我们可以认为,体控制与表面控制气敏机理不是绝对的,随着材料颗粒的减小,表面控制的作用会逐渐增强。

3. 以提高气体传感器灵敏度为目的的纳米技术研究

如上所述,对表面控制型的气敏元件来说,随着颗粒的减小,气体灵敏度增大,因此,以提高气体灵敏度为目的时,可通过气敏材料的纳米化来实现。如本章 6.3.1 部分介绍的各种纳米材料制备技术,均可用于气敏材料的制备。表 6.16 是用不同方法制备的不同颗粒尺寸的 ZnO 气敏材料的气体灵敏度的变化。图 6.18 为不同热处理条件下得到的 SnO_2 的气体灵敏度随颗粒尺寸的变化,图 6.19 给出的是不同制备方法不同颗粒尺寸的 $\alpha\text{-}Fe_2O_3$ 的气体灵敏度曲线。由这些图表得出的结论是:凡是能降低半导体气敏材料颗粒尺寸的纳米技术,皆有利于提高气敏元件的灵敏度。

表 6.16 不同晶粒尺寸 ZnO 的气体灵敏度

颗粒尺寸	≤20nm	40nm	50nm	70nm	3.7μm
$\beta(0.2\varphi\%H_2)$	6.4(4.0)	4.2(3.0)	3.0(2.1)	3.4(2.0)	—(2.2)
$\beta(0.2\varphi\%C_4H_{10})$	8.2(5.2)	8.5(5.2)	4.2(3.3)	4.5(2.6)	—(1.6)
$\beta(0.2\varphi\%SF_6)$	6.1(4.7)	6.3(3.8)	4.0(2.6)	4.0(2.1)	— —
$\beta(0.01\varphi\%汽油)$	11.5(5.0)	9.5(5.6)	5.4(4.0)	4.2(2.7)	1.6(2.5)
$\beta(0.01\varphi\%酒精)$	4.8(4.9)	3.2(4.7)	6.5(4.7)	4.1(2.5)	3.8(6.0)

注:$\beta = R_a/R_g$,()内为 300℃时的灵敏度,()外为 240℃时的灵敏度。

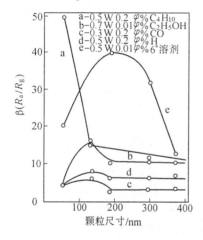

图 6.18 晶粒尺寸对 SnO_2 气体灵敏度的影响

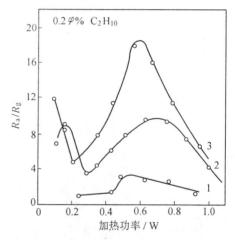

图 6.19 不同制备方法 $\alpha\text{-}Fe_2O_3$ 的气体灵敏度
1—纯 $\alpha\text{-}Fe_2O_3$(沉淀法);2—$Sn\text{-}\alpha\text{-}Fe_2O_3$(沉淀法);
3—$Sn\text{-}\alpha\text{-}Fe_2O_3$(水解法)

4.提高气体传感器综合性能的纳米技术

如上所述,纳米化气敏材料的灵敏度大大提高,但对于一个实用化的气体传感器来讲,除了气体灵敏度这一重要指标外,还必须考虑气敏选择性、稳定性和响应恢复特性等性能。纳米气敏材料除了可提高气敏元件的灵敏度外,还可加快气体响应速度,如图 6.20 所示,但是由此带来的不足之处是气体传感器的稳定性有所下降,恢复时间有可能加长。

提高纳米材料气敏稳定性的主要措施是纳米材料的控制生长技术,最好是均分散的控制生长技术。纳米气敏材料气敏稳定性差的原因主要是纳米材料的比表面积大,表面自由能高,有自发生长的趋势。而气体传感器一般都在 300℃左右的高温下工作,如果纳米材料颗粒不均,小颗粒的材料就会逐渐消失,大颗粒逐渐长大。由于晶界状态发生了较

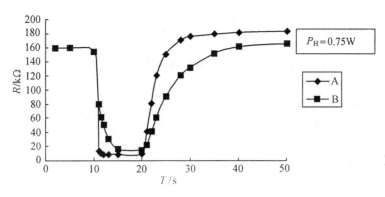

图 6.20 气敏元件的响应恢复特性
A—硝酸氧化法纳米 SnO_2；B—沉淀法 SnO_2

大变化,所以半导体材料的电阻也会发生较大变化,从而导致气体传感器的稳定性下降。实践证明,能得到均分散纳米晶的纳米技术有助于提高气体传感器的稳定性。采用均匀沉淀法、均匀水解法、水热反应法控制纳米微粒的成核、生长与结晶,可得到颗粒均匀、微细的多晶材料,避免纳米材料的再结晶,并增大其进一步生长的活化能,使材料的颗粒尺寸得到稳定,进而提高气敏稳定性并有利于加速响应恢复过程,如图 6.21 所示。

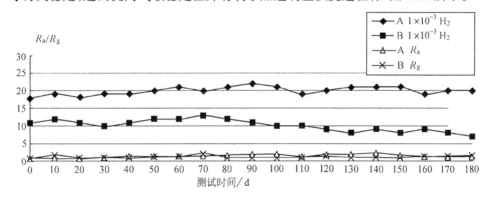

图 6.21 气敏元件的长期稳定性
A—硝酸氧化法纳米 SnO_2；B—沉淀法 SnO_2

总之,控制生长的纳米技术将是提高气体传感器综合性能的关键技术,气体传感器的应用离不开纳米技术,两者的互相渗透,共同发展,必将丰富纳米技术和气体传感技术的内容,推动其发展。

6.4 Y-PSZ 纳米粒子团聚性研究

6.4.1 引 言

陶瓷是国民经济和人民生活中不可缺少的一种材料。ZrO_2 陶瓷具有优良的力学、热学、光学、电学性质,在高温结构元件、高温光学元件、氧敏感元件、燃料电池等方面有着广泛的应用。掺稳定剂 Y_2O_3 的 ZrO_2(Y-PSZ)纳米陶瓷以其良好的塑性和韧性而著称。但是,制备 Y-PSZ 纳米陶瓷粉体时,由于具有小尺寸效应和表面效应,特别容易团聚。纳米微粒团聚体的存在,使烧结后陶瓷的致密度降低,势必使其强度、硬度、韧性及可靠性降低。所以,制备无团聚的纳米粉体是制备优质纳米陶瓷的必要前提。团聚体的抑制可在粉体制备过程中或制备之后进行。粉体制备过程中抑制团聚体的主要方法有:

(1)选择合适的沉淀条件;

(2)沉淀前或干燥过程中的特殊处理,如阴离子脱除、有机溶剂洗涤、冷冻干燥、干燥时的温度控制、水热处理等;

(3)最佳焙烧条件的选择。

在团聚形成后消除的方法主要有:

(1)沉积或沉降;

(2)研磨;

(3)超声波处理;

(4)加入分散剂;

(5)高的生成压力。

本研究采用化学共沉淀法制备 Y-PSZ 纳米微粒,并研究了分散剂对 Y-PSZ 纳米微粒团聚性的影响。

6.4.2 实验过程

以氧氯化锆和硝酸钇等为原料,采用化学共沉淀法制备 Y-PSZ 纳米微粒,并加入分散剂聚乙二醇,研究其含量对 Y-PSZ 纳米微粒团聚性的影响。工艺流程见图 6.22 和图 6.23。

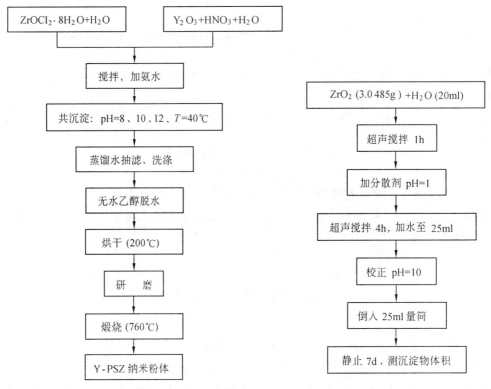

图 6.22 Y-PSZ 纳米粉体工艺流程图　　图 6.23 加分散剂测分散性工艺流程图

采用 LCP-1 型差热膨胀仪对焙烧前的粉体进行 DTA 分析;在 D/MAX-RB 型 X-ray 衍射仪上对 Y-PSZ 纳米粉体的晶相进行 XRD 分析;在 H-800 透射电镜上对 Y-PSZ 纳米粉体的晶粒尺寸和团聚性进行 TEM 观察。

6.4.3 结果分析与讨论

1. 焙烧前粉体的 DTA 分析

图 6.24 为焙烧前粉体的 DTA 曲线。从中可见,在 135℃有一个吸热峰,这是因为脱去吸附水而引起的。在 455℃有一个放热峰,这是由于 $Zr(OH)_4$ 分解为 ZrO_2 而形成的。

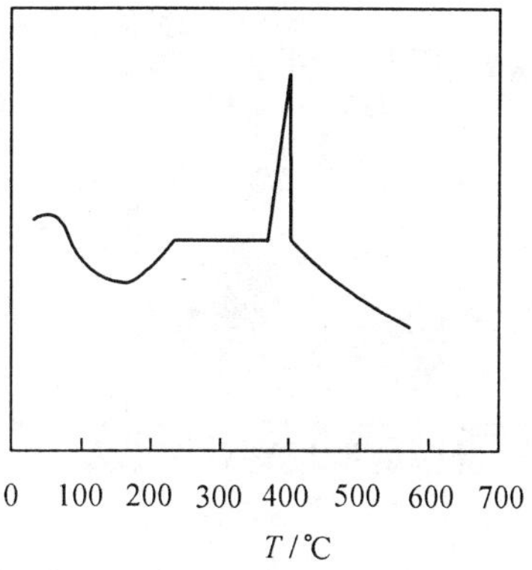

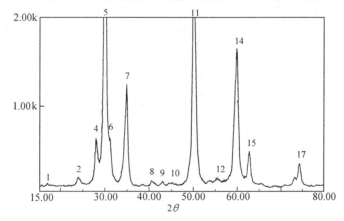

图 6.24 焙烧前粉体的 DTA 曲线

2. Y-PSZ 纳米粉体的 XRD 分析

图 6.25 为 Y-PSZ 纳米粉体的 XRD 图谱。由单斜相 m 和四方相 t 组成。在校正背底强度后,根据单斜相 m 和四方相 t 的相对衍射强度,计算了 Y-PSZ 纳米粉体的各相体积分数:$\varphi_m(\text{Y-PSZ}) = 15.3\%$;$\varphi_t(\text{Y-PSZ}) = 84.7\%$。可见,当 Y_2O_3 含量为 $3x\%$ 时,粉体含有大量的 t 相,少量的 m 相,不含 c 相。

图 6.25 Y-PSZ 纳米粉体的 XRD 图谱

3. 溶胶 pH 值对 Y-PSZ 纳米粉体团聚性的影响

图 6.26 为溶胶的 pH = 8、10、12 时,形成 Y-PSZ 纳米粉体的 TEM 照片,Y-PSZ 颗粒呈球形,粒径处于 15 ~ 20nm 之间。并且从中可见,pH = 10 时,分散性最好,团聚较轻;pH = 8、12 时,分散性较差,团聚较重。

根据 DLVD 理论,颗粒表面双电层所产生的排斥能

$$\Phi = \frac{64 n_0 k_B T \gamma_0^2}{k} \exp(-kd) \quad (6.1)$$

式中,n_0 为能级数;d 为颗粒间距;k 相当于双电层的厚度,与表面吸附的离子价态、电解质浓度及介电常数有关;而 γ_0 是与表面电位 ψ_0 直接相关的物理量,且

$$\gamma_0 = \frac{\exp(ze\psi_0/2k_BT) - 1}{\exp(ze\psi_0/2k_BT) + 1} \quad (6.2)$$

式中,z 为原子价;e 为电子电荷。

(a) pH = 8　　　　　(b) pH = 10　　　　　(c) pH = 12

图 6.26　Y-PSZ 纳米粉体的 TEM 照片 (5×10^4 倍)

当溶胶的 pH 值较大时,双电层的厚度增加,表面电位 ψ_0 增大,γ_0 增大,导致表面排斥能增加。这就使颗粒间的双电层排斥力大于静电引力和范德华力等的合力,而不易使颗粒间团聚。但当 pH 值过大,如大于 11 时,由于强碱溶液的加入,使得聚合反应充分进行,生成团聚程度较大的胶粒,而且会使粉料的烧结性能变坏,故 pH 值不能过高。

当溶胶的 pH 值较小时,根据 DLVD 理论,则表面电位 ψ_0 减小,γ_0 减小,从而表面排斥能减小。颗粒间的双电层排斥力小于静电引力和范德华力等的合力,使颗粒间易团聚,二次颗粒增大。而且当 pH 值过小,如小于 9 时,由于溶液中配位羟基数目较少,水解不充分,聚合反应发生后,沉淀物结构中含有较多的结合水,多余的自由结合水与胶体颗粒表面的自由羟基-OH 以氢键相互作用。当颗粒接触时,颗粒间由这种水分子和相邻两个颗粒表面上羟基氢键作用而产生桥接,更易形成团聚。所以,为了得到分散性好的粉体,溶胶的 pH 值应控制在 9~11。

为了去除溶胶中的水分子,在抽滤以后,加无水乙醇清洗以去除水分子。这是因为在胶体形成过程中,氧氯化锆水溶液中的基本离子单元的聚集与水解反应同时进行。加入沉淀剂氨水将促进聚集沉淀。这一聚集沉淀特征决定了初始生成的几个纳米数量级胶粒,在强烈的表面张力作用下,相互团聚形成类似分散结构。加无水乙醇清洗可以得到少团聚的 Y-PSZ 纳米粉体。在湿化学法制备过程中,$Zr(OH)_4$ 在失水时氧桥键的形成是颗粒团聚的主要原因。以乙醇的醛基团取代非桥联的-OH,可以导致软团聚形成,而软团聚可在压块过程中以较低压力消除。

在相同 pH 值的情况下,随着一次颗粒尺寸的减小,颗粒之间的静电引力、范德华力和毛细管力等较弱的作用力显得越来越重要,形成所谓软团聚。当颗粒尺寸 < 50nm 时,颗粒之间的范德华力非常强,这时粉体颗粒不可避免地形成强的软团聚。

4. 分散剂对 Y-PSZ 纳米粉体团聚性的影响

根据 Y-PSZ 水悬浮液的 ζ 电位与颗粒团聚之间的关系,在 Y-PSZ 水悬浮液中加入分散剂聚乙二醇(PEG),并保持 pH 值恒为 10。在超声波搅拌后,静止 7 天的过程中,发现加入 $0.4w\%$ PEG 时,沉降速度最低,溶液始终保持乳白色。而加入 $0.2w\%$ 和 $0.4w\%$ PEG 时,沉降速度较快。而未加分散剂 PEG 的溶液中,颗粒沉降最快。图 6.27 为 Y-PSZ 沉积物体积与分散剂加入量之间的关系。从中可见,分散剂 PEG 加入量过大或过小,沉积体积增大,即分散效果不好。

图 6.28(a)、(b)、(c)为 pH = 10,分散剂加入量为 0.2w%、0.4w%、0.6w%时,Y-PSZ 纳米粉体的 TEM 照片。从中可见,PEG 加入量为0.4w%时,分散效果最好。

这是因为 PEG 是一种有空间位阻稳定作用的高分子化合物。它加入到溶液后,可以使高分子长链的一端紧密地吸引在颗粒的表面,而另一端尽可能伸向溶液中,以减小颗粒之间的吸引力,从而实现空间位阻稳定。但如果 PEG 加入量过小,则它与颗粒之间的

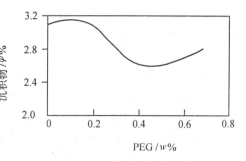

图 6.27 Y-PSZ 沉积物体积与分散剂加入量之间的关系

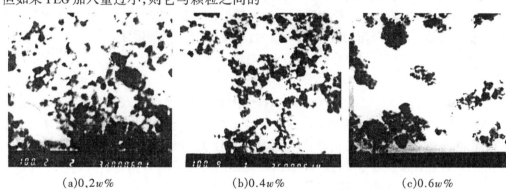

(a)0.2w%　　　　　(b)0.4w%　　　　　(c)0.6w%

图 6.28 分散剂对 Y-PSZ 纳米粉体团聚性的影响

吸附力不足(欠饱和吸附),另一端便会吸附在其他颗粒的表面上,从而使颗粒之间聚集而产生沉降。如果 PEG 加入量过大(过饱和吸附),则伸向溶液中的高分子长链相互缠绕在一起,也会使颗粒团聚而沉降。只有加入适量的 PEG 产生饱和吸附,沉降体积最小,分散性最好。

6.4.4 结 论

通过实验及分析得到如下几项结论:

(1) 采用化学共沉淀法制备出 $Y_2O_3(3x\%)$ 稳定的 ZrO_2(Y-PSZ)纳米粉体,粒径为 15~20nm,XRD 分析其相组成为:15.3%M + 84.7%T。

(2) Y-PSZ 水悬浮液的 pH 值过小和过大,粉体易团聚。pH 值控制在 9~11 之间时,粉体的分散性较好。

(3) 加入分散剂聚乙二醇可改善 Y-PSZ 纳米粉体的团聚性,其中加入 0.4 w%PEG 时分散效果最好。

6.5 Ni-P-纳米粒子化学复合镀理论与技术

6.5.1 化学镀研究简述

随着现代工业技术的发展,单一材料已难以满足某些特殊要求,各种功能材料及近年来迅速发展的复合镀层在生产中的应用前景越来越广阔。如钴基复合镀层具有良好的高

温抗氧化性和自润滑性能;用 $Ag-La_2O_3$ 复合镀层代替纯银制备低压电器触头可节银60%;化学镀 Ni-P-SiC 镀层的耐磨性可超过硬铬几倍甚至几十倍,在耐磨性要求较高的场合非常有意义,可显著提高磨损件的使用寿命。

目前,研究较多的复合镀层有 Ni-P-SiC、$Ni-P-Cr_2O_3$、Ni-P-金刚石、$Ni-P-Al_2O_3$ 等。但采用的第二相粒子均是微米级的,由于颗粒较大,在镀液中的悬浮能力差。下面介绍采用能产生更好的悬浮性的 Si 纳米粒子,研究 Si 纳米粒子的加入量、镀液 pH 值及镀液温度对 Ni-P-Si 复合镀层的性能的影响,并进一步研究热处理温度对复合镀层的性能的影响。

6.5.2 化学镀的基本原理

化学镀是采用金属盐和还原基在同一镀液中进行自催化的氧化还原反应而在固体表面沉积出金属镀层的成膜技术。化学镀镍磷的基本原理是通过镀液中的镍离子还原,同时伴随次亚磷酸盐的分解而产生磷原子进入镀层,形成过饱和的 Ni-P 固溶体镀层。但是,关于具体的反映机理尚无统一认识,较为普遍的是氢原子理论,即

$$H_2PO_2^- + H_2O \rightarrow H_2PO_3^{2-} + H^+ + 2[H]$$

$$Ni^{2+} + 2[H] \rightarrow Ni + 2H^+$$

$$H_2PO_2^- + [H] \rightarrow H_2O + OH^- + P$$

由以上反应可见,化学镀 Ni-P 的过程依赖于具有催化活性表面,如沉积金属具有催化活性,当基体被金属镀层完全覆盖时,反应立即停止。而 Ni-P 化学镀中析出的镍具有催化活性,使还原反应能自发进行,镀膜逐渐增厚形成镀层。

6.5.3 化学复合镀的基本原理

1. 化学复合镀

复合镀(composition coating)又称分散镀(dispersion coating),是用电镀或化学镀的方法使金属和固体微粒共沉积获得复合材料的工艺过程,其镀层是由形成复合镀层的主体金属和分散微粒两相组成的复合材料。根据主体金属和分散微粒的不同,可获得具有较高硬度、耐磨性、自润滑性、耐热性、耐蚀性及特殊装饰性等功能性镀层。另外,化学复合镀可在各种基体表面覆盖任意厚度的镀层,不需要高温(100℃以下)就可获得孔隙率低的合金镀层。

2. Ni-P-Si 化学复合镀的基本原理

将镀液中的 Si 纳米粒子(性能见表 6.17)通过搅拌悬浮在镀液中的各个部位,在机械力和静电力的作用下,Si 粒子得以碰撞试样表面且沉积于其上,加热到一定温度时,生成的 Ni-P 合金与 Si 纳米粒子就共沉积于基体表面,从而得到 Ni-P-Si 复合镀层。

表 6.17 Si 纳米粒子的物理性质参数

直径/nm	形态	颜色	晶态	状态
30	球形	褐色	微晶	均匀单分散

6.5.4 实验方法

1. 复合镀液的配制

首先将各种化学药品分别用适量的水溶解,络合剂与缓冲剂相混,将镍盐加入,搅拌均匀;其他溶液依次加入,边加入边搅拌,用水稀释至规定体积,再用酸或碱液调节 pH 值

至规定值;将 Si 纳米粒子净化配成浆液,机械搅拌,使 Si 纳米粒子润湿,然后加入已配好的镀液中,再搅拌 1~2h。用 681 型磁力加热搅拌器加热至规定温度范围便可以放入试样施镀。

2. 基本工艺路线

有机溶剂除油(10~15h)→化学碱液除油(30~50min)→水洗无水乙醇除油(5~20min)→蒸馏水冲洗→10φ%HCl 活化(0.5~1min)→蒸馏水清洗→施镀→冷水冲洗→烘干→镀后处理。

3. 镀后热处理工艺

热处理在箱式炉中进行,无保护气氛,保温时间 1h。试样等温处理温度为:200℃、400℃、600℃。

6.5.5 实验结果分析

1. 影响镀速的因素

(1)Si 含量与镀速的关系

由图 6.29 知,随 Si 在镀液中含量的增加,镀速增大,当 Si 含量达到 1g/L 时,镀速达到最大;继续增加 Si 的含量,镀速反而下降。产生这种现象的原因是由于两种因素相互作用的结果,其一是固体微粒加入镀液后,运动的粒子对镀件表面的的冲刷和刮磨作用,增加了镀件表面催化活性点的数目,使金属粒子的还原速度加快,因而化学镀层的沉积速度加快;其二镀液中的固体微粒在镀液中含量过大时,它们占据镀件表面的几率增大,使部分催化活性点被掩盖而失去作用,因而化学镀层的沉积速度下降。粒子浓度低时第一个因素起主要作用,因此镀速随粒子含量的增加而增加,粒子浓度达到一定值以后,第二个因素的作用逐渐强烈,因此镀速随粒子的含量的增加而降低。

(2)镀液 pH 值与镀速的关系

在实验中发现,适当提高 pH 值能显著地提高镀速。镀液 pH 值与镀速的关系如图 6.30 所示。当 pH 值升至 4.3 时,镀速可达 4.06μm/h。pH 值越高,氢离子的浓度越低,反应速度加剧,沉积速度加快,因此镀速随 pH 值的升高而加快;但镀液 pH 值超过 4.5 以后,镀速又随着 pH 值的升高呈下降趋势。原因是由于 Si 的加入使镀液在 pH 值超过 4.5 以后易分解,从而不利于 Ni-P 镀。

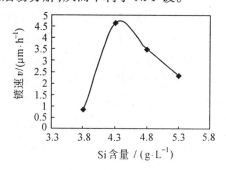

图 6.29 镀液中微粒含量与镀速的关系

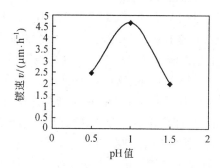

图 6.30 镀液 pH 值与镀速的关系

(3)施镀温度与镀速的关系

随温度的上升,镀速大致呈先上升后下降的趋势,并且在温度较高时,杯底有金属碎片产生。施镀温度与镀速的关系如图 6.31 所示,分析其原因可能是,随着施镀温度的增加,粒子运动速度逐渐加快,从而对镀件表面的冲刷作用增强,使镀件表面催化活性点的数目增加,这样就促进金属离子的沉积速度加快,因而镀层的沉积速度增大。温度继续增高,粒子运动速度进一步加快,粒子在表面停留的时间反而缩短,因此不利于镀层的形成及与基体结合,且易从基体表面脱落下来,成为沉淀物;且镀液在较高温度下,较易发生自分解反应,不利于镀层的沉积过程。

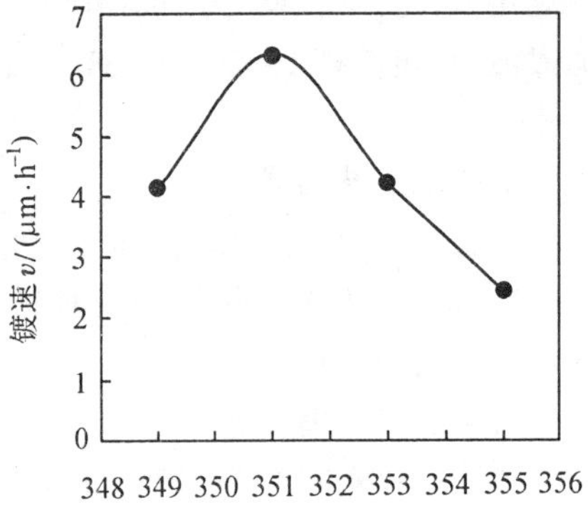

图 6.31 施镀温度与镀速的关系

2.镀层硬度分析

化学镀 Ni-P 合金后在适当温度下热处理一定时间,Ni-P 合金固溶体脱溶分解,析出第二相 Ni_3P,即 Ni-P 合金又从非晶态转变成晶态,形成 Ni-Ni_3P 复合镀层,增加镀层的塑变抗力。由于第二相 Ni_3P 析出时与母相保持共格关系,引起点阵畸变。点阵畸变的产生阻碍位错的运动,从而导致镀层的硬度和耐磨性的提高。

图 6.32 显示了不同热处理温度下镀层的硬度。由图可见,随着热处理温度的提高,镀层的硬度增加,在 400℃时达到最大值,随后硬度又随着热处理温度的增加而逐渐下降。复合镀的硬度变化规律与 Ni-P 镀层的变化规律非常相似,这表明 Si 微粒的嵌入并不能影响基质金属(Ni-P 合金)的组织结构。复合镀层的硬度变化规律也是与热处理导致的 Ni-P 合金的组织转变有关。Ni-P 合金在 290℃左右析出了与 Ni 相共格的 Ni_3P 等相,随着温度的升高,共格相的析出量增加,共格相产生沉淀硬化作用,提高了镀层的硬度。当温度达到 400℃时,共格相析出完全,镀层硬度达到最大值;温度继续升高,Ni_3P 与镍晶粒的聚集长大,导致镀层硬度下降。

图 6.33、图 6.34、图 6.35 分别显示了镀层在热处理(400℃,保温 1h)前后硬度的变化。从图中可看出,热处理后镀层均不同程度地高于镀态。

3.镀层微观组织分析

图 6.36 是 Ni-P-Si 复合镀层镀态的扫描照片。其中(a)是镀层表面形貌图,(b)和(c)是经 $4\varphi\%HNO_3$ 酒精浸蚀后的镀层断面图。从图(a)可看出,"胞状物"均匀性不太好,这可能是镀液及第二相粒子 Si 对镀层表面的冲击及 Si 粒子的嵌入的影响,可测出镶嵌粒子的粒径是 $2.12\mu m$,这远远超过了 Si 纳米粒子的粒径。经能谱分析,该粒子含 Ni-P-Si,可认为 Si 粒子并非单独存在于镀层之中,而是聚集成团,且混杂在 Ni-P 合金中。从图(b)中可看出,在集体腐蚀严重的情况下,镀层未见腐蚀迹象,这显示了镀层具有良好的抗腐蚀性能。图(c)为经热处理扩散以后的镀层,从图中可以看出热处理以后镀层有明显的扩散层,使基体与镀层的结合更加牢固,提高镀层的性能。

6.5.6 结论

(1) 当 Si 加入量为 1g/L 左右时,沉积速度较快,且镀层硬度较高。

(2) 当镀液 pH 值为 4.3 左右时,沉积速度较快,且镀层硬度较高。

(3) 施镀温度控制在78℃左右时,沉积速度较快,且镀层硬度较高。

(4) 热处理温度对复合镀性能影响较大,随着热处理温度的增加,复合镀层的硬度增加,400℃热处理1h,可使镀层的硬度达到最高值。

(5) 化学镀层中的Si纳米粒子并非单独存在,而是聚集成团,混杂于Ni-P合金之中。

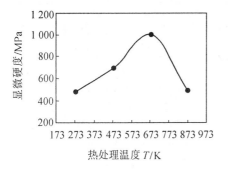
图6.32 热处理温度与显微硬度的关系

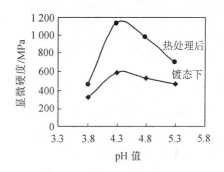
图6.33 pH值与镀层硬度的关系

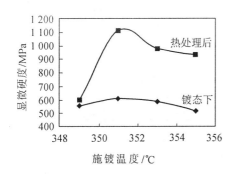
图6.34 施镀温度与镀层硬镀的关系

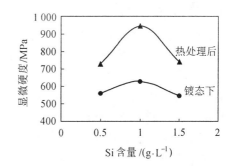
图6.35 Si含量与显微硬度的关系

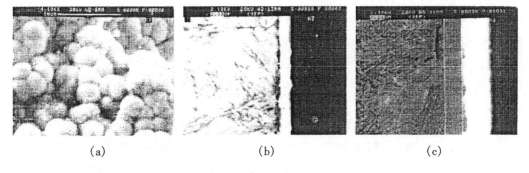
图6.36 Ni-P-Si复合镀层镀态时SEM形貌图

6.6 TiO$_2$ 纳米薄膜性能研究

6.6.1 引 言

近年来,TiO$_2$纳米薄膜的光催化降解作用使其在处理废水污染方面得到广泛应用。

TiO_2 是 N 型半导体,它的带隙较宽,在水溶液中具有良好的稳定性,因此是目前多相光催化领域中研究较多的一种材料。下面介绍采用溶胶-凝胶法(Sol-Gel)制备 TiO_2 纳米薄膜,并研究制膜工艺对 TiO_2 纳米薄膜性能的影响。

6.6.2 实验过程

以钛酸丁脂、无水乙醇和三乙醇胺为原料,采用溶胶-凝胶法(Sol-Gel)制备 TiO_2 纳米薄膜,其工艺过程见图 6.37。

涂膜采用提拉法,提拉速度为 0.2cm/s。基体有两种:玻璃片和马口铁。涂膜次数为:2、4、6、8、10。在光学显微镜上测薄膜的厚度;按 GB1730—79 在 QBY 型摆式硬度计上测薄膜的硬度;采用划痕法(GB1720—79)在 QαFZ-Ⅱ附着力测定仪上测薄膜的附着力;在 D/MAX-RB 型 X-ray 衍射仪上对薄膜进行 XRD 分析;在 KYKY-2800 型扫描电镜上观察薄膜表面形貌和厚度。

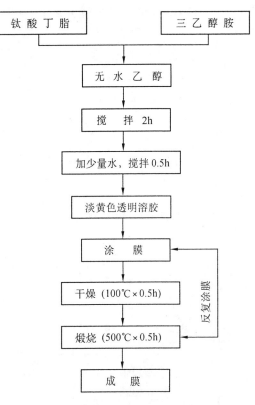

图 6.37 TiO_2 纳米薄膜制备工艺流程图

6.6.3 结果分析与讨论

1. 加水方式对溶胶形成的影响

钛酸丁脂与水发生的缩聚反应可瞬息完成,很快生成沉淀。加入三乙醇胺,抑制钛酸丁脂的水解,控制沉淀的产生,以形成稳定的溶胶。试验过程中,若把水一次倒入钛酸丁脂液体中,水解缩聚反应很快完成,水解产生的聚合物来不及溶于乙醇,反应生成的聚合物经碰撞交联而产生大量沉淀,得不到稳定的溶胶。若改用滴加水的方式,则反应较为平缓,可在一定程度上控制水解速度。这时水解缩聚产生的聚合物会有一部分溶于乙醇,阻碍粒子团聚,从而形成稳定的溶胶。

反应方程式为

$$Ti(OBu)_4 + xH_2O \rightarrow Ti(OBu)_{4-x}(OH)_x + xBuOH \text{(水解反应)}$$

$$—Ti—OH + HO—Ti— \rightarrow —Ti—O—Ti— + H_2O \text{(失水缩聚)}$$

$$—Ti—OBu + HO—Ti— \rightarrow —Ti—O—Ti— + BuOH \text{(失醇缩聚)}$$

水解反应一旦发生,失水缩聚和失醇缩聚即相继进行。

2. 水解温度对溶胶形成的影响

在 80℃水解,胶体不稳定,产生聚沉和胶凝。这是由于温度越高,水解反应速度越快,反应越不易控制,从而缩短胶凝时间。另外,温度升高,缩聚产物频繁碰撞,粒子团聚生长几率增大,可能进一步缩聚。当温度达到 80℃时,乙醇有一部分挥发出来,反应浓度增大,聚合物浓度也增大,进一步缩聚和聚沉更易于进行,故胶凝时间大大缩短。在室温下水解,水解速度缓慢,搅拌 2h 后,得到淡黄色透明溶胶,溶胶较为稳定,放置 2~3 天,形成凝胶。

3.加水量对溶胶粘度的影响

不同加水量对溶胶条件粘度的影响见图 6.38。从中可见,水对 Ti(OBu)$_4$ 的水解过程影响很大。三乙醇胺的加入在一定程度上抑制了水解缩聚反应的进程,使反应速度平缓。在 $x=4$ 时,生成的溶胶最不稳定。因为 $x=4$ 是 Ti(OBu)$_4$ 水解反应所需的化学计量,此时胶凝时间短,溶液粘度大。

当加水量为 1.3 ml 时,nTi(OBu)$_4$: nH$_2$O = 1 : 1,Ti(OBu)$_4$ 得不到充分水解,因此粘度小。加水量增加,水解充分进行,缩聚物的交联度和聚合度都增大,溶胶的粘度增大。但粘度过大(40s)不利于提拉。加水量为 25.5 ml,条件粘度为 19s 时,提拉可正常顺利进行。

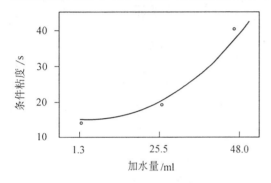
图 6.38 Ti(OBu)$_4$ 与溶胶条件粘度的关系

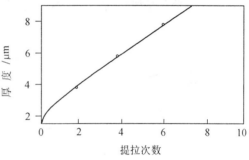
图 6.39 提拉次数与薄膜厚度的关系

4.薄膜厚度与薄膜性能的关系

提拉次数与薄膜厚度的关系见图 6.39。当提拉速度为 0.2cm/s 时,每提拉一次,镀在玻璃片上的薄膜厚度平均增加 2μm。提拉 6 次的 TiO$_2$ 纳米薄膜的纵、横向 SEM 照片见图 6.40。XRD 图谱见图 6.41。从中可见,薄膜表面组织致密,颗粒细小、分布均匀,薄膜与玻璃基体结合良好,薄膜厚度较为均匀。薄膜为锐钛矿型结构。

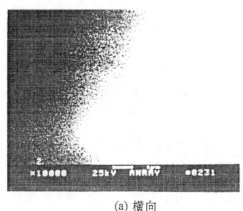
(a) 横向

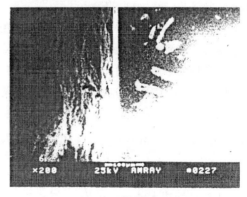
(b) 纵向

图 6.40 TiO$_2$ 纳米薄膜 SEM 照片

薄膜厚度与摆式硬度的关系见图 6.42。从中可见,随着薄膜厚度的增加,摆式硬度降低。这是由于随着薄膜厚度的增加,薄膜对置于其上的钢球的阻力增大,薄膜抵抗变形的能力减小。

薄膜厚度与附着力的关系见图 6.43。附着力分为 7 个等级,1 级最好,7 级最差。从中可见,随着薄膜厚度的增加,附着力降低。由 Sol-Gel 工艺制备的薄膜,从干燥到热处理过程中,发生溶胶→凝胶→薄膜的转变,同时体积收缩。薄膜越厚,薄膜承受的正压力降低,拉应力增大,因此薄膜与基体之间的附着力减小。

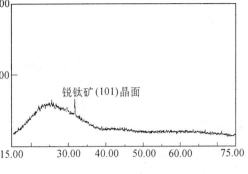

图 6.41 TiO_2 纳米薄膜 XRD 图谱

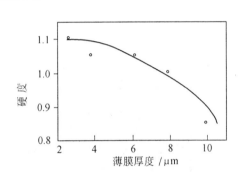

图 6.42 薄膜厚度与摆式硬度的关系

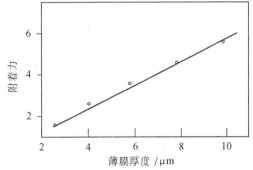

图 6.43 薄膜厚度与附着力的关系

6.6.4 结 论

(1) 采用 Sol-Gel 工艺,以钛酸丁脂、无水乙醇和三乙醇胺为原料,逐滴加入少量水,其体积比为 $V[Ti(OBu)_4]:V[EtOH]:V[H_2O]:V[N(CH_2CH_2OH)_3] = 25:100:1.35:6.5$,在玻璃表面制备出 TiO_2 纳米薄膜。

(2) 溶胶在室温下搅拌,提拉速度控制在 0.2 cm/s,在 100℃ 干燥 0.5h,以 15℃/min 的升温速度加热到 500℃,保温 0.5h,可以得到组织致密、颗粒细小、分布均匀、薄膜与玻璃基体结合良好、厚度较为均匀的锐钛矿型结构 TiO_2 纳米薄膜。

(3) 随着提拉次数的增加,薄膜的厚度增加,薄膜的硬度和附着力都降低。

6.7 Al_2O_3-ZrO_2 纳米复相陶瓷材料研究

6.7.1 引 言

随着科学技术的不断进步,对各种材料的使用要求也越来越严格,陶瓷材料传统的生产工艺已不能满足要求。为了得到具有特殊性质和功能的陶瓷材料,人们进行了大量的科学研究工作,纳米陶瓷材料是目前研究的热点。纳米陶瓷材料的显微结构中,晶粒、晶界以及它们之间的结合都处在纳米尺寸水平,可使其强度、韧性和超塑性大为提高,并对材料的电学、热学、磁学、光学等性能产生重要的影响。

下面介绍通过添加纳米 Al_2O_3 改善纳米 ZrO_2 陶瓷的硬度和弹性模量,保持纳米 ZrO_2 原有的高强度和高韧性,制备出性能优良的 Al_2O_3-ZrO_2 纳米复相陶瓷材料。

6.7.2 实验过程

实验采用 $3x\%Y_2O_3$ 为稳定剂,加入量为 $10w\%$、$20w\%$、$30w\%$。采用化学共沉淀法制备出高纯 Al_2O_3-$ZrO_2(Y_2O_3)$ 纳米微粉。在纳米微粉中加入 $1.4w\%$ PVB 作临时粘结剂,经混合、造粒后,压制成 $10mm \times 10mm \times 80mm$ 素坯,成型压力为 250MPa。素坯经干燥、去塑后,在电阻炉中烧结,烧结工艺为:升温速度 $10℃/min$,烧结温度 $1\,350℃$、$1\,450℃$ 和 $1\,550℃$,保温时间 2h,冷却速度 $5℃/min$。

由 XRD 测定纳米微粉的相组成,用 TEM 观察纳米微粉的形态。纳米复相陶瓷试样的硬度用维式硬度计测定($P = 200N$);用共振法测定弹性模量(9 kHz);用三点弯曲法测抗弯强度;用四点弯曲法测断裂韧性。显微结构由 SEM 进行观察。

6.7.3 结果分析与讨论

1. Al_2O_3 含量对 t-ZrO_2 保留的影响

实验采用湿化学共沉淀法制备 Al_2O_3-$ZrO_2(Y_2O_3)$ 纳米微粉,由 TEM 观察其颗粒尺寸为 $15 \sim 20nm$,XRD 分析表明,主要是由四方 t-ZrO_2 和三方 α-Al_2O_3 组成,仅有少量单斜 m-ZrO_2 存在。α-Al_2O_3 含量与四方相 t-ZrO_2 保留的关系见图 6.44。

众所周知,陶瓷的相组成对其力学性能有很大的影响。四方相 t-ZrO_2 介稳至室温,有利于提高抗弯强度和断裂韧性。从图 6.44 可见,随着 Al_2O_3 含量的增加,四方 t 相 ZrO_2 保留含量增加。这是由于 Al_2O_3 的存在,使得试样从烧结温度冷却至室温时,与 ZrO_2 的热膨胀不匹配,从而有残余应力存在。XRD 分析表明,试样中不含立方 c 相,只有 t 相和 m 相。ZrO_2 的 t→m 相变时有 5%~7%的体积膨胀,Al_2O_3 对 ZrO_2 晶粒的约束力有阻碍该相变的作用。Al_2O_3 的弹性模量是 ZrO_2 的近 2 倍,Al_2O_3 含量增加,对 ZrO_2 晶粒的约束力增强,则四方 t 相的相对含量 $\varphi_t\%$ 也增加。另外,Al_2O_3 第二相含量增加,阻碍 ZrO_2 晶粒生长,小于临界尺寸的晶粒数目增多,四方 t 相的含量也增加。

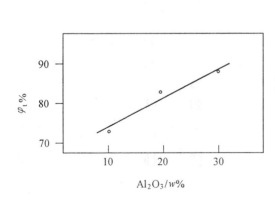

图 6.44 Al_2O_3 含量与四方相 t-ZrO_2 保留的关系
($1\,450℃ \times 2h$)

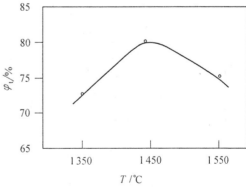

图 6.45 烧结温度与 t-ZrO_2 保留的关系
($20w\%$ Al_2O_3)

2. 烧结温度对 t-ZrO_2 保留的影响

Al_2O_3 含量为 $20w\%$ 时,烧结温度与 t-ZrO_2 保留的关系见图 6.45。从中可见,在 1 450℃烧结时,四方 t 相的相对含量最高。这是由于在 1 350℃时试样没有完全烧结,Al_2O_3 对 ZrO_2 的约束作用较弱,故四方 t 相的相对含量较低。在 1 550℃时,试样中存在晶粒异常长大,见图 6.46(b),使晶粒超过临界尺寸的百分比增大,四方 t 相的相对

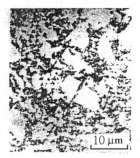
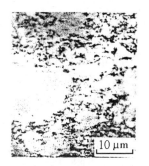

(a) 1 450℃ × 2h (b) 1 550℃ × 2h

图 6.46 试样烧结后显微组织 SEM 照片

含量减小低。只有 1 450℃时试样烧结情况正常,呈均匀的显微组织,见图 6.46(a),故四方 t 相的相对含量最高。

3. Al_2O_3 含量对硬度和弹性模量的影响

Al_2O_3 含量对 Al_2O_3-ZrO_2(Y_2O_3) 纳米复相陶瓷硬度和弹性模量的影响见图 6.47。从中可见,随着 Al_2O_3 含量增加,硬度和弹性模量均直线上升。硬度上升的原因是由于纯 Al_2O_3 的硬度比纯 ZrO_2 的硬度高,当硬度高的相含量增大时,复相陶瓷的硬度也增加。另外,随着 Al_2O_3 含量增加,使 ZrO_2 的 t→m 相变减少,陶瓷内部微裂纹数量减少,因而硬度增加。

在两相系统中,总弹性模量应在两单相弹性模量之间,并且与两相的体积分数的关系为

$$EV = E_1 V_1 + E_2 V_2 \tag{6.3}$$

Al_2O_3 的弹性模量比 ZrO_2 的高,分别为 390GPa 和 207GPa,因此随着 Al_2O_3 含量增加,总的弹性模量上升。

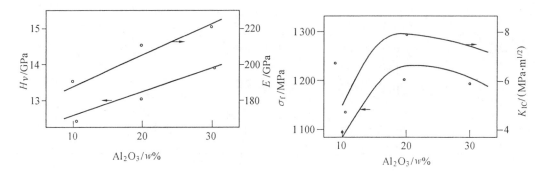

图 6.47 Al_2O_3 含量与硬度和弹性模量的关系 图 6.48 Al_2O_3 含量与抗弯强度和断裂韧性的关系
(1 450℃ × 2h)

4. Al_2O_3 含量对强度和断裂韧性的影响

图 6.48 是 1 450℃ × 2h 烧结试样的 Al_2O_3 含量与抗弯强度和断裂韧性之间的关系。从中可见,抗弯强度和断裂韧性均在 Al_2O_3 含量为 $20w\%$ 时具有最大值。

随着 Al_2O_3 含量增加,四方 t 相 ZrO_2 的相对含量增加,导致抗弯强度升高。但是,当 Al_2O_3 含量超过 $20w\%$ 后,Al_2O_3 晶粒不仅存在于 ZrO_2 晶粒之间,而且有可能 Al_2O_3 晶粒之间相互联结。因为 Al_2O_3 自身强度比 ZrO_2 的低,从而使强度减弱。因此在 Al_2O_3 含量为 $20w\%$ 时抗弯强度达到最大值。

由应力诱导相变增韧理论可知,四方 t 相的保留量越多越有利于提高陶瓷的断裂韧性。当受到外力作用时,裂纹尖端产生的拉应力减弱了周边对四方 t 相的束缚,使 t→m 马氏体相变得以发生。该相变吸收弹性应变能,从而使得陶瓷的断裂韧性提高。但是,由于 t→m 马氏体相变不能进行到底,应力克服约束诱导相变发生时有 5%~7% 的体积膨胀,又产生新的约束力阻碍 t→m 相变,因而总有一部分四方 t 相不能发生马氏体相变。当 Al_2O_3 含量超过 $20w\%$ 后,四方 t 相 ZrO_2 晶粒受到的约束力太强,不发生相变的四方 t 相含量增加,使得起相变增韧作用的四方 t 相含量减少,故断裂韧性在 Al_2O_3 含量为 $20w\%$ 时有最大值。

6.7.4 结 论

1. 采用湿化学共沉淀法制备的 Al_2O_3-ZrO_2(Y_2O_3)纳米微粉粒径为 15~20nm,主要是由四方 t-ZrO_2 和三方 α-Al_2O_3 两相组成。

2. 加入 $20w\%$ Al_2O_3,在 1 450℃烧结的 Al_2O_3-ZrO_2(Y_2O_3)纳米复相陶瓷具有最大的抗弯强度和断裂韧性。

3. Al_2O_3 的加入,有利于 ZrO_2 陶瓷中四方 t 相的保留,提高了 ZrO_2 陶瓷的硬度与弹性模量。

参考文献

1 Cao Maosheng. Influence of Twice-nitriding Processing on Physical Properties of Fe/N Nanometer Powder. Powder Technology,1998,100(1):81

2 Cao Maosheng, et al. Preparing γ-Fe_4N Ultrafine Powder by Twice-nitriding Method. Powder Technology,2001,115(3)

3 Cao Maosheng. Influnce of Twice-nitriding Processing on Physical Properties of Fe/N Nanometer powder. '96 CHINA-JAPAN SYMPOSIUM ON PARTICOLOGY,Beijing,1996

4 曹茂盛,邓启刚.气相法合成氮化铁纳米粉末及其物性表征.无机化学学报,1996,12(1):88~91

5 曹茂盛,邓启刚.二次氮化法制备 γ-Fe_4N 超细粉末.硅酸盐通报,1995,14(6):29~32

6 曹茂盛,邓启刚.热管炉加热气相还原法制备 Fe/N 超细粉末.中国粉体技术,1995,1(3):26~29

7 曹茂盛.α-Fe 纳米粉末制备及其表征.化学通报,2000,63(2):42~43

8 曹茂盛.Ni-P-Si 纳米粒子复合镀工艺及性能研究.中国表面工程,2000,13(3):42~45

9 曹茂盛.纳米薄膜材料的研究进展.材料科学与工程,2001(1)

10 曹茂盛.气相还原法制备 α-Fe 超细粉末.材料科学与工艺,1995,3(3):67~69

11 曹茂盛.Fe-Ni-Co 合金超细粉末研制.金属科学与工艺,1991,10(3):43~46

12 曹茂盛.气相还原法制备 α-Fe 粉末试验工艺研究.材料科学与工艺,1995,13(4):91~95
13 曹茂盛,邓启刚.氮化铁超细粉末制备.西北纺织工学院学报,1995,9(4):372~375
14 房晓勇,曹茂盛.铁氮化物纳米粉末改性研究.燕山大学学报,1999,23(1):66~68
15 曹茂盛,杨会静等.纳米吸波剂研究进展.中国粉体技术,2001(待发表)
16 曹茂盛.激光法合成 SiN 超细粉的机理和工艺研究.齐齐哈尔轻工学院学报,1990,6(3):42~46
17 刘兵,曹茂盛.激光气相法合成 SiC 超细粉末的生成机理研究.山东纺织工学院学报,1992,7(3):70~74
18 曹茂盛.材料物理的新分支——纳米材料学.物理学与高科技,1998,2
19 徐甲强,李金凤等.纳米气敏粉体的制备技术.传感器世界,1999,1
20 徐甲强,王国庆等.硝酸氧化法 SnO_2 纳米材料的制备、结构与性能.中国陶瓷,1999,1
21 任红军,徐甲强.金属硝酸氧化法制备的 SnO_2 微粉的气敏特性研究.传感器世界,1999,8
22 徐甲强,潘庆谊等.纳米氧化锌的乳液合成,结构表征与气敏性能.无机化学学报,1998,3
23 潘庆谊,徐甲强等.微乳液法纳米 SnO_2 的合成、结构与气敏性能.无机材料学报,1999,1
24 徐甲强,朱文会等.ZnO 气敏陶瓷的制备与气敏性能研究.功能材料,1993,1
25 徐甲强,曾桓兴等.稀土掺杂 γ-Fe_2O_3 气敏材料研究.J. Rare Earth,1992,2
26 徐甲强,朱文会等.掺杂方式对 α-Fe_2O_3 气敏特性的影响.材料研究学报,1994,3
27 徐甲强,沈瑜生等.高敏感非晶氧化铁气敏材料的制备与性能.硅酸盐通报,1990,3
28 徐甲强,沈瑜生等.超微粒 α-Fe_2O_3 气敏机理初探.无机材料学报,1992,2
29 朱文会,徐甲强等.α-Fe_2O_3 粉体材料的制备与气敏性能.郑州轻工业学院学报,1995,1
30 徐甲强等.水热法制备纳米材料,室温固相反应法合成硫化镉半导体材料.见:周宁怀主编.微型无机化学实验.北京:科学出版社,2000
31 徐甲强,闫冬良等.WO_3 基 H_2S 气敏材料研究.硅酸盐学报,1999,4
32 徐甲强.硫化锌的制备与气敏性能.第二届东亚化学传感会议论文集,1995
33 徐甲强,沈瑜生等.表面吸附氧对超微粒 α-Fe_2O_3 电导的影响.河南科学,1991,3
34 周振君,关长斌等.ZrO_2-Al_2O_3 质陶瓷轧辊材料性能的研究.机械工程材料,1997,21(3):37~39